D1747233

Brigitte Hutt

Das Frauen-Computerbuch: Grundlagen

IWT Verlag GmbH

CIP-Titelaufnahme der Deutschen Bibliothek

Hutt, Brigitte:
Das Frauen-Computerbuch: Grundlagen : was Frauen schon immer über ihren Computer wissen wollten / Brigitte Hutt. – Vaterstetten: IWT, 1992
ISBN 3-88322-418-9

Unser Beitrag zum Umweltschutz:
IWT-Bücher werden auf säurearm hergestelltem Papier gedruckt. Unser Motto ist „Qualität vor Quantität", um durch dünnere, aber inhaltlich hochwertige Bücher den Papierverbrauch (und die Umweltschädigung durch die Papierherstellung) in vertretbaren Grenzen zu halten.
Um eine umweltbelastende Herstellung und Entsorgung von Verpackungsmaterial zu vermeiden, schweißen wir unsere Bücher nicht mehr in Folie ein.

ISBN 3-88322-418-9
1. Auflage 1992

Alle Rechte, auch die der Übersetzung, vorbehalten. Kein Teil des Werkes darf in irgendeiner Form (Druck, Fotokopie, Mikrofilm oder einem anderen Verfahren) ohne schriftliche Genehmigung des Verlages reproduziert oder unter Verwendung elektronischer Systeme verarbeitet, vervielfältigt oder verbreitet werden.
Der Verlag übernimmt keine Gewähr für die Funktion einzelner Programme oder von Teilen derselben. Insbesondere übernimmt er keinerlei Haftung für eventuelle, aus dem Gebrauch resultierende Folgeschäden.

Die Wiedergabe von Gebrauchsnamen, Handelsnamen, Warenbezeichnungen usw. in diesem Werk berechtigt auch ohne besondere Kennzeichnung nicht zu der Annahme, daß solche Namen im Sinne der Warenzeichen- und Markenschutz-Gesetzgebung als frei zu betrachten wären und daher von jedermann benutzt werden dürften.

Printed in Germany
© Copyright 1992 by IWT Verlag GmbH
Vaterstetten bei München

Herstellung: Freiburger Graphische Betriebe, Freiburg
Umschlaggestaltung: CommunAction, München
Satz und Layout: C. Neumann

Inhaltsverzeichnis

Einführung		7
Geleitwort von Dagmar Berghoff		7
Computerbücher für Frauen?		8

1 Die Anfänge ... 11
  1.1 Motivation oder: Der Mythos Computer ... 11
  1.2 Die ersten Grundbegriffe ... 14
    1.2.1 EDV und PC ... 15
    1.2.2 Was sind Daten? ... 15
    1.2.3 Was ist Hardware? ... 16
    1.2.4 Was ist Software? ... 16

2 Die Hardware ... 17
  2.1 Blickkontakt ... 17
  2.2 Die CPU: die Schaltzentrale und ihre „Sprache" ... 19
  2.3 Der Arbeitsspeicher RAM: das Gedächtnis ... 24
  2.4 Die Magnetplatten: das Langzeitgedächtnis ... 27
  2.5 Ein-/Ausgabegeräte: die Sinnesorgane ... 31
  2.6 Der Weg der Daten im PC ... 37
  2.7 Zusammenarbeit durch Synchronisation ... 39
  2.8 Computer-Familien ... 40
    2.8.1 Großrechner ... 41
    2.8.2 Personal Computer ... 41
    2.8.3 Netze ... 42
    2.8.4 Die „Unter"-Welt der Arbeitsplatzrechner ... 43
  2.9 Leistungsdaten und -merkmale von PCs ... 44
  2.10 Ein letzter Blick ... 47

3 Das Betriebssystem ... 49
  3.1 Aufgaben eines Betriebssystems ... 49
  3.2 A1: Hardware-Koordination ... 52
  3.3 Der Systemstart ... 55

3.4	A2: Verwaltung der Datenablage	57
	3.4.1 RAM-Verwaltung	57
	3.4.2 Platten-Verwaltung	58
	3.4.3 Kataloge	62
	3.4.4 Disketten	65
3.5	A3: Dialog mit der Benutzerin	66
	3.5.1 Zeilenorientierter Dialog	67
	3.5.2 Bildschirmorientierter Dialog	68
	3.5.3 Befehlsinterpretation	70
	3.5.4 Noch einmal zur Notwendigkeit	71
3.6	Aufträge an das Betriebssystem	72
	3.6.1 Programme starten	72
	3.6.2 Dateien finden	73
	3.6.3 Kataloge erstellen	76
	3.6.4 Dateien kopieren	77
	3.6.5 Dateien löschen	77
	3.6.6 Dateien schützen	78
	3.6.7 Dateien umbenennen	78
	3.6.8 Dateien retten	78
	3.6.9 Stellvertreterzeichen	79
	3.6.10 Formatieren	79
3.7	Fehlersituationen	81
3.8	Betriebssysteme für Großrechner und Netze	82

4 DOS 85

4.1	Software-Versionen	85
4.2	Kompatibilität und Alternativen	87
4.3	Die Befehlssprache von DOS	89
4.4	Der Prompt	92
4.5	Die wichtigsten Befehle	93
	4.5.1 Programme starten	93
	4.5.2 Dateien finden: Der Zeige-Befehl	93
	4.5.3 Kataloge erstellen, vorwählen, vernichten	95
	4.5.4 Dateien kopieren	96
	4.5.5 Dateien löschen	97
	4.5.6 Dateien schützen	98
	4.5.7 Dateien umbenennen	99
	4.5.8 Dateien retten	99

	4.5.9 Formatieren	100
	4.5.10 Zusammenfassung in einem größeren Beispiel	101
4.6	Systemstart und Installation	105
4.7	Probleme mit Fehlern	106
	4.7.1 Abstürze	106
	4.7.2 Fehler mit Verlusten	108
	4.7.3 Eingabefehler	108
4.8	Bildschirmorientierte DOS-Oberflächen	111

5	Anwendungsprogramme	121
5.1	Klassifizierung	121
5.2	Gemeinsamkeiten	122
	5.2.1 Die Arbeitsposition	123
	5.2.2 Die tastengesteuerte Oberfläche	124
	5.2.3 Die menügesteuerte Oberfläche	125
	5.2.4 Mischformen	129
	5.2.5 Mausunterstützung	129
	5.2.6 Meldungs- und Dialogtechniken	131
5.3	Textverarbeitung	132
5.4	Datenbankverwaltung	135
5.5	Tabellenkalkulation	139
5.6	Integrierte Software	143
5.7	Bildverarbeitung	144
	5.7.1 Bildeingabe	144
	5.7.2 Bildbearbeitung	146
	5.7.3 Layout und Bildausgabe	147
5.8	Spezialprogramme	149
	5.8.1 Kleine Helfer	149
	5.8.2 Selbstgemachte Programme	150
	5.8.3 Spielprogramme	152
5.9	Ausblick	152

6	Sicherheitsfragen	155
6.1	Systematische Datensicherung	156
	6.1.1 Sichern auf die Festplatte	156
	6.1.2 Wie sicher ist die Festplatte?	157
	6.1.3 Sichern auf Disketten	158
	6.1.4 Sicherungsmethoden	159
	6.1.5 Software-Sicherung	163

6.2	Datenschutz	164
	6.2.1 Der Weg zu fremden Daten	165
	6.2.2 Arten der Datenkriminalität	166
	6.2.3 Computerviren	168
	6.2.4 Schutzmaßnahmen	169
6.3	Menschenschutz	171
	6.3.1 Strahlenbelastung	172
	6.3.2 Streß	173

Schlußwort 177

Anhang 179
   Fachwörterlexikon 179
   Hotline – der heiße Draht zu den Herstellern 189
   Software-Produkte – Ein kleiner Überblick zum Kennenlernen 196
   Schulung und Weiterbildung im EDV-Bereich 199
   Literaturempfehlungen 207

Stichwortverzeichnis 211

Einführung

Geleitwort von Dagmar Berghoff

Wahrscheinlich gelte ich bereits als Fossil in der heutigen Zeit, weil ich immer noch kein Fax-Gerät zuhause habe, geschweige denn mit einem Computer umgehen kann. Gar nicht mal aus Angst vor der Technik, sondern irgendwann habe ich entnervt meine Versuche aufgegeben, solch eine Maschine nach den komplizierten Lehranweisungen zu verstehen und damit zu beherrschen.

So wie mir wird es vielen Frauen gehen, vor allem, wenn noch eine gewisse Scheu, ein Unbehagen gegenüber dem Computer mit seinem Sprachkauderwelch und seiner unüberschaubaren Tastatur dazukommen.

Aber um mich herum höre ich nur begeisterte Stimmen, wenn einer oder eine mal seine/ihren PC „im Griff" hat. Die Möglichkeiten, das Gerät einzusetzen, scheinen schier unbegrenzt, die Zeitersparnis gar nicht zu bezahlen, und außerdem scheint es allen richtig Spaß zu machen, mit ihrem PC zu experimentieren.

Ob man es nicht doch noch einmal probieren sollte??

Hier ist eine Lehrbuchreihe, die Anfängerinnen behutsam und sehr geduldig in die zunächst völlig unverständliche und geheimnisvolle Welt der Computer einführen will.

Diesem Vorhaben wünsche ich sehr viel Erfolg!

Und wer weiß, vielleicht werden sogar wir am Ende dieser Lehrgänge zu überzeugten Computerfreaks...

Ihre Dagmar Berghoff

Computerbücher für Frauen?

Funktioniert der Computer anders, wenn Frauen ihn bedienen? Müssen Frauen andere Tasten drücken, damit der PC läuft?

Nein, natürlich nicht. Das, was im Zusammenhang mit dem Computer erlernt werden muß, ist natürlich immer das Gleiche.

Ein Unterschied besteht aber vor allem in der Art und Weise, wie Frauen sich technisches Wissen aneignen und anwenden.

Frauen betrachten einen Computer ernsthaft, etwas ehrfurchtsvoll und ängstlich. Wenn etwas anderes passiert als erwartet, halten sie sich selbst für inkompetent: „Ich kann halt nicht damit umgehen". Männer haben keinerlei solcher Hemmungen. Ihr Umgang mit dem Computer ist eher spielerisch - sie probieren so lange, bis es funktioniert. Und wenn es nicht funktioniert, dann liegt das an der „blöden Kiste", nicht an ihnen selbst.

Diese Unsicherheit und Angst möchten wir unseren Leserinnen gerne nehmen. Spaß am Ausprobieren und Interesse am selbständigen Erobern der PC-Welt möchten wir Ihnen nahebringen. Damit Sie eine Selbständigkeit in technischen Dingen, eine Unabhängigkeit von wohlmeinenden Helfern erreichen.

Der Einstieg in den Umgang mit einem Computer ist für alle Menschen sehr verwirrend: eine vollständig neue und fremde Welt technischer Geräte und Spielereien, eine babylonische Sprachverwirrung bei den Fachausdrücken und in den unverständlichen Handbüchern. Für Frauen ist dieser Einstieg allerdings besonders schwer, weil sie zudem oft von den „netten" Kollegen, Freunden, Partnern oder Söhnen als die „dümmeren Menschen" hingestellt werden.

Begonnen hat das ganze Malheur mit der unterschiedlichen Erziehung von Jungen und Mädchen. Es wurden und werden an sie oft - bewußt und unbewußt - andere Erwartungen gestellt: Mädchen ordnen wir den sozial-integrativen, sprachlich-kommunikativen und ästhetischen Bereichen, Jungen hingegen eher den handwerklichen, technischen und naturwissenschaftlichen Bereichen zu. Bewußte und unbewußte Eingriffe des erziehenden Umfelds haben zur Folge, daß Kinder sich stärker in den angeblich für ihr jeweiliges Geschlecht passenden Bereichen entwickeln. Die vielen Diskussionen um Koedukation - also der gemeinsame Unterricht von Jungen und Mädchen - zeigen, daß der so entstandene Unterschied offenbar doch sehr groß ist. Mädchen verhalten sich z.B. im technisch orientierten Unterricht ganz unterschiedlich, je nachdem ob sie unter sich oder mit Jungen zusammen unterrichtet werden.

Nur Mädchen aus reinen Mädchenschulen gehen ähnlich selbstbewußt mit dem Computer um wie Jungen. Dazu kommen die äußeren Bedingungen: etwa 70 % der Jungen *besitzen* zu Hause einen eigenen Rechner, aber nur etwa 40 % der Mädchen können zu Hause einen Rechner *benutzen* - und der gehört oftmals nicht einmal ihnen, sondern dem Vater oder Bruder.

Dennoch: Es besteht kein Grund, die Technik-Kompetenz weiterhin nur den Männern zu überlassen!

Die Frauen-Computerbücher wollen Ihnen dabei helfen, auch diese Kompetenz zu erlangen. Sie sind keine Fachbücher zweiter Klasse, sondern Bücher, die abgestimmt sind auf die besonderen Bedürfnisse ihrer Leserinnen. Diese Bücher sind geschrieben für Frauen, die den Einstieg in die Computerwelt finden möchten oder müssen. Sie sprechen die Leserin direkt an, nicht nur einen anonymen Benutzer oder Anwender. Verfaßt wurden sie ebenfalls von Frauen - die sich natürlich bestens auf die Leserinnen einstellen können, schließlich mußten sie sich selbst ja einmal allein durch den EDV-Dschungel schlagen. Sie nehmen Frauen ernst in ihrer Angst vor der Technik, sie erklären ohne Überheblichkeit, ohne ausgrenzendes Vokabular oder unverständliches Fachchinesisch zu benutzen. Zur Veranschaulichung verwenden Sie viele Beispiele, die der weiblichen Erfahrungswelt entnommen sind; außerdem erklären an den Stellen, an denen bildliche Darstellungen sinnvoller und anschaulicher als Worte sind, viele Abbildungen den Sachverhalt. Die Autorinnen erklären nach und nach, Schritt für Schritt, mit Rückbezüge und durch Wiederholung von schon Erklärtem, wie ein Computer, ein Programm oder ein Betriebssystem funktioniert. Nicht nur in theoretischen Exkursen, sondern vor allem sehr praxisnah. Auf diese Weise versuchen sie, eine umfassende Sicht des Computers und seiner Programme zu vermitteln, ein Grundverständnis, das zu einem technischen Selbstbewußtsein verhilft.

Dieses Selbstbewußtsein hatten Frauen früher übrigens ganz selbstverständlich. Denn die Geschichte des Computers ist stark geprägt von engagierten Frauen - was allerdings oft verschwiegen wird.

Erst im 20. Jahrhundert nämlich wurden mit dem Wort Computer große Rechenmaschinen bezeichnet. Aber schon seit dem 18. Jahrhundert gab es in England „computer", womit weiblich Arbeitskräfte gemeint waren, die unter Anleitung von Mathematikern Logarithmentafeln für die Seefahrt erstellten. Später übernahmen solche Frauen die Berechnungen für astrologische, in unserem Jahrhundert dann für militärische Zwecke. Als einer der ersten elektronischen Computer, ENIAC, in den USA entwickelt wurde, programmierten ihn sechs dieser ehemaligen Rechnerinnen, die sogenannten ENIAC-Girls. Später hieß es dann, die Frauen seien nur beschäftigt worden, da man das wirklich Anspruchsvolle des Programmierens weit unterschätzt habe...

Dabei war die erste im heutigen Sinne programmierende Person auch eine Frau: Ada Gräfin von Lovelace, eine Tochter des englischen Dichters Lord Byron. Sie hat vor 150 Jahren die von einem englischen Mathematiker erfundene „Analytische Maschine", eine Art Vorstufe des Computers, in ihren Funktionsweisen und Möglichkeiten beschrieben. Zur Erklärung entwickelte sie ganze Folgen von Befehlen, die ersten Computer-Programme, die schon die Grundkonzepte der heutigen Programmierpraxis enthielten. Seitdem gilt sie als die erste Programmiererin der Welt; das US-amerikanische Verteidigungsministerium hat sogar eine Programmiersprache nach ihr benannt: ADA.

Sehr erfolgreich war auch die Programmiererin Grace M. Hopper, die u.a. den ersten Compiler entwickelte (ein Übersetzungsprogramm, mit dem Befehle in Maschinensprache übertragen werden), was eine enorme Erleichterung für die Programmierung bedeutete. Grace Hopper wirkte aber vor allem federführend an der Entwicklung der Programmiersprache COBOL mit. Wie sehr damals jedoch Männer die technische Welt anführten, zeigt eine der vielen Auszeichnungen von Grace Hopper: 1969 wurde sie zum „Computer Science Man (!) of the Year" ernannt.

Wir wünschen Ihnen genügend Mut, viel Spaß und viel Erfolg für Ihren Eintritt in die Welt der Computer.

Wenn Sie uns einmal schreiben möchten, welche Erfahrungen Sie dabei machen, wie Ihnen unsere Bücher dabei geholfen haben und welche Verbesserungsvorschläge Sie machen wollen, würde es uns sehr freuen.

IWT Verlag GmbH
Elke Hansel
Lektorin
Postfach 11 44
8011 Vaterstetten

1 Die Anfänge

1.1 Motivation oder: Der Mythos Computer

Maschinen aller Art sind ein fester Bestandteil unseres Lebens geworden: vom Fön über die Waschmaschine bis zum Auto – wir lernen ihre Bedienung und nutzen sie. Nur mit dieser einen besonderen Maschine „Computer" verhält es sich offensichtlich anders: Noch immer ist sie von einem Mythos umgeben, ängstigt sie, verunsichert sie, fühlen Menschen – insbesondere Frauen – sich ihr unterlegen.

Wir wollen versuchen, die Gründe für dieses Verhalten zu finden und gleichzeitig den Computer zu „entzaubern": Auch er ist nichts als eine Maschine, ein technisches Produkt, und ich kann lernen, ihn zu bedienen und nutzbringend einzusetzen.

> Was ist das Eigenartige an der Maschine „Computer"?

Jede andere uns vertraute Maschine hat eine spezielle Aufgabe:

Der Fön dient zum Haaretrocknen.

Die Waschmaschine dient zum Wäschewaschen.

Das Auto dient zur Fortbewegung.

Diese Aufgaben sind überschaubar, keines dieser Geräte birgt Überraschungen für uns. Aber was ist die Aufgabe eines Computers?

Seine Grundlage ist die **Programmierbarkeit**. Das bedeutet, er kann ein paar kleine Dinge (wir werden sehen, daß es sich wirklich nur um „Kleinigkeiten", kleine Schritte, handelt), aber man kann ihm ein **Arbeitsprogramm** vorgeben, also eine bestimmte Abfolge, in der er seine kleinen Schritte erledigen soll. Dadurch erst erfüllt er dann eine ganze für uns sinnvolle Aufgabe.

Im Grunde verhält es sich mit der Waschmaschine ähnlich: Verschiedene Wasch**programme** sind unterschiedliche Abfolgen derselben Einzelschritte mit unterschiedlichen Ergebnissen – nur daß es sich stets ums Wäschewaschen handelt.

Die Einzelhandlungen dagegen, zu denen ein Computer fähig ist, sind ganz allgemein und sehr einfach. Das Wort „Computer" kommt aus dem Englischen und heißt „Rechner". Die Fähigkeiten eines solchen Rechners sind von der Art

Erkenne eine Zahl

Bewahre eine Zahl auf

Addiere zwei Zahlen

Vergleiche zwei Zahlen

wähle die nächste Handlung aus in Abhängigkeit von einem Vergleichsergebnis.

(Was alles für einen Computer eine „Zahl" sein kann, sehen wir im Abschnitt über „Daten".)

Allein die **Geschwindigkeit**, in der diese „kleinen Schritte" ausgeführt werden, ist uns überlegen: Mehrere Millionen Einzelhandlungen können in einer Sekunde erledigt werden. Die *Art* der Computer-Fähigkeiten jedoch ist weit unter dem menschlichen Niveau: Er kann nicht denken, nicht vermuten, nicht assoziieren, er hat keine Fantasie, keine Ideen. Stets führt er nur aus, was ihm jemand (ein programmierender Mensch) aufgetragen hat.

Gerade *weil* diese Einzelhandlungen des Computers so allgemein sind, lassen sich daraus (sehr umfangreiche) Arbeitsprogramme zusammenstellen, die völlig unterschiedliche Aufgaben erledigen und zu völlig unterschiedlichen Resultaten führen.

Ein Beispiel: Was ist denn die sogenannte „Textverarbeitung"? Tastenanschläge werden aufbewahrt (erkenne, bewahre auf), Buchstaben auf dem Bildschirm hintereinander sichtbar gemacht. Die Buchstaben innerhalb einer Zeile werden gezählt (addiere) und mit der Maximallänge einer Druckzeile verglichen (vergleiche). Ist diese Länge überschritten, so wird der nächste Tastenanschlag in einer neuen Zeile dargestellt (tue in Abhängigkeit vom Vergleichsergebnis ...).

Fazit dieser Überlegungen:

Es gibt nicht *die* eine Aufgabe des Computers, sondern zu jedem Zeitpunkt entscheidet ein Arbeitsprogramm – man nennt es das **laufende** Programm – über seine *jetzige* Aufgabe. Der Computer ist einmal Buchhalter, dann wieder Schreibkraft, danach Zeichen- oder Rechenkünstler, alles ungeheuer schnell und gleichermaßen gut. Mit jedem neuen Programm wird er eine *neue* Maschine, bewältigt er eine *neue* Aufgabe. Das ist etwas, was wir von keiner anderen Maschine gewohnt sind, und daher erfüllt es uns zunächst mit Mißtrauen.

> Das laufende **Programm** bestimmt die Fähigkeit, den Zweck eines Computers.
>
> Jedes Programm kann ein und denselben Computer zu einer ganz „anderen" Maschine machen.

Die „Multi-Maschine" Computer können wir uns also nur im Zusammenhang mit ihren möglichen Programmen vertraut machen.

Andererseits ist an einer Maschine nicht nur ihre Funktion, ihr Zweck für uns von Bedeutung, sondern auch die Tatsache, *daß* sie funktioniert. Wenn die Waschmaschine nicht schleudert, das Auto nicht anspringt, müssen wir nach der Ursache dieses Fehlverhaltens suchen, um es zu beseitigen. Je besser wir dabei die Arbeitsweise der Maschine kennen, um so eher sind wir imstande, den Fehler selbst – also ohne Hilfe von Fachleuten – zu beseitigen (vielleicht fehlt nur Strom oder Benzin etc.) oder zumindest das Problem einzugrenzen und dem Reparaturtechniker eine Vorinformation zu liefern. Ganz zu schweigen von dem Vorteil, daß wir dann auch die Fachleute verstehen können, die uns eine mit Fachbegriffen gespickte Analyse liefern.

So sind auch im Betrieb eines Computers eine Reihe von Fehlersituationen möglich, die ihre Ursache in technischen Defekten der Maschine *oder* in Bedienfehlern haben können. Gerade als Anfängerinnen haben wir damit zu kämpfen. Wollen wir also nicht bei jeder Fehlfunktion hilflos vor der Maschine stehen, so müssen wir auch einige Grundkenntnisse über die Bestandteile des Computers und deren Zusammenspiel haben. Das ist gar nicht so schwierig, wie es auf den ersten Blick scheint. Es sind nur einige wenige grundsätzliche Bausteine, die die Arbeitsweise des Computers bestimmen. Ihr Prinzip, ihre Besonderheiten und die daraus möglicherweise entstehenden Probleme sind erlernbar.

Dann sind wir befähigt

– einfache (Bedien-)Fehler selbst zu beheben,

– Probleme möglichst genau einzugrenzen,

– den Jargon der „Fachleute" zu verstehen, der gerade in der Computerbranche manche Blüten treibt und vor allem Abkürzungen liebt.

Das Ziel dieses Buches ist es also,

> „die Maschine Computer" einordnen, verstehen zu können, sie souverän zu beherrschen,

> die Aufgaben und Einsatzbereiche typischer Computer-Programme zu kennen,

> und die Sprache der EDV-Fachleute verstehen zu können.

Dieses Buch richtet sich an Frauen, und daher beschreibe ich die meisten Punkte aus der Sicht der Frau: der Anwender*in*, der Benutzer*in*. Das heißt aber nicht, daß die Probleme, über die wir sprechen müssen, frauenspezifisch sind: insbesondere die Fehler, die im Umgang mit diesen Maschinen auftreten können, nehmen keine Rücksicht auf Geschlechter. Eine „Benutzerinnen-Fehleingabe" soll also z.B. nicht darauf hinweisen, daß Männer keine Eingabefehler machen.

Das weite Feld „Computer" wollen wir für unsere Zwecke eingrenzen. Verzichten wir auf den großen historischen Überblick, der meistens von den ersten mechanischen Rechenmaschinen bis zu Mikrochips (siehe Kapitel 2) reicht. Machen wir uns nur klar, daß (spätestens) seit dem zweiten Weltkrieg an diesen „Denkmaschinen" intensiv gebastelt wird und daß durch Einsatz vieler Gelder (für militärisch nutzbare Forschungen wird immer Geld bereitgestellt) und immense Fortschritte in der Herstellung billiger, kleiner und leistungsfähiger elektronischer Bauteile heute Computer fast für jedermann und jede Frau erschwinglich sind: Die fernsehgerätgroßen Tischrechner halten Einzug in alle Winkel des Berufs- und auch des Privatlebens. Ihnen, meist **PC** für „Personal Computer" genannt (zum Begriff vgl. Abschnitt 1.2), gilt unser Hauptaugenmerk. Die Grundbegriffe, die wir zu klären haben, gelten für Computer allgemein. Wo es Unterschiede zwischen verschiedenen Computertypen gibt, konzentrieren wir uns auf den PC.

1.2 Die ersten Grundbegriffe

Ein paar der Kunstwörter, die den EDV-Jargon so sehr von der Umgangssprache abheben, sollten vorweg bereits erklärt werden.

1.2.1 EDV und PC

EDV bedeutet <u>E</u>lektronische <u>D</u>aten<u>v</u>erarbeitung, also Verarbeitung mit Hilfe einer Maschine, die „elektronisch" arbeitet – Kapitel 2 erläutert, was das heißt.

Die Abkürzung PC ist in aller Munde, aber leider nicht immer in derselben Bedeutung. PC heißt „Personal Computer", also eigentlich „persönlicher Rechner". Gemeint ist damit ein Rechner, der nur für *einen* Arbeitsplatz und damit nur für *eine* Person eingesetzt wird. Daher sind auch die deutschen Wörter „Arbeitsplatzrechner" oder „Arbeitsplatz-Computer" sinnvoll.

Marktpolitisch begründet, wird die Abkürzung PC meistens nur für eine ganz bestimmte Sorte von Arbeitsplatzrechnern benutzt. Das soll in Abschnitt 2.8 erläutert werden.

1.2.2 Was sind Daten?

Wenn wir von „Daten"-Verarbeitung reden, müssen wir das ziemlich abstrakte Wort „Daten" unter die Lupe nehmen. Ein Computer arbeitet im Prinzip mit Zahlen, ein Mensch mit vielen unterschiedlichen Dingen. Beiden ist gemeinsam: ein gleicher Arbeitsablauf kann mit verschiedenen Objekten ausgeführt werden.

Beispiel:

Arbeitsablauf ist

1. Topf bereitstellen
2. Zutaten einfüllen
3. Durch Rühren vermischen

Fall 1:   Zutaten sind Mehl, Milch, Eier
– Ergebnis: Pfannkuchenteig

Fall 2:   Zutaten sind Quark, Kalk, Farbpulver
– Ergebnis: Kaseinfarbe

Die **Zutaten** bestimmen also das Ergebnis eines Arbeitsablaufs, und die „Zutaten", die in den Computer zur Ausführung eines bestimmten Arbeitsablaufs eingegeben werden, heißen **Daten**. Sie werden aufbewahrt, bearbeitet gemäß meinen Wünschen (bzw. gemäß Programm), und die Arbeits**ergebnisse**, ebenfalls allgemein als **Daten** bezeichnet, werden mir zur Verfügung gestellt.

Meine „Daten" können aus Buchstaben (Text), Zahlen, Skizzen, Bildern, Signalen bestehen – die Art, wie ich sie eingebe, wie der Computer sie erkennt, intern aufbewahrt, verarbeitet und wieder ausgibt, wird durch die Geräte bestimmt, die ich zur Ein- und Ausgabe benutze. Dazu später mehr.

Wichtig ist zunächst, daß „Daten" ein Sammelbegriff ist für alles, was ein Computer „schlucken" und „ausspucken" kann, aber auch, daß es diese Daten – also die Dinge, die wir verarbeiten müssen – bereits unabhängig vom Computer gibt.

1.2.3 Was ist Hardware?

Das EDV-Kunstwort **Hardware**, oft mit **HW** abgekürzt, bezeichnet nichts anderes als die **Geräte** selbst, die ich benutze, also den Computer, den Drucker, die Tastatur etc. Locker gesprochen: das, was ich anfassen kann, worauf ich mit dem Hammer schlagen kann (was ich aber sinnvollerweise unterlasse).

1.2.4 Was ist Software?

Software, oft mit **SW** abgekürzt, ist ein Sammelbegriff für die **Programme**, die ein Computer auszuführen hat, also die **Arbeitsvorschriften**, das, was ich *nicht* anfassen kann, was aber für die Funktion nicht wegzudenken ist.

Ein (vorsichtiger) Vergleich mit dem Menschen:

Hardware ist das Gehirn,

Software sind die Gedanken darin.

Passend zu obigem Daten-Beispiel können wir auch sagen:

Topf und Mixer sind Hardware,

das Rezept ist Software,

die Zutaten sind die Daten.

Ausgehend von diesen grundsätzlichen Überlegungen können wir uns nun mit dem Aufbau der Computer-Hardware beschäftigen, und danach mit den Programmen, die ihn „zum Laufen bringen".

2 Die Hardware

Wenn wir in diesem Kapitel die „Bausteine", die logischen Funktionseinheiten eines Computers besprechen, so sind das die gleichen in jeder Art von Computer. Worin die Unterschiede zwischen den einzelnen Computertypen bestehen, untersuchen wir in Abschnitt 2.8. Bilder und Beispiele beziehen sich auf den Bereich der Arbeitsplatzrechner, die wir zunächst ganz allgemein mit PC bezeichnen wollen, ehe wir auch da noch Unterscheidungen treffen können.

2.1 Blickkontakt

Schauen wir das Gerät „Personal Computer", also die **PC-Hardware** an (Abb. 2-1), so fallen zunächst Bildschirm und Tastatur ins Auge. Der eigentliche Computer aber steckt in dem Kasten dazwischen, dem Gehäuse, das oftmals sogar unauffällig *unter* dem Arbeitsplatz aufgestellt wird.

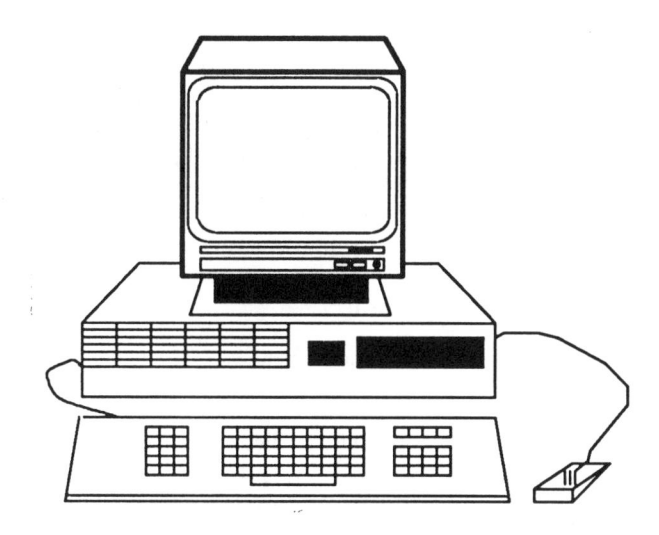

Abbildung 2-1: Personal Computer

Schrauben wir dieses Gehäuse auf (was unbedingt einmal geschehen sollte, natürlich mit der nötigen Sorgfalt), so finden wir Kabel, Kästen und etliche flache Rechtecke mit kleinen schwarzen Plättchen darauf, die mit Metallbeinchen aufgesteckt bzw. aufgelötet sind. Überall sind Buchstaben und Ziffern aufgedruckt. Irgendwo steht „Vorsicht Spannung" oder ein ähnlicher Hinweis in Englisch: es handelt sich offensichtlich um die Stromversorgung, das Netzteil des Geräts. Alle anderen Teile enthüllen nichts von ihrer Funktion.

Die kleinen auf den Rechtecken aufgesteckten Plastikplättchen bergen die elektronischen Bauteile, die **Mikrochips**, und in ihnen sind die Fähigkeiten des Computers vereinigt. Mikrochips enthalten auf winzigstem Raum eine große Anzahl von Transistoren, Widerständen und weiteren elektronischen Grundbauteilen. Alle sind mikroskopisch klein in einen einzigen Silizium-Kristall von Millimeter-Ausmaßen hineingebaut und darin nach einem bestimmten Plan elektrisch miteinander verbunden. In jedem Chip ist ein **Schaltwerk**, also ein kleines Maschinchen, das in der Lage ist, elektrische Signale

- zu erkennen

- aufzubewahren

- umzuwandeln

- weiterzuleiten.

Eine Anzahl elektrischer Leitungen muß die Signale *zwischen* den Chips transportieren: dazu dienen die Metallbeinchen an den Rändern der **Chipgehäuse** und die schmalen silbernen Lötlinien auf den Rechtecken, die elektrischen **Leiterbahnen**. Die Rechtecke wiederum heißen **Steckplatten**, in der Fachsprache auch **Platinen** oder **Boards** (engl.: Brett), die Beinchen an den Chips auch **Pins** (engl.: Nadeln).

Die Kristalle im Innern der Chipgehäuse sind noch um einiges kleiner, als die Gehäusemaße vermuten lassen. Vom eigentlichen Silizium-Chip bis zum Rand der Plastikumhüllung sind elektrisch leitende dünne Drähtchen verlegt, die die Signale zwischen Metallbeinchen und Chip weiterleiten.

Einen typischen Chip, circa auf das Zwanzigfache vergrößert, das Gehäuse „durchsichtig" dargestellt, zeigt Abb. 2-2.

Die elektrischen Bauteile auf dem Kristall sind hier nur noch schemenhaft zu erkennen. Ohne die auf das Gehäuse gedruckten Typennummern wüßten auch Fachleute nichts über die Funktion eines Chips auszusagen. Ein solcher Mikrochip wird mit hochspezialisierten Maschinen gefertigt und ist im Fall eines Fehlers in der Fertigung oder eines Ausfalls im Betrieb nicht reparierbar, weil man ihn nicht mehr auseinandernehmen kann.

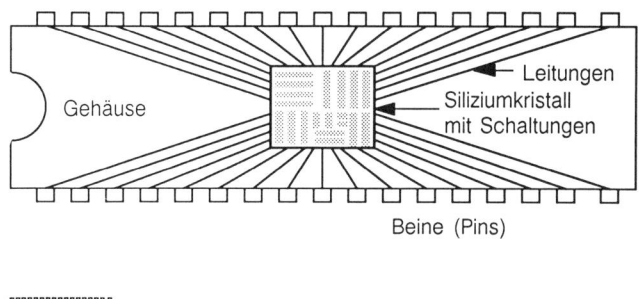

Abbildung 2-2: Mikrochip

Was nutzt uns also der Blick in den „Bauch" des PCs?

Gehen wir die Sache von der anderen Seite an: Zunächst lernen wir die *funktionalen* Einheiten eines Computers kennen, danach können wir sie in unserem PC „wiedererkennen".

Unter **funktionale Einheit** verstehen wir die (selbst wieder komplexen) Baugruppen im Computer, die jeweils eine eigene Aufgabe erfüllen.

Nehmen wir als Beispiel das Auto:

In seinem Innern finden wir Motor, Tank, Getriebe etc. – lauter Dinge, die selbst unterschiedlich komplex aufgebaut sind, deren genaue Arbeitsweise wir (vermutlich) nicht kennen und auch nicht kennen müssen, deren Aufgaben uns aber vertraut sind, denn wir können Auto fahren, ohne das Prinzip des Ottomotors zu kennen. Wir können diese Dinge auseinanderhalten und erkennen. Sie sind die funktionalen Einheiten des Autos.

2.2 Die CPU: die Schaltzentrale und ihre „Sprache"

Mittelpunkt eines jeden Computers ist seine CPU. Klären wir zunächst diese Abkürzung:

CPU = Central Processing Unit
 = Zentrale Verarbeitungseinheit
 = Zentralprozessor oder kurz **Prozessor:**
  die Schaltzentrale des Computers

In diesem elektronischen Chip stecken die Entscheidungsfähigkeiten des Computers, das, was man gemeinhin seine „Intelligenz" nennt, obwohl es, wie wir in Kapitel 1 gesehen haben, von menschlicher Intelligenz weit entfernt ist.

Aus den elektrischen Signalen, die die CPU empfängt, „erkennt" sie, was als nächstes „zu tun" ist, d.h. welche Signale sie ihrerseits auszusenden hat. Die Einzelhandlungen, zu denen ein Computer fähig ist (erkenne, vergleiche, addiere – siehe Kap. 1), sind durch die Schaltungen in diesem Chip festgelegt, ebenso die Geschwindigkeit, mit der er arbeiten kann, sowie die maximale Größe der Zahlen, die er bearbeiten kann.

Um die Arbeitsweise einer CPU zu verstehen, müssen wir uns mit ihrer **„Sprache"** befassen. Wie „erkennt" sie, was zu tun ist, was ist eine „elektrische Zahl", und welche Verbindung gibt es zwischen menschlicher und „elektrischer" Sprache?

Wenn die Erläuterungen zu diesen Fragen ein bißchen sehr technisch erscheinen, so sollen sie nur klarmachen, daß nichts Merkwürdiges in diesem „Computer-Gehirn" geschieht, daß alles erklärbar (und im Grunde sehr einfach) ist.

Die Signale im Computer werden mit elektrischem Strom übermittelt, und zwar wird ein ganz einfaches Prinzip benutzt. Prüft ein CPU-Chip eine Signalleitung, so erhält er zwei mögliche Ergebnisse:

entweder es fließt Strom
oder es fließt kein Strom

Man spricht von zwei möglichen **Informationen**, die diese Leitung damit übermittelt.

Nimmt man zwei Leitungen, so kann man schon vier (d.h. 2 mal 2) Informationen unterscheiden:

Auf Leitung 1	und auf Leitung 2
kein Strom	kein Strom
Strom	kein Strom
kein Strom	Strom
Strom	Strom

Und das ist bereits die ganze „Sprache" eines Computers: Aus den zwei „Buchstaben"

	Strom	kein Strom
meistens hingeschrieben als	1	0

werden **Wörter** zusammengesetzt:
10, 11001, 0101, ...

und diese „Wörter" haben eine „Bedeutung", d.h. der Chip ist so gebaut, daß er auf ein bestimmtes empfangenes Wort eine bestimmte Reaktion ausübt. Technisch gesprochen: eine bestimmte Kombination von Eingangssignalen erzeugt in der Schaltung des Chips eine definierte Kombination von Ausgangssignalen.

Beispiel:

Mit zwei Eingangsleitungen kann ich vier verschiedene Wörter übermitteln. Auf jedes mögliche Wort „antwortet" der Chip mit einem anderen Wort gemäß folgender Tabelle:

Eingang 1	Eingang 2	Ausgang 1	Ausgang 2
0	0	0	0
0	1	1	0
1	0	1	0
1	1	0	1

Die Anzahl der Leitungen, die in einen Chip hineinführen, begrenzt die maximale Länge dieser Wörter: pro Leitung wird ihm ein Buchstabe übermittelt.

Damit können wir die Sprache, in der eine CPU ihre Befehle empfängt, folgendermaßen beschreiben.

Bestimmten Wörtern (alle möglichst gleich lang, um die Signalleitungen optimal auszunutzen) werden Bedeutungen zugeordnet wie

00110000 = addiere

00011000 = vergleiche

Empfängt die CPU ein solches Befehlswort über ihre Zuleitungen, so „erkennt" sie es und reagiert dem gemäß.

Soll eine CPU addieren oder vergleichen, so benötigt sie nach der Befehlserkennung die zu verarbeitenden Zahlen. Um nun eine Zahl unseres Dezimalsystems (Ziffern von 1 bis 9 sowie die 0) in eine Zahl aus dem Wortschatz einer CPU umzuwandeln (es gibt ja nur die Zeichen 1 und 0), bedient man sich des **Dualsystems**, d.h. einer Zahlenschreibweise, die mit zwei Ziffern auskommt. Der Zahlenaufbau ist dabei wie gewohnt: Sind in der Einerstelle alle Ziffern aufgebraucht, beginnt man in der nächsthöheren Stelle mit der nächsthöheren Ziffer und einer Null dahinter. So kommt im Dezimalsystem nach „9" „10", nach „19" „20". Nur ist im *Dual*system „alle Ziffern" gleichbedeutend mit „1". Die entstehenden Zahlen sehen dann folgendermaßen aus:

Dezimalzahlen	Dualzahlen
0	0
1	1
2	10
3	11
4	100
...	
9	1001
10	1010
...	

Weil es nur zwei Ziffern gibt, beginnt die nächsthöhere Dualstelle immer bei einem Vielfachen von 2:

$10_{dual} = 2_{dez}$, $100_{dual} = 2 \cdot 2 = 4_{dez}$, $1000_{dual} = 2 \cdot 2 \cdot 2 = 8_{dez}$ usw.

Auf ähnliche Weise müssen *alle* **Daten** aus der menschlichen Sprache bzw. Darstellung **umgewandelt** werden in die Maschinensprache der Computer.

Das erledigen geeignete **Codes**, also Umwandlungsvorschriften, die man in Tabellen darstellen kann. Die obige Tabelle ist ein solcher Code für Dezimalzahlen. Ein weiterer Code ist nötig für Buchstaben usw.

Jeder Tastenanschlag am Computer erzeugt dann mit einer geeigneten elektrischen Schaltung ein **Codewort** in Maschinensprache. Dieses Codewort wird, für uns unsichtbar, an die CPU übermittelt, die dann entscheidet, was damit zu geschehen hat. Natürlich „entscheidet" sie nicht selbständig, sondern gemäß dem letzten empfangenen Befehlswort.

Ein Code, der nur aus zwei Zeichen aufgebaut wird, heißt **Binärcode**: Binär = zweiwertig (lat. bi = Vorsilbe für zwei). Ein einzelnes von zwei möglichen Zeichen (zweiwertiges Zeichen) wird mit **Bit** abgekürzt.

Beispiel:

Gibt man Signale mit einer Lampe, so sind sie ebenfalls zweiwertig: es gibt nur die Zeichen „an" und „aus".

Berücksichtigt man aber zusätzlich eine unterschiedliche Signal*dauer* wie im Morsecode (kurz, lang, Pause), so hat man bereits einen *Ternärcode*, also einen dreiwertigen.

Um alle möglichen Tastaturanschläge binär zu codieren, wieder mit gleichlangen Codewörtern, um die Signalleitungen gleichmäßig auszunutzen, muß man folgende Rechnung anstellen:

zu übermitteln sind 26 Groß- und 26 Kleinbuchstaben, 10 Ziffern, mindestens 20 Satz- und Rechenzeichen,

also über 80 Einzelzeichen.

Andererseits erhalte ich

mit 2 Bits	$2 \cdot 2$	=	4	Codeworte
mit 3 Bits	$2 \cdot 2 \cdot 2 = 2^3$	=	8	Codeworte
mit 6 Bits	2^6	=	64	Codeworte
mit 7 Bits	2^7	=	128	Codeworte

Um jedes Zeichen **eindeutig** zu codieren, d.h. je zwei verschiedene Zeichen erhalten unterschiedliche Codewörter, muß ich also mindestens 7 Bit pro Codewort spendieren.

Um bei der Codierung genügend Spielraum zu haben und verschiedene weitere Dinge auch darstellen zu können, hat sich eine Wortlänge von **8 Bits** sehr schnell als beste Grundlage für alle Arten von Maschinenworten herausgestellt. So arbeiteten eine Zeitlang alle Computer mit 8-Bit-Worten, d.h. mit 8 parallelen Leitungen in und zwischen den Chips. Befehlswörter wurden in 8 Bits codiert, Eingabezeichen, Steuersignale und „Adressen" – deren Bedeutung wir im nächsten Abschnitt kennenlernen werden. Zahlen, deren Werte ja auch größer sein sollten als $2^8=256$, wurden in 2 oder 4 8-Bit-Worte aufgeteilt. Daher erfand man schnell eine Bezeichnung für 8-Bit-Worte:

Ein „Muster aus 8 Bits" heißt **Byte**.

Das Byte ist auch heute noch Grundlage aller computerinternen Leitungs- und Verarbeitungsbreiten. Der Begriff **Breite** meint dabei die Anzahl paralleler Bitleitungen bzw. Bit-Aufbewahrungsschaltungen. Nur arbeitet man heute überwiegend mit Leitungen und Bausteinen, die mehrere Bytes gleichzeitig übertragen bzw. aufbewahren können.

Die **Verarbeitung** der Bits im Innern der CPU geschieht im wesentlichen mit **Transistoren**, die wie **Schalter** funktionieren. Wie bei einem Lichtschalter kann ich sagen, ein Transistorschalter ist „an" oder „aus" – oder in der Maschinensprache: er

Das Frauen-Computerbuch: Grundlagen

„zeigt" oder „speichert" Bitwert 1 oder Bitwert 0. Die Bits in den Chip-Eingangsleitungen sind es, die das An- und Ausschalten übernehmen.

Soll die CPU nun z.B. 1 und 1 addieren, so müssen die Transistoren so miteinander gekoppelt sein, daß „10" (= dezimale 2 binär bzw. dual codiert) als Ergebnis „gezeigt" wird:

Die CPU empfängt zunächst über 8 Datenleitungen den Code für „addiere", danach die Zahl 00000001. Sie „merkt" sich dieses Byte in einem sogenannten **Register**, einer Art Byte-großer Schublade, die aus 8 Transistorschaltern besteht. Danach empfängt die CPU noch einmal 00000001. Nun arbeitet das **Rechenwerk** in der CPU, also diejenigen Transistorschalter, die addieren können. Danach senden die Datenleitungen des CPU-Chips 000000*10* als Ergebnis aus.

Zusammengefaßt:

Die **CPU** ist die **Schaltzentrale** des Computers.
Sie   empfängt   über Leitungen
        verarbeitet   mit Transistorschaltungen
        sendet   über Leitungen
binär codierte Signale.
Daten und Befehle werden zu binär codierten Maschinenwörtern.

Ein **Bit** ist ein Signal mit 2 möglichen Werten, meistens dargestellt als **1** und **0**. Ein **Byte** ist ein Wort (oder Muster) aus 8 Bits. 1, 2, 3 oder 4 Byte ist eine gebräuchliche Größe für Maschinenwörter.

Die Schnelligkeit, mit der die CPU ihre Einzelbefehle ausführen kann, resultiert aus der hohen Geschwindigkeit, mit der der Strom in den kurzen Leitungen innerhalb des Mikrochips fließen kann und dort Transistorschalter betätigen kann.

2.3 Der Arbeitsspeicher RAM: das Gedächtnis

Wir wissen bereits, daß wir die Befehle eines Computers, die Einzelhandlungen, die die CPU ausführen kann, erst sinnvoll nutzen können, wenn sie zu Arbeitsprogrammen zusammengefügt werden, also zu Listen aus vielen Maschinenworten.

Soll die CPU in der ihr möglichen hohen Geschwindigkeit ein ganzes Programm abarbeiten, muß sie alle Befehle bereitgestellt bekommen: sie müssen in einer Art „Gedächtnis" **gespeichert** sein.

Weiter wissen wir, daß jedes Arbeitsprogramm mit unterschiedlichen Daten ausgeführt werden kann.

Beispiel:

Das Programm „Textverarbeitung" soll mir heute helfen, einen Brief zu schreiben, zu gestalten und zu drucken, morgen soll es mir dazu dienen, eine Tabelle zu erstellen.

Die Daten für mehrere Arbeitsabläufe können unterschiedlich umfangreich sein. Auch sie müssen während der Bearbeitung im Computer **gespeichert** werden.

Zum Speichern steht daher eine ganze Gruppe von gleichartig gebauten Chips zur Verfügung: sie bilden den

Arbeitsspeicher oder

RAM = Random Access Memory,

engl. etwa: Gedächtnis mit beliebigem Zugriff

der aus lauter (Transistor-) Speicher**zellen** besteht, die die Bits bzw. Bytes der Programme und Daten aufnehmen und aufbewahren.

Der Arbeitsspeicher (RAM) ist das Gedächtnis (engl.: memory) des Computers. Er ist aus den gleichen elektrischen Elementen zusammengesetzt wie die CPU, nur natürlich nach einem ganz anderen Schaltplan. Die im RAM gespeicherten Bits können also über Leitungen direkt und problemlos an die CPU übermittelt werden. Das ermöglicht einen sehr schnellen Signalaustausch.

Die Ordnung in diesem Speicher wird mittels **Adressen** hergestellt:

Der RAM ist in Zeilen und Spalten eingeteilt, die wie Straßen und Häuser zu verstehen sind. Jede Zeile bzw. Spalte hat eine „Straßen- bzw. Hausnummer". Abb. 2-3 zeigt eine Skizze dazu. Jede Adresse aus Zeile und Spalte beschreibt genau eine **Speicherzelle**, jede Speicherzelle speichert **ein Byte**. Das Byte mit dem Code „x" in Abb. 2-3 ist also zu finden an der Adresse „1,2".

Diese Art der Adressierung führte auch zu dem Namen RAM, der eigentlich aussagen soll:

Speicher mit **direkter** Adressierbarkeit jeder Zelle.

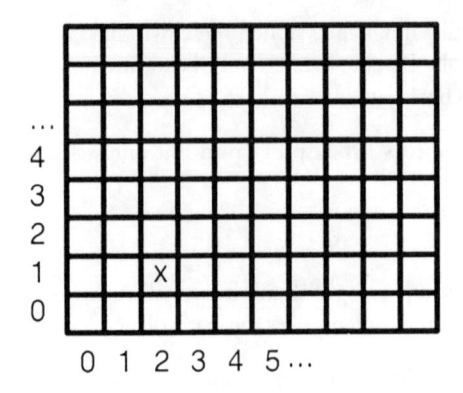

Abbildung 2-3: RAM-Adressierung

Im Gegensatz dazu steht die **sequentielle** Adressierung, bei der sich ein Speicherplatz immer nur „hinter" einem anderen finden läßt.

Beispiel (Abb. 2-4):

Direkte Adressierung:

In einem Flur, von dem sechs Türen abgehen, ist jeder Raum direkt erreichbar, vom 1. bis zum 6.

Sequentielle Adressierung:

Liegen die sechs Räume hintereinander, muß man jeweils durch die ersten hindurch, um den nächsten Raum zu erreichen.

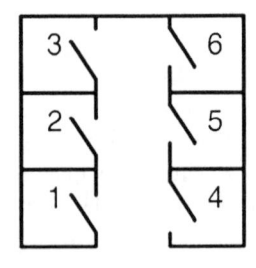

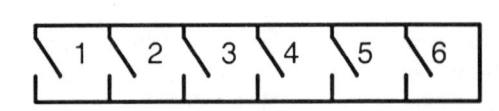

direkter Zugang   sequentieller Zugang

Abbildung 2-4: Adressierungsarten

Die CPU kennt jeweils die Speicheradresse des nächsten Befehls. Sie schickt ein Signal „Lesen" zum RAM sowie die (binär codierte) Adresse und empfängt vom RAM das in dieser Adresse gespeicherte Byte. Aus ihm entnimmt die CPU dann die Angabe, was zu tun ist (z.b. „addiere"), sowie Information darüber, wo die zu verarbeitenden Datenbytes zu finden sind (z.b.: „Zahl steht im nächsten Byte", oder auch „Adresse einer Zahl steht im nächsten Byte").

Um die Bytes zwischen CPU und RAM hin- und herzuschicken, existieren also **Adreßleitungen** und **Datenleitungen**, jeweils mehrere Bytes breit, sowie **Signalleitungen**, über die Steuersignale wie „Lesen" oder „Schreiben" gesandt werden. Eine solche Leitungssammlung heißt auch **Bus**: die Bytes werden damit befördert wie die Fahrgäste eines Omnibusses.

Arbeitsspeicher und CPU sind im PC auf einer gemeinsamen Platine oder Steckplatte angeordnet, dem sogenannten **Motherboard** (**Mutterplatine**). Sie ist die „Zentrale" im PC.

Zusammengefaßt:

Der Arbeitsspeicher oder **RAM** ist das **Gedächtnis** des Computers. Das zur Zeit abzuarbeitende Programm findet die CPU dort, ebenso die zur Zeit bearbeiteten Daten.
Der Arbeitsspeicher ist in einzeln adressierbare **Speicherzellen** unterteilt. Jede Zelle speichert ein Byte.
Zwischen CPU und RAM liegen Adreß-, Daten- und Steuer-Bus.
RAM und CPU bilden die **Zentrale** eines Computers. Im PC befinden sie sich auf der **Mutterplatine**, auch **Motherboard** genannt.

2.4 Die Magnetplatten: das Langzeitgedächtnis

Eine wichtige Anforderung wird an den RAM gestellt: Er muß jeweils das vom Menschen gewünschte Arbeitsprogramm bereithalten (jetzt Textverarbeitung, dann Buchführung) und jeweils die aktuellen Daten – also muß das dort Gespeicherte immer wieder austauschbar sein.

Wie aber kommen die einzelnen Programme in den Arbeitsspeicher, und wo bleiben die fertigen Daten?

Unser Computer kommt also nicht aus mit CPU und RAM, er braucht noch einen weiteren, sehr großen **Hintergrundspeicher**, ein Archiv, das er wie ein *Langzeitgedächtnis* benutzt: sein Inhalt bleibt so lange erhalten, wie wir als Menschen es wollen, und das *Kurzzeit*gedächtnis RAM wird aus dem archivierten Material nach Bedarf aufgefrischt.

Eine wichtige Eigenschaft des Hintergrundspeichers ist seine **Stromunabhängigkeit**, denn alle Programme und Daten sollen über das Abschalten des Computers hinaus erhalten bleiben.

Die heutzutage übliche Technik für diese Art von Speicher ist **Magnetspeicherung**, bestens bekannt von Tonbändern. Die sind robust, behalten ihren Inhalt stromunabhängig und können viel Material speichern. Nur: sie sind typische *sequentielle* Speicher, also solche, die die Daten hintereinander anordnen. Es dauert vergleichsweise lange, eine bestimmte Bandposition wiederzufinden. Jede Tonbandgerätbesitzerin kennt das mühsame Vor- und Zurückspulen, um einen Liedanfang zu finden.

Daher wurde die **Magnetplatte** (auch **Disk** = Scheibe) entwickelt, die die magnetische Speichertechnik mit direkter Adressierung verbindet: eine runde Platte erhält eine magnetisierbare Oberfläche, diese wird durch gezielte Magnetisierung unterteilt in konzentrische Kreise (**Spuren**), die wiederum in Abschnitte (**Sektoren**) aufgeteilt werden (Abb. 2-5). Dieser Vorgang heißt **formatieren**: die Platte erhält das geeignete „Format", um darauf zu schreiben – etwa wie eine Lineatur. Dabei entstehen **Speicherblöcke**, die **Adressen** der Form „Spur, Sektor" haben. In die Blöcke werden dann – in magnetischer „Schrift" – die Daten geschrieben. Jeder Bitwert wird dabei zu einem bestimmten magnetischen Zeichen.

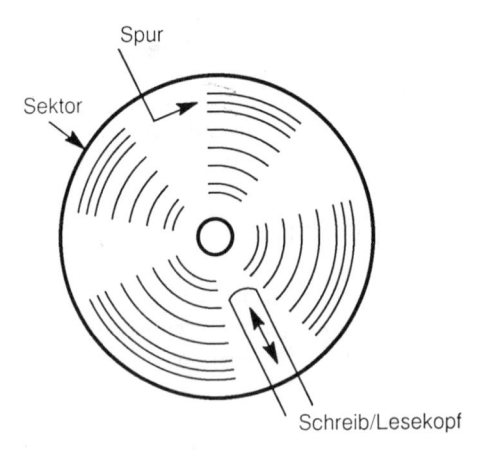

Abbildung 2-5: Magnetplatte

Magnetische Schrift (und auch die Formatierung) kann ich mir vorstellen wie Verzierungen auf der Oberfläche einer Sahnetorte. Jeder Quadratzentimeter Sahne erhält sein eigenes Muster: glatt oder erhöht. Nur handelt es sich bei Magnetplatten um *Millionstel* Quadratmeter, die jeweils eigene Muster (Magnet-Nordpol oben oder Nordpol unten) bekommen.

Auf der Magnetplatte werden Bytes nicht einzeln abgelegt, sondern nur ganze Programme oder ganze Gruppen von Datenbytes (ein Brief, eine Tabelle, eine Rechnung ...). Daher wird auf der Magnetplatte – im Unterschied zum RAM, der ja byteweise adressiert wird – unter jeder Adresse ein ganzer Block von (2^9=512 oder 2^{10}=1024) Bytes abgelegt.

Das Lesen/Schreiben auf einer Magnetplatte wird im Platten**laufwerk** erledigt, also einer Art Plattenspieler: die Magnetplatte liegt auf einem Drehmechanismus, und ein Schreib/Lesekopf bewegt sich über ihr zur Mitte oder zum Rand hin. Abb. 2-5 deutet dieses Prinzip an.

Erhält das Laufwerk von der CPU eine Plattenadresse, so bewegt es den Schreib/Lesekopf zur entsprechenden Spur und wartet, bis der Sektor durch die Plattendrehung „vorbeikommt". In diesem Moment werden Daten gelesen oder geschrieben. Die Umwandlung elektrischer in magnetische Bits und umgekehrt geschieht nach dem gleichen Prinzip wie bei Tonbandgeräten.

Über einen weiteren Bus werden die Adressen von der CPU zur Magnetplatte und die Daten vom RAM zur Magnetplatte (und umgekehrt) übermittelt.

Das Auffinden eines Speicherplatzes auf einer Magnetplatte dauert erheblich länger als im RAM, da mechanische Bewegungen des Laufwerks damit verbunden sind. Daher gibt es die zweistufige Speicherung, wie in Abb. 2-6 erläutert: Byteweiser schneller Datenaustausch zwischen CPU und RAM, blockweiser langsamer Datenaustausch zwischen RAM und Platte.

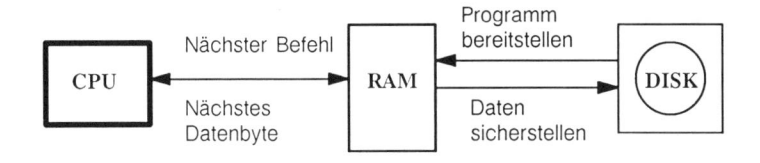

Abbildung 2-6: Zweistufige Speicherung

PCs enthalten in den meisten Fällen eine fest eingebaute, schnell adressierbare, große Magnetplatte, die **Festplatte**. Aber sie haben auch noch (mindestens) ein zusätzliches

Laufwerk für eine *auswechselbare* Magnetplatte. Diese transportablen Platten, die in eigenen Schutzhüllen stecken (Abb. 2-7), heißen **Disketten** (etwa: Scheibchen).

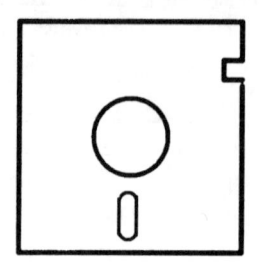

Abbildung 2-7: Diskette

Disketten sind diejenigen Speicher, in die neu erworbene Computerprogramme „verpackt" sind, und mit denen ich sie in meine Maschine „füttere", so daß die CPU sie erkennen und abarbeiten kann. Andererseits sind Disketten auch das flexibelste Mittel, Daten von einem Computer zu einem anderen zu transportieren, oder auch nur, Daten außerhalb des Computers zu archivieren, „sicherzustellen" (vgl. Kapitel 6).

Für PCs sind derzeit zwei unterschiedliche Diskettengrößen in Gebrauch, die mit ihrem Durchmesser bezeichnet werden: 5,25-Zoll- und 3,5-Zoll-Disketten. (Zoll wird mit " abgekürzt.) Sie unterscheiden sich deutlich an ihrer Schutzhülle: die Hüllen der 5,25"-Disketten sind wie die Disketten selbst aus weichem Material (daher auch der Name „Floppy Disk" = „schlappe Scheibe"), und unter einem Fenster – dem Schreiblesefenster – liegt die Magnetschicht offen. Die 3,5"-Disketten sind in einer festen Hülle und haben einen Metallschieber über ihrem Schreiblesefenster. Sie sind also außerhalb des Computers besser vor Zerstörung geschützt.

Zu jeder Diskettengröße gibt es einen passenden Laufwerkstyp. Die Diskette wird mit Schutzhülle ins Laufwerk geschoben, so daß der Schreib/Lesekopf über dem Hüllenfenster arbeitet. Disketten haben eine „Oberseite", und versehentlich falsches Hineinschieben kann sie bzw. das Laufwerk beschädigen. Die Oberseite ist aber erkennbar an der Beschriftung der Hülle.

Disketten können gegen versehentliches Überschreiben bzw. Löschen der gespeicherten Daten geschützt werden:

5,25"-Disketten haben eine Kerbe seitlich in ihrer Schutzhülle. Überklebt man sie, kann das Gespeicherte nur noch gelesen werden.

3,5"-Disketten haben ein Schiebefensterchen in einer Ecke ihrer Schutzhülle. Öffnet man es, kann das Gespeicherte nur noch gelesen werden.

Zusammengefaßt:

Magnetplatten stellen das stromunabhängige Archiv, das **Langzeitgedächtnis** des Computers dar.
Sie sind **formatiert** in Spuren und Sektoren, so daß direkt adressierbare Speicherblöcke entstehen.
Magnetplatten arbeiten in Laufwerken. Fest eingebaute Magnetplatten heißen **Festplatten**, auswechselbare heißen **Disketten**.
Programme und Daten werden auf Magnetplatten aufbewahrt.

2.5 Ein-/Ausgabegeräte: die Sinnesorgane

Ein Computer, wie bisher beschrieben, würde mir als Mensch nichts nutzen, wenn es nicht Zusatzgeräte gäbe, die die „Übersetzung" meiner in seine Sprache vornehmen: die sogenannten E/A-Geräte (Ein-/Ausgabe). Die augenfälligsten und zugleich wichtigsten kennen wir bereits:

Über die **Tastatur** (Abb. 2-8) „sprechen" wir die Maschine an: sie gehört zu den **Eingabegeräten**.

Über den **Bildschirm** (Abb. 2-8) „antwortet" sie: er gehört zu den **Ausgabegeräten**.

Abbildung 2-8: Bildschirm und Tastatur

Die meisten **Bildschirme** arbeiten wie Fernsehschirme mit einer **Bildröhre**, und außer An-/Abschalten und Regeln der Helligkeit und des Kontrastes nehmen wir keinen Einfluß auf sie. Anders ist das mit der Tastatur, die wir für die Eingabe aller Texte und Zahlen und vieler Steuersignale benutzen. Daher wollen wir die wichtigsten Tasten kurz besprechen. Sondertasten-Bezeichnungen stehen dabei in spitzen Klammern.

Der größte Teil der **Tastatur** ist eine **Schreibmaschinentastatur** im gewohnten Aussehen; daneben befindet sich ein **Ziffernblock** wie auf einer Rechenmaschine (Abb. 2-9). Die Taste <**Shift**> (engl. Schieben) ist der Umschalter auf Großbuchstaben bzw. Sonderzeichen wie !, (,), ;, ? etc.: Sie wird festgehalten, während die gewünschte Taste gedrückt wird. Die Taste <**Shift lock**> (engl. lock = verriegeln) stellt den Umschalter fest. Die Taste <**Tab**> macht einen Tabulatorsprung. Die Taste ⏎ , auch <**Enter**>, <**Return**> oder <**Eingabetaste**> genannt, dient als „Wagenrücklauf+Zeilenvorschub".

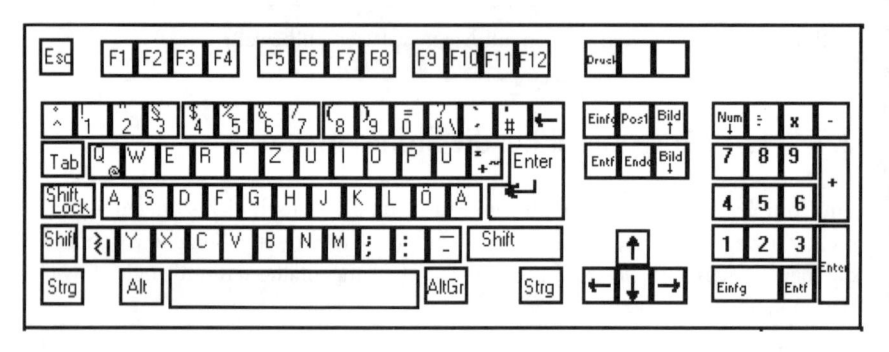

Abbildung 2-9: Tastatur

Dazu kommen einige computerspezifische Tasten:

– ⌫ , auch <**Backspace**> oder <**Rücktaste**>, löscht das letzte getippte Zeichen.

– <**Strg**> (Steuerung) und <**Alt**> (Alternativ) sind (wie Shift) Tasten, die nur in Kombination mit anderen Tasten benutzt werden. Wir notieren das in der Form <Strg>+<Taste> mit der Bedeutung „<Strg> halten, dann <Taste> tippen". Kombiniert haben sie – je nach Programm – eine Signal- oder Befehlswirkung. Auf älteren oder englischen Tastaturen wird Strg mit <**Ctrl**> (von control = steuern) bezeichnet.

– <**ESC**> (Escape=Flucht) ist die Taste, mit der ich angefangene Aktionen (z.B. Befehle) unverrichteterdinge abbrechen kann (vgl. Kapitel 5).

– <**Alt Gr**> ist ebenfalls eine Kombiniertaste. Mit <Alt Gr>+<Taste> tippe ich die auf einigen Tasten vorhandene Drittbelegung:

<Alt Gr>+<ß> → \

<Alt Gr>+<+> → ~

(Gr=German, deutsch). Hier handelt es sich um Abweichungen vom internationalen Tastencode (siehe Abschnitt 2.6), die nötig sind, um deutsche Sonderzeichen (Umlaute, ß) auf der Tastatur unterzubringen.

- Die Tasten <**Einfg**> (Einfügen) und <**Entf**> (Entfernen) werden je nach Programmzweck unterschiedlich benutzt. Ihre englischen Bezeichnungen sind <**Ins**> (insert = einfügen) und <**Del**> (delete = zerstören).
- Die **Pfeiltasten**, <Pos1>, <**Ende**> bewegen (auch je nach Programm) einen Zeiger auf dem Bildschirm. Auch hier findet man gelegentlich die englischen Bezeichnungen <**Home**> (heim) für Pos1 und <**End**> für Ende.
- Die **F-Tasten** (F=Funktion) erfüllen erstmal keine Funktion. Sie kann jedes Programm mit eigenen Bedeutungen belegen. Beispiel:

    <F1> → Hilfe
    <F2> → Speichern etc.

- Der **Ziffernblock** ist mit der <**Num**-Feststelltaste> oder <Num-Lock-Taste> wahlweise auf Ziffern oder eine zweite Gruppe Bewegungstasten umschaltbar.
- Mit der Taste <**Druck**> kopiere ich das augenblickliche Bildschirmbild auf einen angeschlossenen Drucker.

Hier kann nur ein Grobüberblick stehen, da, wie schon angedeutet, erst die jeweilgen *Programme* einzelnen Tasten ihre Bedeutung verleihen.

Als weitere E/A-Geräte benutzen wir **Drucker** (Abb. 2-10) für eine schriftliche Ausgabe der Daten und verschiedene weitere Eingabegeräte zur Übermittlung von Signalen, die über die Möglichkeiten einer Tastatur hinausgehen. Die bekanntesten davon sind **Joystick** (als Steuerknüppel in Spielprogrammen) und **Maus** (Abb. 2-11). Beide übermitteln eine Strecke, eine Richtung und dazu Einzelsignale.

Betrachten wir dazu die Maus näher: auf ihrer Unterseite liegt eine **Kugel** in einer Höhlung. Rollt nun die Kugel über eine ebene Fläche, so werden auf der Mausleitung (dem „Schwanz") die Richtung und Länge dieser Strecke (binär codiert) übermittelt. Drückt man eine der Maus**tasten**, so wird ein weiterer Code für „linke Taste" oder „rechte Taste" erzeugt und übermittelt. Mausbewegungen werden dann korrekt übertragen, wenn ich die Maus so halte, daß der Schwanz die Verlängerung meines Arms in Richtung Computer bzw. Bildschirm darstellt.

Abbildung 2-10: Drucker

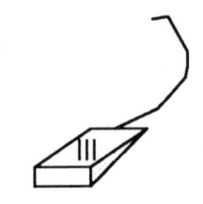

Abbildung 2-11: Maus

Ein Wort zur Spracherkennung: menschliche Sprache ist durch Wortschatz, Satzbau und Klangfärbungen so vielfältig, daß es immense Probleme macht, einer Maschine die Regeln beizubringen, sie zu verstehen. Eine Maschine kann in der Regel nur erkennen oder ablehnen (binär arbeiten!), wir Menschen aber „assoziieren", d.h. wir denken mit und verstehen oft aus einem nur „ungefähr" eindeutigen Gesprochenen den wahren Sinn. Daher steckt die Spracherkennung für Computer immer noch in der Experimentierphase.

Die Ein- und Ausgabegeräte müssen also ebenfalls über Leitungen mit der Schaltzentrale verbunden sein. Sie, die CPU, muß die Signale der Eingabegeräte erkennen und die für die Ausgabegeräte nötigen erzeugen können. Die E/A-Geräte, auch **Peripherie** genannt, weil sie sich „am Rande" des Computers befinden, sind aber notwendigerweise so gebaut, daß sie von uns Menschen mit *unseren* Fähigkeiten benutzbar bzw. bedienbar sind:

– Tastatur und Maus arbeiten mechanisch mittels Drücken und Bewegen.

– Der Bildschirm arbeitet mit einer Bildröhre, und ein Elektronenstrahl „schreibt" Lesbares auf eine Phosphorschicht.

– Der Drucker arbeitet mit Farbe und Papier, mechanisch oder fotografisch.

Die Zentrale des Computers dagegen arbeitet mit binären elektrischen Signalen.

Jedes dieser Geräte „spricht" bzw. „versteht" eine andere Sprache, und daher sind **Übersetzer** notwendig, um eine reibungslose Kommunikation zwischen Zentrale und Peripherie zu gewährleisten. Diese Übersetzer sind ebenfalls Baugruppen innerhalb des Computers. Sie sind überwiegend auf eigenen Platinen untergebracht, den sogenannten

Schnittstellen- oder **Interface-Karten.**

Sie werden in eine Art Sockel auf der Mutterplatine gesteckt, der **Steckplatz** heißt. Von der Zentrale zum Steckplatz verlaufen elektrische Leitungen, mit denen die Anschlüsse auf der Schnittstellenkarte Kontakt aufnehmen.

Auch zwischen der elektrisch „sprechenden" Zentrale und den Magnetplattenlaufwerken findet eine solche Übersetzung statt, da – wie oben erläutert – elektrische Signale bzw. Bits in eine magnetische Darstellung umgewandelt werden müssen und umgekehrt.

Damit gliedert sich ein PC in die Funktionseinheiten bzw. Teilgeräte, die Abb. 2-12 zeigt, wobei „IF" für „Interface", also Schnittstelle oder Übersetzer, steht.

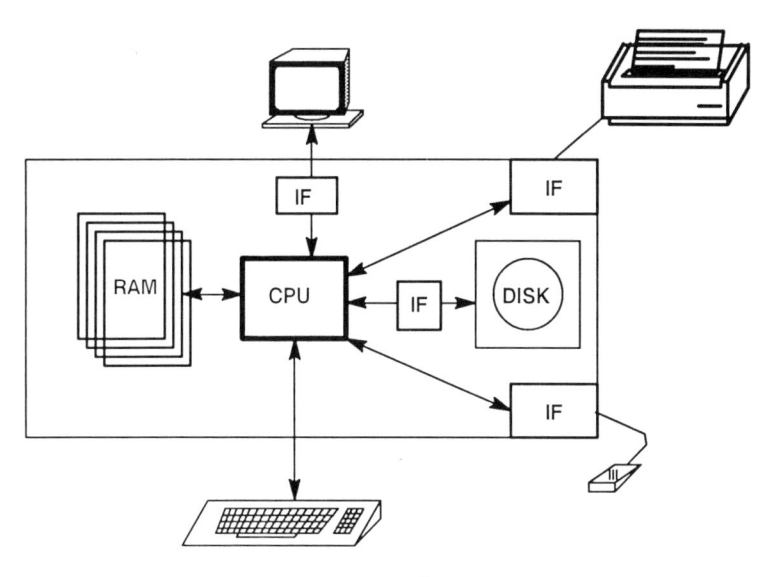

Abbildung 2-12: Aufbau eines PCs

Von der Art, Güte und Leistungsfähigkeit der Schnittstellen ist es abhängig, welche Peripheriegeräte ich anschließen kann.

Schnittstellen-Arten:

Die Schnittstellen haben am Gehäuse des Computers einen Anschluß, auch **Port** (engl. Hafen) genannt, in den ich die Verbindungskabel der Peripheriegeräte einstecken kann. Dabei haben unterschiedliche Arten von Schnittstellen unterschiedliche Anschlüsse. Von Bildschirm- und Tastaturanschlüssen abgesehen, gibt es zwei verschiedenartige Anschlüsse, die jeweils für eine ganze Reihe von Peripheriegeräten nutzbar sind:

Eine **parallele** Schnittstelle überträgt auf 8 benachbarten Leitungen jeweils 1 Byte gleichzeitig (also *8 Bit parallel*).

Ein typisches Gerät, das über eine parallele Schnittstelle angeschlossen wird, ist ein Drucker.

Eine **serielle** Schnittstelle überträgt jedes Byte über nur *eine* Leitung, indem sie die Bits *nacheinander* übermittelt. Bestimmte Zeitabstände müssen eingehalten werden, um die einzelnen Bits auseinanderzuhalten.

Typisch für diese Art des Anschlusses ist die Maus.

Die Anzahl der vorhandenen Schnittstellenkarten sowie die Anzahl der freien Steckplätze für weitere Schnittstellenkarten begrenzt die *gleichzeitig* anschließbaren E/A-Geräte.

Schnittstellen-Qualität:

Die Schnittstellen speziell zu Bildschirm und Magnetplattenlaufwerken tragen wesentlich zur Leistungsfähigkeit eines PCs bei.

Eine Bildschirmschnittstelle beeinflußt, wie grob oder fein gerastert das Bild dargestellt wird (Aufteilung in Bildpunkte, sogenannte **Pixels**). Sie hat einen eigenen Prozessor für die Bildschirmsteuerung und einen eigenen Bild-RAM, in dem das gerade zu „schreibende" Bild in Pixels gespeichert ist. Das Bild auf der Schirmoberfläche muß ständig aufgefrischt werden, um nicht zu verblassen. Das nennt man die **Bildwiederholung**.

Eine Magnetplattenschnittstelle entscheidet z.B. darüber, wie viele Laufwerke gleichzeitig anschließbar sind und wie schnell die Datenblöcke aufgefunden und übertragen werden.

Zusammengefaßt:

Eingabe-/Ausgabe- (E/A-) oder Peripheriegeräte ermöglichen die Kommunikation zwischen Mensch und Maschine. Die wichtigsten am PC sind Tastatur und Maus für die Eingabe, Bildschirm und Drucker für die Ausgabe. Jedes von ihnen wird über eine **Schnittstelle (Interface)** mit der Computerzentrale verbunden.
Die Schnittstellen „übersetzen" unterschiedliche Signalsprachen.
Schnittstellen sind meistens auf eigenen Platinen untergebracht und lassen sich in die Mutterplatine einstecken.
Schnittstellenplatinen haben am PC-Gehäuse Anschlüsse für die Verbindungskabel zu den Peripheriegeräten.
Typische Schnittstellen sind diejenigen für Magnetplatten, Bildschirm, sowie parallele und serielle Mehrzweckschnittstellen.

2.6 Der Weg der Daten im PC

Um das Zusammenspiel der vielen Hardware-Bauteile im Computer zu verstehen, versuchen wir den Weg zu verfolgen, den unsere Daten von der Eingabe bis zur Druckausgabe gehen müssen.

1) *Tastatur*: Ein mechanischer Druck unserer Finger erzeugt einen elektrischen Code, der zur CPU übertragen wird.

   Beispiel: Taste **A** erzeugt den Binärcode **01100001** (für „a") und sendet ihn zur

2) *CPU*: Sie entscheidet gemäß Arbeitsprogramm, wo die von der Tastatur kommenden Codes aufbewahrt werden. Sie schickt sie per Adresse in freie Speicherzellen im

3) *RAM*: Dort werden sie abgelegt.

   Gleichzeitig schickt die CPU die Codes zur Bildschirmschnittstelle, die sie benutzt, um die zugehörigen Zeichen auf den

4) *Bildschirm* zu „schreiben".

Hat die CPU nun den Befehl „Speichere auf Platte" erhalten, so ermittelt sie eine freie Plattenadresse und überträgt die elektrischen Codebytes in den RAM-Zellen zum

5) *Plattenlaufwerk*, wo sie in magnetische Schrift umgewandelt und dauerhaft gelagert werden.

Erfolgt ein Befehl „Drucke", so überträgt die CPU die im RAM oder auf Platte gespeicherten Bytes zur parallelen Schnittstelle, die den

6) *Drucker* ansteuert und dafür sorgt, daß die Codes in die korrekten Druckzeichen übersetzt werden, d.h. aus 01100001 wird wieder „a".

Maussignale gehen einfachere Wege:

1') Rollt die *Mau*skugel um 2 cm nach links, so werden Zentimeter-Strecke und Winkel codiert und zur Zentrale übertragen. Die

2') *CPU* schickt entsprechende Codebytes zur Bildschirmschnittstelle, so daß auf dem

3') *Bildschirm* ein Mauszeiger die gleiche Strecke in derselben Richtung zurücklegt.

Für druckbare Zeichen ist es von großer Bedeutung, daß alle Peripheriegeräte und Schnittstellen unter

01100001 ein „a"

verstehen, daß also *überall derselbe Code* benutzt wird. Zu diesem Zweck gibt es international **normierte Codes**. Mit den Tasten der Tastatur werden Wörter des **ASCII-Codes** erzeugt:

ASCII = <u>A</u>merican <u>S</u>tandard <u>C</u>ode <u>f</u>or <u>I</u>nformation <u>I</u>nterchange

= Amerikanischer Standard-Code für Informationsaustausch

und dieser Code wird maschinen-unabhängig von jedem Computer, jedem Peripheriegerät verstanden. Ohne diese Normierung wäre es schwierig, zwei Geräte unterschiedlicher Hersteller zusammenzuschließen:

Aus der Taste A, codiert mit 01100001,

könnte auf dem Bildschirm mit einem ganz anderen Code möglicherweise die Ziffer 1 entstehen.

Zusammengefaßt:

> Die Daten passieren nur dann unverfälscht verschiedene Geräte, wenn jedes denselben **Code** benutzt.
> International normiert ist der **ASCII**-Code für Zeichen.

2.7 Zusammenarbeit durch Synchronisation

Die vielen Teilgeräte, die einen Computer, speziell einen PC, ausmachen, benötigen, um sinnvoll Hand in Hand arbeiten zu können, irgend „jemanden", der den „Überblick" behält.

Technisch gesprochen: die einzelnen Signale müssen **synchronisiert** werden, d.h. aufeinander abgestimmt, in der richtigen Reihenfolge bearbeitet etc.

Die Chips auf den Platinen werden auf ganz einfache Weise synchronisiert: ein **Taktgeber**, ein Quarzbaustein wie in einer Uhr, gibt in regelmäßigen Abständen an alle Chips gleichzeitig ein Signal, und nur bei Eintreffen dieses Signals führen sie einen Arbeitsschritt aus.

Beispiel:

1. Taktsignal: CPU schickt eine Befehlsadresse an RAM
2. Taktsignal: RAM schickt den Befehlscode aus der adressierten Zelle an CPU
3. Taktsignal: CPU schickt eine Datenadresse an RAM
4. Taktsignal: RAM schickt das Datenbyte aus der adressierten Zelle an CPU

etc.

Dieser **Arbeitstakt (Taktfrequenz, Zykluszeit)** ist sehr schnell: er liegt im **MHz**-Bereich (Mega-Hertz; 1 Hz = einmal pro Sekunde, 1 MHz = 1 Million mal pro Sekunde), d.h.

Millionen von Taktsignalen erfolgen pro Sekunde

Die technischen Eigenschaften der verwendeten Chips bestimmen, wie hoch der Takt maximal sein darf, ohne daß es zu Wärmeproblemen innerhalb der Chips kommt.

Sinnvollerweise verwendet man in *einem* Computer nur Chips, die etwa gleich schnell sind (d.h. gleich schnell getaktet werden können), sonst müssen die schnelleren jeweils einige Takte lang auf die Ergebnisse der anderen warten.

Dauert nun beispielsweise eine Addition von zwei Zahlen ca. 15 Takte und arbeitet die CPU mit einem 15-MHz-Takt (was heutzutage bereits als langsam gilt), so kann die CPU in einer Sekunde eine Million Additionen durchführen. Diese Rechnung gibt uns einen kleinen Einblick in die Geschwindigkeitsregionen, in denen der Computer uns überlegen ist.

Nun „kann" die Schaltzentrale CPU einige Dinge tun, aber womit soll sie anfangen?

Hier ist bereits die Notwendigkeit der **Software** zu sehen:
- ein Programm muß bereits beim Anschalten des Computers da sein
- die CPU muß, sobald sie Strom bekommt und arbeiten *kann*, wissen, was sie tun soll.

Dazu ist im Computer ein weiterer Speicherbaustein eingebaut. Dieser erhält nur *ein* Programm, nämlich genau das, was die oben beschriebenen „Startschwierigkeiten" verhindert und den Computer nach dem Anschalten zu geordnetem Arbeiten bringt.

Ein solcher Speicher, der von der CPU nur zum Lesen, nicht aber zum Ablegen von Daten benutzt wird, heißt

ROM = Read Only Memory, Nur-Lese-Speicher

Durch moderne Technik sind diese Bausteine mit Spezialgeräten neu programmierbar, daher haben sie den Namen **EPROM** bekommen:

EPROM = Erasable Programmable Read Only Memory,

löschbarer programmierbarer Nur-Lese-Speicher

Zusammengefaßt:

> Ein Computer führt alle Einzelhandlungen **getaktet** durch; sein Arbeitstakt (Taktfrequenz) liegt im Mega-Hertz-(MHz-)Bereich: Millionen Takte pro Sekunde.

> Ein Nur-Lese-Speicher (**EPROM**-Baustein) enthält ein Programm, das den Computer nach dem Anschalten zu sinnvollen Aktionen bringt.

Wohlgemerkt:

> Ein Computer ist dem Menschen überlegen in puncto Geschwindigkeit (seiner eingeschränkten Einzelhandlungen) und Gedächtnis (d.h. Speicherfähigkeit) – **aber nur darin!**

2.8 Computer-Familien

Es ist jetzt an der Zeit, die Computer-Vielfalt etwas genauer zu analysieren. Wir haben bereits festgestellt, daß die funktionalen Bausteine CPU, RAM, Magnetplatte(n), E/A-Geräte, Schnittstellen zu jedem Computer gehören. Wo sind nun aber die Klassenunterschiede?

2.8.1 Großrechner

Vor Einführung der PCs, der Arbeitsplatzrechner, war eine Computerbenutzung meistens nur über sogenannte **Rechenzentren** möglich: Dort steht ein Großrechner, der von Fachleuten betreut wird und die Aufgaben einer großen Kundenzahl zu bearbeiten hat. Systemverwalter kennen sich in der Bedienung der Maschine aus; die Kunden erhalten lediglich eine Zugangsberechtigung, d.h. eine Abrechnungsnummer, mit der sie ihre einzelnen Aufträge beim Computer anmelden. Lernen müssen sie, wie die Aufträge maschinengemäß zu formulieren sind. In der „Computer-Steinzeit" wurden solche Aufträge auf Lochkartenstapel gestanzt, abgegeben und nacheinander bearbeitet. Dieser Zustand hat den Begriff **Batch-Betrieb** hervorgebracht (engl. batch = Stoß, Stapel).

Als dann Bildschirm**terminals** – d.h. Bildschirm + Tastatur – die gängigen E/A-Geräte wurden (Terminal = Endstation; hier: Datenendstation), arbeiteten Großrechner im **Time-Sharing-Dialog-Betrieb**. Das bedeutet, die CPU teilt ihre Arbeitszeit (engl. time sharing = Zeit teilen) gerecht auf alle angeschlossenen Terminals auf, so daß an jedem Terminal der Eindruck entsteht, „ich habe den Computer für mich allein". Sind z.B. 10 Terminals aktiv, so bekommt jedes in einer Sekunde eine Zehntelsekunde CPU-Rechenzeit.

Je mehr Terminals arbeiten, desto eher merken die Menschen daran die Auslastung des Computersystems: er scheint langsamer zu werden, weil die zugeteilten „Zeitscheiben" kleiner werden.

Ein solcher Großrechner braucht

– eine schnelle CPU

– einen großen RAM, der alle Programme und Daten der aktiven Terminals aufnehmen kann

– viel Magnetplattenplatz, um alle Daten aller Benutzer aufbewahren zu können.

2.8.2 Personal Computer

Um beispielsweise Texte zu schreiben und zu bearbeiten, nutze ich die Fähigkeiten eines Großrechners in puncto Rechenleistung nie voll aus, muß mich aber trotzdem mit meinen Zeitscheibchen zufriedengeben. In Hochbetriebszeiten bekomme ich dann oft das Gefühl, mit dem Bleistift ginge es schneller. Abhilfe bietet da der **Arbeitsplatz-Computer**, der durch die Entwicklung von **Mikroprozessoren**, also sehr kleinen und kompakt gebauten CPUs, möglich wurde.

Seine CPU und auch seine Speicherkapazität sind auf die Benutzung von nur einer Person zugeschnitten. Da ich die Leistung des Geräts mit niemandem teilen muß, bedient es mich schnell genug.

Aber mit den technischen Möglichkeiten steigen wieder die Ansprüche: größere, perfektere Programme benötigen eine schnellere CPU und mehr Arbeitsspeicher. Größere Datenmengen benötigen mehr Plattenspeicher.

So gibt es heute Arbeitsplatzrechner, sogenannte **Workstations**, die für umfangreiche Aufgaben, für die früher Großrechner notwendig waren, gut geeignet sind. Umfangreiche Aufgaben aber werden oft auf mehrere Mitarbeiter aufgeteilt, die dann auf eine gemeinsame Datensammlung zugreifen müssen. *Gemeinsame* Daten auf zwei *verschiedenen* Computern gibt es aber nicht: Jede Änderung an den Daten müßte sorgfältig auf jedem Computer einzeln durchgeführt werden.

2.8.3 Netze

Ein guter Kompromiß zwischen Groß- und Kleinrechner ist ein **Netz**, in dem mehrere Arbeitsplatzrechner über Kabel miteinander verbunden werden. Meistens dient ein zusätzlicher Computer zur „Verkehrsregelung" innerhalb des Netzes und zur Aufbewahrung und Verwaltung der gemeinsamen Daten. Die einzelnen vernetzten Computer benutzen dann die Magnetplatten dieses Verwaltungscomputers wie ihre eigenen. Dadurch ist eine Änderung an gemeinsamen Datensammlungen für alle vernetzten Geräte gleich „sichtbar".

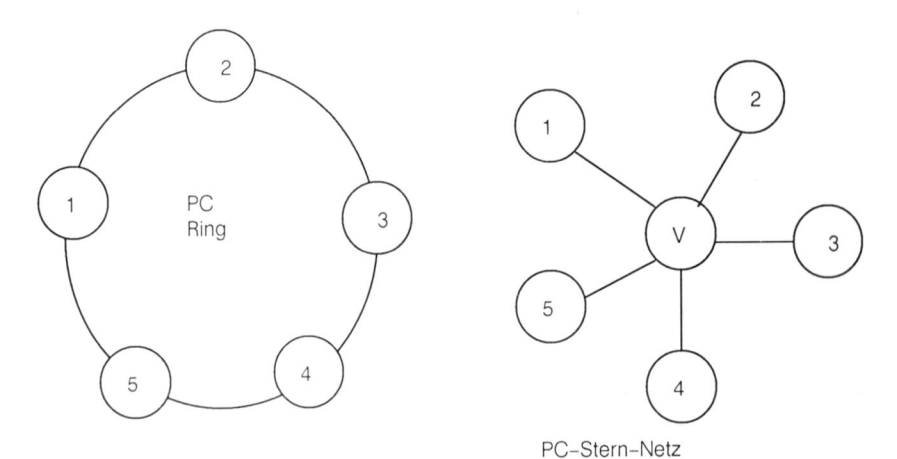

Abbildung 2-13: PC-Netze

Solche Netze gibt es in verschiedenen Strukturen. Häufig haben sie eine ring- oder sternförmige Verkabelung wie in Abb. 2-13. Jeder PC kann mit jedem anderen Daten austauschen bzw. einen anderen als Erweiterung seines Hintergrundspeichers betrachten.

2.8.4 Die „Unter"-Welt der Arbeitsplatzrechner

Als die Mikroprozessoren und Kleinstcomputer ihren Siegeszug antraten, versuchten viele CPU-Hersteller, daran teilzuhaben. Da aber die Fähigkeiten und Eigenschaften der CPU, nämlich

– ihr Befehlsvorrat

– ihre speziellen Steuersignale

– die Art und technische Ausführung ihrer Anschlüsse

die Arbeitsweise des ganzen Computers festlegt, sind nicht alle Computer-Bausteine aller Hersteller beliebig kombinierbar.

Die Firma **IBM**, führend auf dem Großrechnermarkt, bestückte in den 70er Jahren ihre Kunden mit Kleincomputern nach ihrem eigenen Entwurf, aufgebaut auf einem Mikroprozessor der Firma **Intel** (damals die CPUs mit der Typenbezeichnung 8088 bzw. 8086). Für diese Geräte wurde dann auch erstmals der Begriff **PC** verwendet (auch mit dem Beiwort **XT** wie „Extended Technology" = erweiterte Technologie). Gegen diese Übermacht von IBM-PCs hatten auf dem kommerziellen Markt andere Anbieter von Kleincomputern kaum eine Chance: ihre CPUs „sprechen eine andere Sprache", sind also nicht zur Zusammenarbeit mit IBM-PCs geeignet. Man sagt, sie sind nicht **IBM-kompatibel** (kompatibel = verträglich). Hersteller, die IBM-kompatible PC-Bausteine oder ganze PCs anbieten, machen dagegen IBM Konkurrenz auf dem Markt, den diese Firma selbst geschaffen hat: ihre Erzeugnisse sind austauschbar oder kombinierbar mit IBM-Originalen.

Der Begriff „PC" wird weitgehend nur für IBM-Kompatible verwendet, ist aber eigentlich gleichbedeutend mit Arbeitsplatz-Computer schlechthin. Die Bezeichnungen sind nicht normiert oder geschützt. Bei den „nicht IBM-Kompatiblen" gibt es qualitativ hochwertige, sehr empfehlenswerte Geräte (z.B. Apple Macintosh), die sich aber nur für Anwendungen eignen, bei denen ich nicht zur Zusammenarbeit mit der IBM-Welt – den IBM-Kompatiblen – gezwungen bin. Ihre Arbeitsweise ist die gleiche. Die Software dagegen muß „zur Hardware passen" (vgl. Kapitel 3), wodurch in den verschiedenen Arbeitsplatzrechner-Welten ganz unterschiedlich „aussehende" Programme entstanden. Daher machen wir eine weitere Einschränkung für dieses Buch: wir betrachten nur noch die Welt der IBM-kompatiblen PCs.

In dieser Welt werden jetzt die Nachfolger der damaligen Intel-Prozessoren verwendet (Typ 80286, auch **AT** wie „Advanced Technology", also fortgeschrittene Technologie; Typen 80386, 486 ...), die eine gleichartige, nur erweiterte „Sprache" sprechen, besser durchstrukturiert sind, schneller getaktet werden und ähnliches. Ihr Prinzip und ihre Aufgabe ist jedoch unverändert.

Ob **Tower** (Turm-Gehäuse), **Desktop** (Gehäuse auf dem Tisch) oder **Laptop** (PC auf dem Schoß), gleich welches Hersteller-Zeichen auf dem Gehäuse prangt: die Fähigkeiten eines PCs leiten sich nur ab aus den Merkmalen seiner funktionalen Einheiten. Daher kaufe ich nicht einen PC vom Hersteller „XY", sondern z.B. einen „IBM-Kompatiblen mit 386er CPU, 2 MB RAM etc."

Welche Merkmale für die einzelnen Funktionseinheiten relevant sind, beschreibt der nächste Abschnitt.

Zusammengefaßt:

Großrechner bedienen mit **einer** Zentrale (CPU, RAM) viele Terminals (Bildschirmstationen) durch Zuteilung von **Zeitscheiben**.

Arbeitsplatzrechner (PCs) bedienen **eine** Person.

In einem **Netz** können **mehrere selbständige Computer** Daten untereinander austauschen und auf gemeinsame Datensammlungen zugreifen.

Das Wort „IBM-kompatibel" bezeichnet eine ganze PC-Klasse, die „dieselbe Sprache spricht" und über ihren inneren Aufbau festgelegt ist.

2.9 Leistungsdaten und -merkmale von PCs

Es ist nicht einfach, Leistungkenn*zahlen* eines PCs zu nennen, da sie meistens schon überholt sind, bis ein Buch im Handel ist. Daher sollen hier nur die Bemessungseinheiten für die wichtigsten Teile eines PCs stehen und die *derzeit* typischen Größenordnungen.

Die CPU

wird gemessen an ihrer **Typenbezeichnung**, da diese die Prozessorsprache festlegt, und an ihrer **Taktfrequenz**, angegeben in **MHz**. Die Taktfrequenz legt die Arbeitsgeschwindigkeit fest.

Gängige Intel-Prozessoren sind die Typen (80)386 und 486.

Derzeit übliche Taktfrequenzen sind 20 bis 50 MHz.

Der Arbeitsspeicher RAM

wird gemessen an seiner **Kapazität**, also seinem Fassungsvermögen, gemessen in **KB** = **Kilobyte** bzw. **MB** = **Megabyte**.

Dabei steht **K** für 2^{10}=1024 und **M** für K·K=$2^{10}\cdot 2^{10}$=1.048.576, also *etwa* 1000 bzw. *etwa* eine Million.

Derzeit üblich sind 640 KB bis 16 MB.

Magnetplatten

werden auch an ihrer **Kapazität** gemessen.

Für **Festplatten** gilt derzeit: üblich sind Werte von 80 bis über 300 MB.

Für **Disketten** gilt derzeit eine ungefähre Kapazität von 1 bis 2 MB je nach Diskettentyp und Güte der Magnetschicht.

Aber gerade hier geht die Entwicklung zu immer dichterer magnetischer Schreibweise, wodurch die Kapazitäten bei gleicher Bauweise der Platten leicht verdoppelt werden.

Zukünftig wird wohl auch die **Lasertechnik** vermehrt für Hintergrundspeicher benutzt (bekannt von CDs, den Compact Disks) bzw. eine Kombination von Magnet- und Lasertechnik, die **magneto-optische Speicherung** (MO-Platten). Sie erlaubt sehr hohe Speicherkapazitäten und wird vereinzelt bereits für Festplatten eingesetzt.

Die gravierenden Kapazitätsunterschiede zwischen Festplatten und Disketten liegen weniger in der Größe der Platten als in der Laufwerkstechnik begründet: in Festplattenlaufwerken, hermetisch abgeschlossen von Umwelteinflüssen wie Staub, kann man sich eine ausgefeiltere Technik und viel größere Schreibdichte leisten, ohne befürchten zu müssen, daß Daten durch äußere Einflüsse unleserlich werden.

Zur Veranschaulichung von Speicherkapazitäten dient der Vergleich „1 Byte = 1 Tastaturzeichen". Rechne ich also mit ca. 2000 Zeichen pro DIN-A-4-Seite, so kann ich auf einer 200-MB-Festplatte (beispielsweise) 200.000 DIN-A-4-Seiten speichern, also schon ein ganzes Nachschlagewerk.

Bildschirme

und Bildschirmschnittstellen werden gemessen

an der **Rasterung** oder **Auflösung** des Bildes:

z.B. 1024 mal 768 Bildpunkte,

an der **Bildgröße**:

z.B. 14 Zoll Schirmdiagonale,

dem **Bildaufbau**:

nur Tastaturzeichen oder Grafik (beliebige Linien und Punkte),

den **Farben**:

monochrom (einfarbig) oder z.B. 256 Farben,

der **Bildwiederholfrequenz**:

z.B. 70 Hz (vgl. z.B. Fernsehgerät: 25 Hz).

Wird das Bild weniger als 70 mal in der Sekunde auf die Schirmoberfläche geschrieben, so entsteht bei sehr hellen Bildern ein leichtes Flimmern, das zu Kopfschmerzen führt.

Zu Druckern

eine Aussage zu machen, ist schwierig, da Hunderte von Druckern mit verschiedensten Fähigkeiten auf dem Markt sind. Grundsätzlich gibt es unterschiedliche Arbeitsweisen bei Druckern. Die im PC-Bereich gebräuchlichsten sind in der folgenden Tabelle zusammengefaßt.

Druckertyp	Arbeitsweise	Anmerkung
Matrixdrucker	bauen Druckbild aus Punkten auf	
speziell:		
Nadeldrucker	Nadeln werden gegen Farbband gedrückt	preiswert, robust, laut
Tintenstrahldrucker	Tinte wird aus Düsen gespritzt	Preis mittel, gutes Druckbild, leise
Laserdrucker	arbeiten wie Fotokopierer	teuer, leise, gutes Druckbild

2.10 Ein letzter Blick

Schauen wir jetzt noch einmal in den „Bauch", das Gehäuse unseres PCs, so sehen wir
- den Stromversorgungskasten
- die Plattenlaufwerke
- ihre Verbindungskabel zu den Schnittstellenkarten
- die Schnittstellenkarte zum Bildschirm (an ihren Anschluß paßt das Bildschirmkabel)
- serielle und parallele Schnittstelle(nkarte) mit Anschlüssen (z.B.) für Maus und Drucker
- und – meist zuunterst – die Mutterplatine:

    deutlich erkennbar der (meist quadratische) CPU-Chip mit dem Intel-Aufdruck sowie die – regelmäßig wie ein Pfadfinderlager angeordneten – Speicherchips, die Speicher*bänke*.

Mit dem beruhigenden Gefühl, daß wir jetzt die wichtigsten Hardware-Teile kennen, können wir uns nun dem zuwenden, was die Maschine erst zum „Laufen" bringt: die Software.

3 Das Betriebssystem

Unter **Software** verstehen wir die Programme oder Arbeitsvorschriften, die unsere Multifunktionsmaschine Computer in eine ganz spezielle Maschine nach unseren jeweiligen Bedürfnissen verwandeln. Kaufe ich einen PC, so werde ich sogleich mit einem Begriff aus der Software-Welt konfrontiert: dem **Betriebssystem**. In der Regel wird mit der PC-Hardware gleich ein Betriebssystem angeboten. Wenn mir bereits dieses *Wort* fremd ist, kann ich kaum beurteilen, welches Betriebssystem für mich geeignet ist. Klären wir also, was darunter zu verstehen ist und wieso jeder Computer „so etwas" braucht.

Auch hier betrachten wir den PC-Bereich und werfen erst zuletzt einen Blick auf die zusätzlichen Aufgaben, die ein Großrechner-Betriebssystem erfüllen muß.

3.1 Aufgaben eines Betriebssystems

Jedes Programm, gleich welchem Zweck es dient, muß

- von der CPU abgearbeitet werden,
- den vorhandenen Speicher korrekt und sinnvoll nutzen,
- die Daten der Benutzer fehlerfrei auf Magnetplatte speichern und später dort wiederfinden.

Da liegt es nahe, daß diese hardwarebezogenen Organisationsaufgaben nicht in jedes Programm neu hineingeschrieben werden, sondern abgekoppelt und von einem *eigenen* Programm erledigt werden. Dieses Programm ist dann *nur* für Organisation und Verwaltung zuständig und arbeitet diesbezüglich Hand in Hand mit den weiteren, aufgabenorientierten Programmen.

Das **Organisation**sprogramm heißt **Betriebssystem (BS)**, engl.: Operating System (OS)

Die **aufgabenorientierten** Programme werden als **Anwendungsprogramme (AP)** bezeichnet, engl.: application program.

Die Arbeitsteilung dieser Programme ergibt sich ganz zwangsläufig:

Das Betriebssystem erledigt die Aufgaben, die *immer* anfallen:
(1) Koordination der Hardware-Teile
(2) Verwaltung der Datenablage im RAM und auf den Platten
(3) Kommunikation mit der Benutzerin über Verwaltungsfragen

Jedes Anwendungsprogramm hat ganz eigene Aufgaben:
(4) Anbieten seiner speziellen Fähigkeiten
(5) Dialog mit der Benutzerin, Bearbeitung ihrer Daten
(6) Kommunikation mit dem BS bezüglich der Datenablage

Anwendungsprogramme betrachten wir in Kapitel 5. Konzentrieren wir uns jetzt auf das Betriebssystem. Zunächst sei seine Arbeit in einem Vergleich erläutert.

Wir können uns ein Betriebssystem vorstellen als eine Art elektronischen Diener oder – wenn es geschäftsmäßiger zugehen soll – einen Büroboten:

Die Hardware ist ein Betrieb mit etlichen Maschinen, die Plattenspeicher stellen ein großes Archiv dar. Ich als Mensch bin die Chefin, die die Akten darin nutzen will. Im Archiv werden neben den Akten eine Reihe von Robotern in abgeschaltetem Zustand aufbewahrt. Wenn ich meinen Computer einschalte, aktiviere ich zugleich meinen Hauptroboter BS, der die Diener- oder Botenrolle hat. Er meldet sich bei mir und bittet um Aufträge (Abb. 3-1). Ich erteile ihm Aufträge in einer maschinen-verständlichen, simplen Sprache (mit der wir uns noch plagen werden). Meine Befehle haben entweder mit der Verwaltung der abgespeicherten Akten zu tun (wirf weg, lagere um, zeige, ...), *oder* ich beauftrage ihn, einen *Spezialroboter* anzuschalten, weil ich diesem eine Aufgabe stellen will, die nur er erledigen kann.

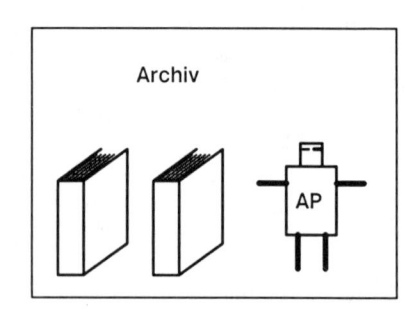

Abbildung 3-1: Der „Roboter" Betriebssystem

Die Spezialroboter sind natürlich die Anwendungsprogramme. Mein Hauptroboter BS weckt und schickt mir den angeforderten Spezialroboter, nennen wir ihn AP, und ich arbeite (rede) eine Weile mit ihm (Abb. 3-2). Beauftrage ich nun AP, mir aus dem Archiv etwas zu holen, oder will ich, daß er etwas Neues dort unterbringt, so gibt er diesen Auftrag an BS weiter (der im Hintergrund immer präsent ist!). Der erledigt ihn für AP, ohne daß ich viel davon merke.

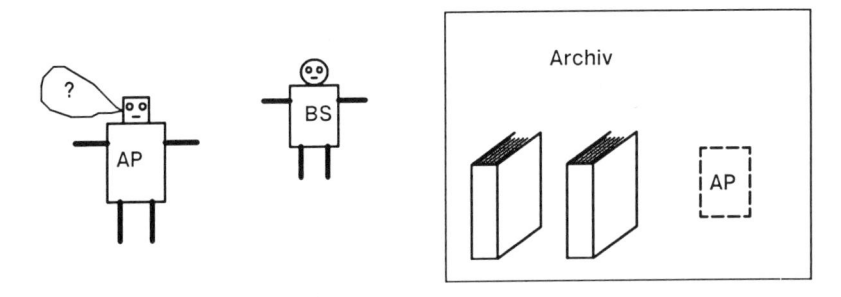

Abbildung 3-2: Der „Roboter" Anwendungsprogramm

Wenn ich mit AP fertig bin, schicke ich ihn weg. Sofort tritt mein Hauptroboter BS wieder in meinen Gesichtskreis und bittet um den nächsten Auftrag. Und so geht es weiter bis zum Abschalten.

Das Betriebssystem ist also stets das erste Programm, mit dem ich zu tun bekomme, wenn ich einen Computer anschalte, und es ist auch das Programm, das die unterschiedlichen Arbeiten an dieser Maschine verbindet, indem es stets auf meine Aufträge wartet.

Da *alle* Anwendungsprogramme die Fähigkeiten des Betriebssystems nutzen, kann *keines von ihnen ohne* Betriebssystem-Vermittlung arbeiten. Andererseits kann nur *ein* Betriebssystem auf dem Computer aktiv sein, da die CPU nur immer *ein* Programm zu einer Zeit ausführen kann. (Das ist kein Widerspruch zu der Situation, daß Anwendungsprogramm und Betriebssystem Hand in Hand arbeiten: wenn AP einen Auftrag an BS weitergibt, führt die CPU für eine Weile Maschinenbefehle aus dem BS-Programm aus. AP „ruht" so lange, bis die CPU seine Maschinenbefehle wiederaufnimmt.)

Daher kaufe ich mit der PC-Hardware immer ein „passendes" Betriebssystem, eines, das genau *diese* Hardware bedienen und verwalten kann. Jedoch kauft niemand einen PC und ein Betriebssystem allein, denn ohne aufgabenorientierte Anwendungsprogramme nutzt mir der schnellste PC nichts.

Noch einmal zurück zum Roboter-Vergleich:

Die CPU, also ein Hardware-Bauteil, ist eigentlich der aktive, handelnde Teil im Computer, und ihr Handeln besteht aus Empfangen und Senden von Signalen. Nur erscheint es uns Menschen so, als ob mit einem laufenden Programm plötzlich ein „Gegenüber" da sei: als ob ein Roboter in Gestalt des PC-Bildschirms mit uns Kontakt aufnimmt. Das gerade laufende Programm bestimmt die Aufgabe, die der Computer *jetzt* für mich lösen kann. Hardware und laufendes Programm bilden für mich eine Einheit, von der ich aber nur den Bildschirm und das Programm als „aktiv" wahrnehme. Die CPU, die es abarbeitet, sehe ich nicht. Vielleicht empfinde ich den PC dabei sogar als „lebendig": *Aber niemals ist er lebendiger als eben ein Roboter!*

Mit dem Roboter-Vergleich im Hinterkopf sprechen wir also auch weiterhin über Programme so, als seien sie Handelnde.

Zusammengefaßt:

Ein **Betriebssystem** ist ein Computerprogramm, das den aufgabenorientierten Programmen, den **Anwendungsprogrammen**, die immer gleichbleibenden Verwaltungsarbeiten abnimmt.

Diese sind

A1: Koordination der Hardware

A2: Verwaltung der Datenablage

A3: Dialog mit den menschlichen Benutzerinnen,

Ausführen von deren Befehlen

Diese drei Aufgaben A1 - A3 sollen im folgenden genauer erläutert werden.

3.2 A1: Hardware-Koordination

Bereits im Hardware-Kapitel haben wir über die Notwendigkeit einer Synchronisation, also einer zeitlichen Abstimmung aller Signale im Computer gesprochen. Dabei gibt es Probleme, die mit einem gleichmäßigen Arbeitstakt nicht gelöst werden können.

Beispiel:

Sendet die CPU einen Auftrag „ich will Daten lesen" zur Magnetplatte, so muß sie abwarten, bis von der Magnetplattenschnittstelle zurückgemeldet wird, daß die Daten bereitstehen. Zwischenzeitlich kann von der Tastatur (von mir!) ein Signal ankommen, das nicht verlorengehen darf.

Das Betriebssystem übernimmt hier die Rolle eines Verkehrspolizisten: es sorgt dafür, daß alle Signale geeignet zwischengespeichert („gepuffert") und ordnungsgemäß (von der CPU) abgearbeitet werden.

Mitunter kommt es vor, daß ein erwartetes Signal ausbleibt:

– ein vom Programm angefordertes Tastatursignal
– die „Antwort" (Rückmeldung) von der Magnetplatte
– ein „Empfangsbereit"-Signal vom Drucker

Auf solche Fälle muß das Betriebssystem flexibel reagieren:

– Der Benutzerin an der Tastatur muß beliebig viel Zeit gelassen werden.
– Je nach Gerät müssen unterschiedliche Wartezeiten in einen Auftrag eingeplant werden, eventuell muß der letzte Auftrag nach einer gewissen Zeit wiederholt werden.
– Irgendwann muß entschieden werden, daß weiteres Warten zwecklos ist, und die Benutzerin muß informiert werden, daß vielleicht ein Hardware-Fehler vorliegt: das Betriebssystem gibt eine **Fehlermeldung**, im allgemeinen auf dem Bildschirm, an die Benutzerin.

Solche Meldungen sind das einzige, was ich als Mensch am PC von der Betriebssystem-Aufgabe „HW-Koordination" merke. Alles weitere läuft unauffällig ab ohne Informationen nach außen. Im störungsfreien Betrieb werden pro Sekunde Hunderte von Signalen koordiniert – Meldungen darüber würden nur stören und den Betrieb verlangsamen.

Typische Meldungen des Betriebssystems zu Hardware-Störungen sind die folgenden:

– Gerät (Laufwerk, Drucker) nicht bereit
– Diskette schreibgeschützt
– Lesefehler

Daraufhin bin ich als Mensch gefordert, die Hardware-Probleme zu beseitigen. In der Regel handelt es sich um Bedienfehler, die leicht zu beheben sind:

- Drucker ist noch nicht eingeschaltet
- Verbindungskabel ist locker oder ausgesteckt
- Diskette steckt nicht richtig im Laufwerk
- Laufwerk ist nicht verriegelt oder leer
- Disketten-Schreibschutz muß entfernt werden
- Diskette ist nicht geeignet formatiert
  (dazu Näheres in Abschnitt 3.6)

Voraussetzung für die Hardware-Koordination ist, daß das Betriebssystem „seine" Hardware genau „kennt", oder anders ausgedrückt:

Ein Betriebssystem muß genau passend zu der Hardware programmiert werden, die es verwalten soll.

Zur Koordination der Hardware gehört natürlich auch, die unterschiedlichen **E/A-Schnittstellen** zu bedienen, also die ankommenden Daten richtig zu verstehen und die auszugebenden Daten geeignet zu „verpacken". Bytes, die von der Maus-Schnittstelle ankommen, müssen als „Strecke", „Richtung" und „Tastendruck" verstanden werden, Tastatur-Signale dagegen als „getippte Zeichen", also Bytes des ASCII-Codes. Zum Drucker müssen außer druckbaren Zeichen Bytes mit der Bedeutung „neue Zeile" und „neue Seite" geschickt werden sowie die Maße für die Papierrand-Einstellung. So etwas zur Magnetplattenschnittstelle zu senden, würde keinen Sinn machen. Jedes Gerät bzw. jede Schnittstelle muß in seiner bzw. ihrer „Sprache" angesprochen werden.

Es sind **Teilprogramme** des Betriebssystems, die die einzelnen Geräteschnittstellen bedienen. Sie heißen **Treiber** oder genauer: Gerätetreiberprogramme, da sie die Geräte „antreiben" oder „betreiben". Jeder Treiber muß genau passend zu meinem Betriebssystem *und* zum Gerät programmiert sein.

Zusammengefaßt:

> Das Betriebssystem koordiniert die Hardware-Signale.
> Der Mensch wird davon nur in Fehlersituationen durch **Meldungen** berührt.
> Oft liegen einfache Bedienfehler vor.

> Die unterschiedlichen E/A-Geräte bzw. ihre Schnittstellen werden von Betriebssystem-Teilprogrammen koordiniert und betreut, die **Treiber** heißen.

3.3 Der Systemstart

Ein Teil des Betriebssystems,

BIOS = Basic I/O System

= grundlegendes Ein/Ausgabe-Programm

genannt, ist bereits in die Hardware integriert: als Hardware-Startprogramm in einem EPROM-Baustein (siehe 2.7).

Der größere Teil des Betriebssystems – vor allem auch die Teile, die für die Aufgaben A2 (Verwaltung der Datenablage) und A3 (Dialog mit der Benutzerin) zuständig sind – wird auf Magnetplatten gespeichert. Daher rührt die für viele Betriebssysteme benutzte Abkürzung **DOS** = Disk Operating System, also Magnetplatten-Betriebssystem.

Das BIOS hat nun die Aufgabe, nach dem Anschalten des Computers die angeschlossenen Geräte zu prüfen und – falls alles korrekt arbeitet – das Betriebssystem auf der Magnetplatte zu finden, von dort in den RAM zu transportieren und der CPU die erste BS-Befehlsadresse im RAM anzuzeigen. Von nun an arbeitet das Platten-Betriebssystem. Das BIOS liefert ihm die technischen Daten aller angeschlossenen Geräte.

Um ein Betriebssystem auf einer Magnetplatte zu „finden", ohne die ganze Platte absuchen zu müssen (dies wäre eine umfangreiche A2-Aufgabe, für die das BIOS nicht ausgerüstet ist), wird ein kleiner Teil des Platten-BS auf einem ganz bestimmten Magnetplattenblock untergebracht, ein Block mit einer für alle Platten gleichen Spur/Sektor-Adresse. Hier findet das BIOS entweder ein Kennzeichen „ich bin ein BS", oder es meldet am Bildschirm, daß es kein Platten-Betriebssystem finden konnte.

Auch hier haben wir wieder eine Situation, in der wir eine Fehlermeldung erhalten und daraufhin handeln müssen. Wir werden dieses Problem im Abschnitt 3.7 wieder aufgreifen.

Der BIOS-Startvorgang hat einen deutsch-englischen, historisch gewachsenen Namen bekommen:

Das Starten des Computers und Bereitstellen eines Platten-BS heißt **booten** (sprich „buhten") von englisch boot = Stiefel.

Daher heißt der feste BS-Start-Block auf der Platte auch **Bootblock**. Im Bootblock nun steht ein kleines Programm, das in der Lage ist, das restliche Betriebssystem – soviel wie gebraucht wird – von der Magnetplatte in den RAM zu kopieren.

Ursprünglich hieß ein Betriebssystem-Startprogramm **Bootstrap-Loader** („Stiefel-Riemen-Lader").

„**Laden**" heißt in der EDV-Sprache
- Befehle im RAM bereitstellen und
- CPU mit Startadresse versorgen,

für uns nur sichtbar dadurch, daß das Programm „aktiv" wird, also sich meldet.

„Bootstrap" bedeutet, daß jemand sich selbst an den Riemen der Stiefel hochzieht (wie Baron Münchhausen sich selbst an den Haaren aus dem Sumpf gezogen hat).

Genau das schaffen die Befehle im Bootblock: sie finden die restlichen, beliebig auf der Platte verteilten Blöcke, die die weiteren Befehle und Daten des Betriebssystems enthalten und holen sie „zu sich" in den RAM, bis das Betriebssystem arbeitsfähig ist.

Das Betriebssystem lagert im allgemeinen auf der Festplatte, da es groß ist und schnell zugänglich sein soll: Sie ist die **Systemplatte**. Um mir die Möglichkeit zu lassen, über Disketten ein *neues* Betriebssystem in den PC zu bringen, sucht das BIOS beim PC-Start immer zuerst im (ersten angeschlossenen) Diskettenlaufwerk nach dem Bootblock. Ist es leer, schaut das BIOS auf der (ersten angeschlossenen) Festplatte nach dem Bootblock. Dort muß spätestens ein Betriebssystem zu finden sein, sonst ist das BIOS mit seiner Weisheit am Ende: der PC muß mit einer Systemdiskette neu gestartet werden.

Zusammengefaßt:

Das Betriebssystem ist zu einem kleinen Teil in einem EPROM-Chip im Computer-Zentrum, zum größten Teil aber auf Magnetplatten gespeichert. Das **BIOS** genannte EPROM-Programm sucht das **Platten-BS** über den **Bootblock**, einem Block mit fester Spur/Sektor-Adresse, lädt den Bootblock in den RAM, von wo dann dieser das Rest-System nachlädt. Das BIOS sucht zuerst im Diskettenlaufwerk, dann auf der Festplatte.

Laden heißt: ein Programm bereitstellen und aktivieren.

Wie Daten auf der Platte zu „finden" sind, untersuchen wir nun.

3.4　A2: Verwaltung der Datenablage

Diese Aufgabe ist eigentlich zweiteilig: gebraucht wird eine RAM- und eine Plattenverwaltung.

3.4.1　RAM-Verwaltung

Die **RAM-Verwaltung** muß dafür sorgen, daß mehrere im Arbeitsspeicher befindliche „Dinge" sich dort nicht stören. Konkreter ausgedrückt:

– Die Befehle des Betriebssystems selbst stehen, wenn es aktiv ist, im RAM. Das Betriebssystem muß außerdem den Überblick haben, welche RAM-Adressen frei sind.
– Soll ein Anwendungsprogramm laufen, muß das Betriebssystem dessen Befehle in freie RAM-Zellen übertragen und sich wieder den verbleibenden freien Platz merken.
– Werden Daten eingegeben, muß das Betriebssystem sie auf freie RAM-Zellen leiten.
– Ist der RAM voll, muß eine Meldung erfolgen.

Ein Beispiel für eine RAM-Belegung ist in Abb. 3-3 skizziert.

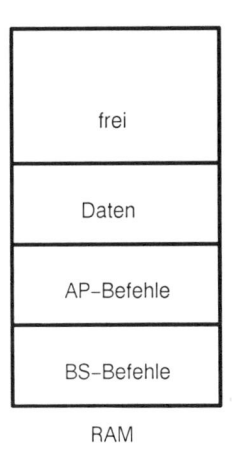

```
┌─────────────┐
│             │
│    frei     │
│             │
├─────────────┤
│             │
│    Daten    │
│             │
├─────────────┤
│  AP-Befehle │
├─────────────┤
│  BS-Befehle │
└─────────────┘
     RAM
```

Abbildung 3-3: RAM-Belegung

Auch von dieser Verwaltung merke ich erst etwas im Problemfall: durch die „RAM-voll"-Meldung. Ich muß dann reagieren mit Zwischenspeichern, Auslagern oder ähnlichem – das ist jeweils Anwendungsprogramm-spezifisch und soll hier nicht untersucht werden.

3.4.2 Platten-Verwaltung

Wir wissen bereits, daß eine Magnetplatte in Speicher**blöcke** eingeteilt ist, die jeweils eine feste Anzahl von Datenbytes speichern können. Von der Benutzerseite aus gesehen, ist eine Gruppe von Daten, die zusammengehören, aber nie an eine feste Anzahl von Bytes gebunden.

Beispiele:

– Ein Brief besteht vielleicht aus 400 Tastenanschlägen, also ca. 400 Bytes,

– ein Vortragsmanuskript enthält ca. 15 000 Bytes,

– eine Kundenkartei vielleicht 500 000 Bytes.

Jede für die Benutzerin zusammengehörende Datensammlung soll als Einheit abgelegt und natürlich auch wiedergefunden werden. Ich kann eine solche „Dateneinheit" vergleichen mit einem **Dokument**, das in Form einer **Akte** archiviert werden soll. Aufgabe des Betriebssystems ist es, meine Dokumente entgegenzunehmen, in einen Aktenordner zu stecken und „aufzuräumen".

Nun hat sich in der EDV-Sprache statt „Akte" ein anderer Begriff, ein Kunstwort, eingebürgert:

Datei

konstruiert aus „Daten" und „Kartei".

Dateien enthalten Dokumente beliebiger Art:

Programme

Briefe

Manuskripte

Rechnungen

Tabellen

Karteien ...

– kurz: alles, was auf einer Magnetplatte abgelegt werden soll, wird eine Datei. „Datei" heißt der „Aktendeckel", „Daten" oder „Dokument" bezeichnet seinen Inhalt.

Das Betriebssystem verwaltet nur die *Ablage* dieser Dinge, unabhängig von ihrem Inhalt: Es schaut die Aktendeckel nur von außen an.

Wichtig für mich ist: nur das Betriebssystem kann diese Ablage erledigen, ich als Mensch kann magnetisch geschriebene Akten nicht sehen oder gar greifen. Ich brauche also unbedingt diesen Archiv-Verwalter BS.

Um nun sicherzustellen, daß mir das Betriebssystem auf meine Anforderung hin die richtige Akte, das richtige Dokument aus der Ablage zurückholt, muß jede Datei einen **Namen** erhalten, und zwar einen **eindeutigen**. „Eindeutig" heißt: es darf nicht 2 Dateien mit dem gleichen Namen geben.

Der Dateiname ist der Registrieraufkleber auf dem Aktendeckel, und nur über ihn ist eine Akte wiedererkennbar.

Die Ablage läuft nun auf folgende Weise ab:

– Mit Hilfe eines Anwendungsprogramms, eines AP-Roboters, erstelle (oder bearbeite) ich ein Dokument.

– Ich gebe den Befehl, das Dokument als Datei zu speichern (abzulegen) und vergebe gleichzeitig einen Namen für diese Datei.

– Mein BS-Roboter nimmt das Dokument vom Anwendungsprogramm entgegen, steckt es in einen Aktenordner, versieht ihn mit einem Namensetikett, sucht einen freien Platz im Archiv und stellt den „Ordner" dort ab.

Technischer ausgedrückt: Das Betriebssystem übernimmt die RAM-Adressen der Datenbytes, versieht sie mit einem **Header** (engl. head=Kopf), also einem Datei-Kopf in Form einiger zusätzlicher Organisations-Codewörter, fügt den von mir angegebenen Dateinamen hinzu, sucht genügend viele freie Blöcke auf der Magnetplatte und kopiert die Daten- und Header-Bytes vom RAM in diese Blöcke.

Um freie Blöcke zu finden und auch abgelegte Dateien jederzeit wiederfinden zu können, führt das Betriebssystem **Tabellen**:

Datei-Tabellen und Block-(Belegungs-)Tabellen.

Datei-Tabellen heißen auch **Katalog** oder **Verzeichnis** bzw. auf englisch **Directory** (Wegweiser).

In einem Datei-Katalog stehen die Namen der abgelegten Dateien und die zugehörigen Blockadressen.

In einer Blocktabelle oder **Zuordnungstabelle** sind die Blöcke der Platte verzeichnet und ihre Zuordnung zu Dateien (wenn vorhanden).

Beispiel für einen möglichen Aufbau dieser Tabellen (es sind auch andere Organisationsformen denkbar):

Katalog:

Dateinamen	„Spur,Sektor"-Adresse
VORTRAG1 VORTRAG2 TABELLE ...	1,2 2,1 1,4 ...

Block-Zuordnungstabelle:

Spur	Sektor	Status	Fortsetzung bei Adresse
1	1	frei	1,6
1	2	belegt	1,3
1	3	belegt	1,5
1	4	belegt	-
1	5	belegt	-
1	6	frei	1,15
...			
2	1	belegt	2,3
2	2	frei	2,7
2	3	belegt	-
...			

In diesem Beispiel steht im *Katalog* nur die Adresse des *ersten* für die jeweilige Datei benutzten Plattenblocks. In der Zuordnungstabelle findet das Betriebssystem stets die Adresse des Folgeblocks. Auch die freien Blöcke sind hier über Folgeadressen verbunden, so daß das Betriebssystem bei Bedarf schnell genügend viele freie Blöcke findet.

Datei VORTRAG1 belegt in diesem Beispiel die Blöcke mit den Adressen (1,2),(1,3),(1,5), Datei VORTRAG2 belegt die Blöcke mit den Adressen (2,1),(2,3), Datei TABELLE nur Block (1,4): siehe auch Abb. 3-4.

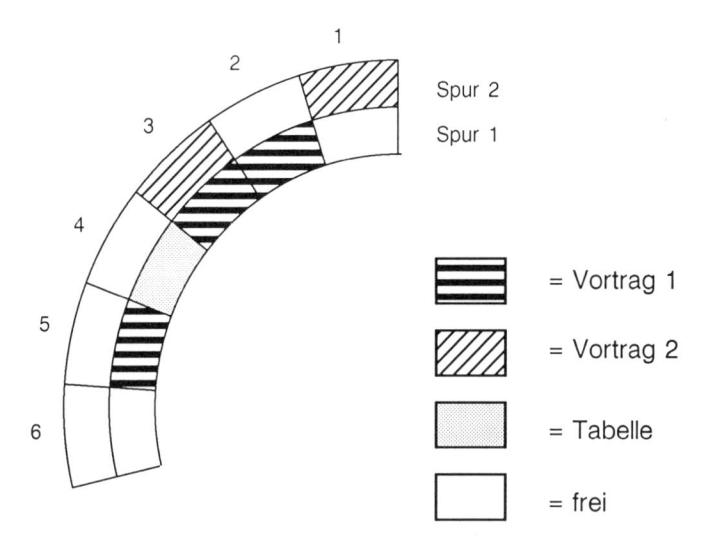

Abbildung 3-4: Magnetplatten-Belegung

Die Dateien werden also nicht (wie reale Aktenordner) „am Stück" gespeichert, erscheinen uns Benutzerinnen aber dennoch als Einheit.

Entfernt man eine Datei von der Magnetplatte, so entstehen freie Blöcke, die das Betriebssystem für neue Dateien verwenden kann. Vergrößert man eine Datei, so ist es unbedeutend, ob ein Nachbarblock frei ist oder nicht: im Gegensatz zu realen Aktenordnern werden Dateien nicht „voll". Nur das Archiv „Magnetplatte" als Ganzes kann voll werden: wenn alle Blöcke belegt sind.

Die Tabellen selbst sind auch auf der Magnetplatte gespeichert: Sie aber werden vom Betriebssystem selbst angelegt, gelesen und bearbeitet. Meine Benutzerdateien dagegen transportiert das Betriebssystem, ohne sie anzuschauen.

Will ich nun eine Datei bzw. ihren Inhalt weiterbearbeiten, muß ich (oder mein Anwendungsprogramm) wiederum das Betriebssystem beauftragen, sie mir zur Verfügung zu stellen, „aus dem Archiv zu holen". Um zu erklären, *welche* Datei ich jeweils brauche, habe ich nur ihren Namen. Wenn aber im Katalog zweimal derselbe Name stände, welche Datei sollte mir dann mein Betriebssystem bringen? Daher die wichtige Forderung nach eindeutigen Namen.

Bei einer Festplatte von vielleicht 100 MB Kapazität können leicht einige Hundert Dateien gespeichert werden. Da läßt sich die Situation kaum vermeiden, daß eine neu erstellte oder gar eine hinzugekaufte Datei einen Namen haben soll oder hat, der bereits existiert. Was tun?

3.4.3 Kataloge

Abhilfe schafft eine **hierarchische Katalogverwaltung**. Hinter diesem großen Wort steckt nichts anderes als ein Ordnungssystem, mit dem ich mir z.B. auch in meiner Wohnung merke, was ich wo aufgeräumt habe:

Stufe 1: In welchem Zimmer

Stufe 2: In welchem Schrank

Stufe 3: In welchem Fach

In der „Hierarchie" der Ordnung rangiert Zimmer über Schrank, Schrank über Fach. Nur habe ich hier die „Kataloge" im Kopf – oder ich suche eine Weile.

Aber auch schriftlichen Katalogsystemen begegnen wir: In jeder großen Bibliothek gibt es einen Hauptkatalog und etliche Sachgebiet-Unterkataloge. Die Unterkataloge sind im Hauptkatalog eingetragen. In den Unterkatalogen sind die Bücher selbst verzeichnet oder eine weitere Katalogunterteilung.

Beispiel:

Hauptkatalog Stadtbücherei:

    Sachgebiet Reisebücher

        Unterkatalog Europa

        Unterkatalog Amerika

        ...

    Sachgebiet Kinderbücher

        Unterkatalog Kindersachbücher

        Unterkatalog Bilderbücher

        ...

So macht es auch das Betriebssystem:

– Für jede Platte gibt es einen **Hauptkatalog** (HK), auch **Stammverzeichnis** genannt
– und beliebige, von den Benutzerinnen eingeführte **Unterkataloge** (UK).

Betriebssystembücher benutzen meistens das Wort „Verzeichnis". Wir werden hier mit dem etwas anschaulicheren Begriff „Katalog" arbeiten.

Die Hierarchie besteht nun darin, daß immer mehrere Unterkataloge in einen (und nur in den einen) übergeordneten Katalog eingetragen werden können, so wie auch meine Teekanne nur in *einem* Schrank stehen kann und jeder Schrank nur in *einem* Zimmer.

Beispiel:

Hauptkatalog Festplatte:
    UK Personal
    UK Kunden
    UK Privat
    UK Buchhaltung
    ...

UK Personal:
    Datei PERSONAL
    Datei NOTIZ_5.3.
    ...

UK Kunden:
    Datei KUNDENKARTEI
    UK Rechnungen
    UK Mahnungen
    ...

UK Privat:
    Datei BRIEF_1.12.
    Datei NOTIZ_5.3.
    Datei ÜBERBLICK
    ...

UK Rechnungen:
    Datei RECH_MEIER_1.4.
    ...

Die Kataloge und Dateien bilden also eine Hierarchie wie die Wohnungsaufteilung, die in Abb. 3-5 skizziert ist.

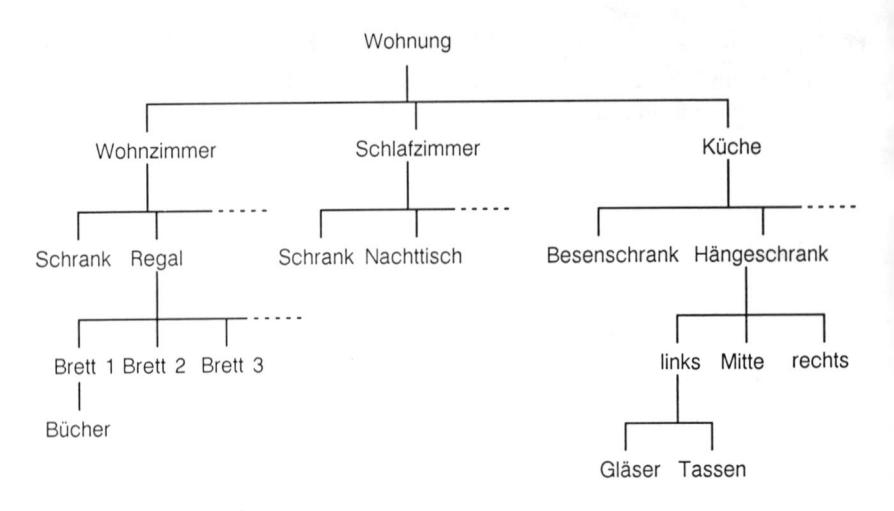

```
                              Wohnung
         ┌───────────────────────┼───────────────────────┐
    Wohnzimmer              Schlafzimmer                Küche
     ┌───┴───┐ ─ ─ ─         ┌───┴───┐ ─ ─ ─       ┌─────┴─────┐ ─ ─ ─
  Schrank  Regal          Schrank  Nachttisch   Besenschrank  Hängeschrank
           ┌──┼──┐ ─ ─ ─                              ┌────────┼────────┐
        Brett 1 Brett 2 Brett 3                     links    Mitte    rechts
           │                                                  ┌────┴────┐
        Bücher                                              Gläser   Tassen
```

Abbildung 3-5: „Hierarchie" in der Wohnung

Das Betriebssystem findet eine Datei auf, wenn ihm der zugehörige **Katalog-Weg** beschrieben wird:

RECH_MEIER_1.4. ist zu finden in UK Rechnungen in UK Kunden usw.

Damit sind auch die zwei Dateien mit dem Namen NOTIZ_5.3. eindeutig unterscheidbar:

NOTIZ_5.3. in UK Personal oder

NOTIZ_5.3. in UK Privat.

So gilt nur noch die Forderung: Innerhalb *eines* Kataloges müssen alle Namen eindeutig unterscheidbar sein.

Das Betriebssystem selbst ist natürlich auch in Form von Dateien auf der Platte untergebracht. Ihre Namen werden vorher festgelegt, ihre Lage ist im allgemeinen beliebig: Die Befehle im Bootblock müssen in der Lage sein, die Kataloge zu lesen, um die entsprechenden Dateinamen zu finden.

Da es erfahrungsgemäß anfangs schwierig ist, die Begriffe „Datei" einerseits und „Katalog/Verzeichnis" andererseits auseinanderzuhalten, hier noch einmal eine Veranschaulichung dazu, sozusagen die „Merkregel":

Kapitel 3 - Das Betriebssystem

Das BS-Wort	steht für
Magnetplatte	Archiv
Hauptkatalog oder Stammverzeichnis	Inventarverzeichnis
Unter-Katalog, -Verzeichnis	Schrank oder Regal im Archiv mit anhängendem Inhaltsverzeichnis
Unter-Unterkatalog	Schrankfach oder Regalbrett mit eigenem Inhaltsverzeichnis
Datei	Akte im Fach oder Schrank

Natürlich kann ein Fach oder Schrank leer sein, und ebenso natürlich kann jede Akte nur in einem Schrank stehen (Abb. 3-6).

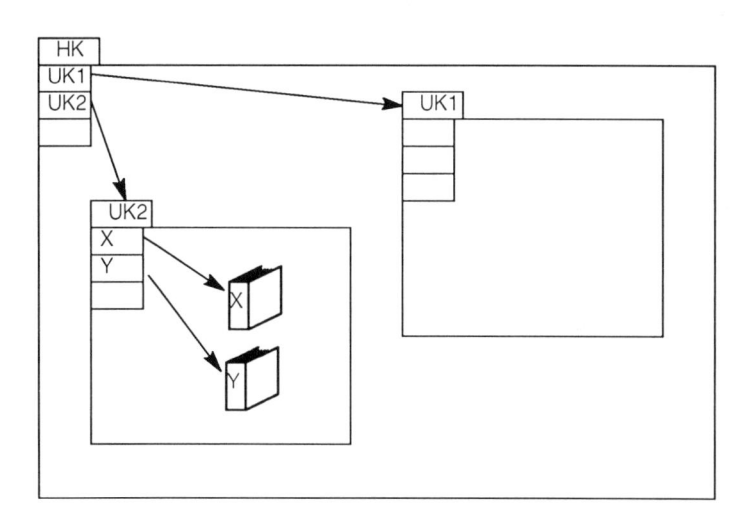

Abbildung 3-6: Das „Archiv" Magnetplatte

3.4.4 Disketten

Wann benutze ich nun die Festplatte als Archiv und wann Disketten?

Die Festplatte faßt mehr Daten, sie reagiert schneller auf Befehle als eine Diskette: *daher ist sie mein Hauptarchiv im PC.* In der Regel hat ein PC nur eine, daher reden wir über „die" Festplatte. Aus vier Gründen brauche ich zusätzlich Disketten:

1) Meiner Festplatte kann etwas zustoßen: durch heftige Erschütterung oder einen starken Magneten beispielsweise. Ein Defekt würde *alle* meine Daten vernichten. Daher **sichere** ich sie zusätzlich auf Disketten (vgl. Kapitel 6.1).
2) Ist die Festplatte voll, kann ich solche Daten, die seltener gebraucht werden, auf Disketten **auslagern** und auf der Festplatte löschen.
3) Neue Software – sei es ein neues Betriebssystem oder weitere Anwendungsprogramme – bekomme ich in Form von Dateien, gespeichert auf Disketten.
4) Dateien, die auf einem anderen PC erstellt wurden und von mir auf meinem bearbeitet werden sollen, bekomme ich ebenfalls per Diskette.

In einem Diskettenlaufwerk kann ich jederzeit eine andere Diskette bearbeiten lassen, dadurch ist mein Disketten-Archiv praktisch unbegrenzt. Das Betriebssystem hilft mir, Dateien zwischen Festplatte und Diskette zu verlagern bzw. Kopien zu erstellen und zu speichern.

Zusammengefaßt:

> Daten und Programme werden in **Dateien** gespeichert. Eine Datei ist wie eine Akte zu verstehen. Jede Datei erhält einen Namen. Um die Aufteilung auf einzelne Plattenblöcke brauche ich mich nicht zu kümmern.
>
> Jede Datei wird in einem **Katalog/Verzeichnis** eingetragen. Das Betriebssystem erstellt pro Magnetplatte einen Hauptkatalog. Sachgebietskataloge (Unterkataloge) werden nach Benutzerinnenwünschen hinzugefügt wie Schränke und Fächer darin.
>
> Dateinamen müssen innerhalb eines Kataloges **eindeutig** unterscheidbar sein.

3.5 A3: Dialog mit der Benutzerin

Aus den bisherigen Erläuterungen ergeben sich schon eine Reihe von Situationen, in denen ich als Mensch mit meinem Roboter BS „reden" muß:

— aktiviere AP-Roboter

— speichere Datei

— hole Datei

— kopiere / verlagere Datei

— vernichte Datei

Zusätzliche Aufgaben zeigen sich bei genauerer Betrachtung:
- Habe ich Datei- oder Katalognamen vergessen, möchte ich vom Betriebssystem eine Namensliste erhalten (in die Kataloge schauen).
- Gibt es Probleme mit defekten Dateien, möchte ich einen „Rettungsmechanismus".
- Wichtige Dateien möchte ich vor Unbefugten schützen.
- Nicht zuletzt muß ich das Betriebssystem beauftragen, eine Magnetplatte zu formatieren (siehe Abschnitt 3.6).

Für diese Aufgaben muß ich dem Betriebssystem detaillierte **Befehle** geben. Damit ein Programm – ein Roboter! – mich versteht, muß ich eine schlichte, streng durchstrukturierte, also „maschinengeeignete" Befehlssprache benutzen. In einem Befehl muß eindeutig ausgesagt werden

WAS ist zu tun?

WOMIT ist es zu tun?

WIE, AUF WELCHE ART ist es zu tun?

Bevor ich meinem Betriebssystem Befehle geben kann, muß ich wissen, daß es „bereit" ist, daß es sozusagen „zuhört". Das Gerät, mit dem ein Programm mir etwas mitteilen kann, ist der Bildschirm. Jedes Programm sollte eine ganz bestimmte, leicht wiederzuerkennende Art haben, sich am Bildschirm zu melden, mir sein „ich bin bereit" zu zeigen. Damit eröffnet es den Dialog mit mir.

Die Art, wie ein Programm sich bei der Benutzerin meldet, heißt auch **Oberfläche**, genauer: **Benutzungsoberfläche** des Programms. Zur Benutzungsoberfläche eines Betriebssystems gehört zumindest, daß es seine **Arbeitsumgebung** anzeigt. Dieser Begriff läßt sich wieder mit dem *Roboter* BS im Archiv veranschaulichen: Er sagt mir (da ich ja die Magnetplatte nicht sehen kann): „Ich stehe im Archiv Festplatte (oder Diskette) vor Schrank bzw. Katalog XY." Ob mein Roboter mir ungefragt noch mehr Details von seiner Umgebung mitteilt, ist von der Gestaltung der Benutzungsoberfläche abhängig.

Grundsätzlich sind zwei verschiedene Oberflächen, zwei Dialog-"Stilrichtungen" üblich: der **zeilenorientierte** und der **bildschirmorientierte Dialog**.

3.5.1 Zeilenorientierter Dialog

Der zeilenorientierte Dialog läuft ab wie ein Funkverkehr, nur wird nicht gesprochen, sondern der Bildschirm wird als „Meldegerät" benutzt:

BS schreibt seinen Dialogbeitrag und übergibt die Regie.

Benutzerin tippt ihre Antwort und übergibt die Regie.

etc.

Dabei zeigt das Betriebssystem in der Regel von seiner Umgebung mindestens das **Arbeitslaufwerk** an, also dasjenige, von dem aus es gestartet wurde.

Beispiel (BS-Beiträge kursiv dargestellt):

HIER BS von Laufwerk1: Zeige Katalog.

Laufwerk1 HK enthält

SYSTEM

PRINTER

...

Gesamt: 50 376 Bytes

HIER BS von Laufwerk1: Kopiere PRINT zu Laufwerk2.

Datei nicht gefunden

HIER BS von Laufwerk1: Kopiere PRINTER zu Laufwerk2.

Datei PRINTER kopiert

HIER BS von Laufwerk1: ...

Der Mensch muß hier exakt wissen, wie Befehle zu tippen sind (die Befehlssprache in diesem Beispiel ist eine erfundene!). Jeder Befehl wird mit einer bestimmten Taste abgeschlossen: der <Enter>-Taste. Erst dann fängt das Betriebssystem an, den Befehl zu bearbeiten. Ich übermittle meinen Befehl sozusagen mit PC-Hauspost, und „Enter" bedeutet dabei „abschicken".

Kann das Betriebssystem einen Auftrag nicht erledigen, so gibt es eine Fehlermeldung aus, meldet sich wieder mit „bereit" und wartet auf einen neuen Befehl. Die bereits übermittelten Befehle und BS-Reaktionen kann man wie ein Protokoll des bisherigen „Funkverkehrs" auf dem Bildschirm ablesen, bis sie allmählich nach oben „hinausgeschoben" werden.

3.5.2 Bildschirmorientierter Dialog

Im bildschirmorientierten Dialog nutzt das Betriebssystem den ganzen Bildschirm, um sich und die augenblickliche Arbeitsumgebung möglichst deutlich und überschaubar darzustellen. Üblich ist z.B., auf dem Bildschirm einen Katalog zu zeigen mit seinen Dateinamen, dazu die Unterkataloge, den übergeordneten Katalog und die anderen Laufwerke wie „Türen", durch die das Betriebssystem auf Wunsch spazieren kann, und außerdem eine Auswahl der möglichen Befehle.

Beispiel:

	B S
	<u>S</u>uchen <u>K</u>opieren <u>V</u>erlagern <u>S</u>ehen <u>A</u>usführen <u>B</u>eenden
Laufwerke:	1 2 3
Katalog	<u>H</u>aupt enthält:
	UK Personal
	UK Privat ←
	ÜBERSICHT
	UK Buchhaltung
	(Forts.)
Im Katalog blättern: Pfeiltasten	Hilfe: F1
Katalogauswahl: Enter-Taste	
Befehlsauswahl: Alt-Taste + Buchstabe	
Laufwerk wechseln: Strg-Taste + Ziffer	

Hier hat der Bildschirm drei Teile: Befehlsauswahl, Arbeitsumgebung (bestehend aus Laufwerks- und Kataloganzeige) und Bedienhinweise.

Mit Hilfe der dargestellten Arbeitsumgebung kann ich mich jederzeit orientieren über Dateien und Kataloge, ohne dazu erst Befehle erteilen zu müssen.

Auf diesem Bildschirm wähle ich durch „Zeigen" einen Befehl (WAS?) und die Dinge, womit er ausgeführt werden soll (WOMIT: Katalog, Datei, Platte im Laufwerk). Nach Feinheiten in der Befehlsausführung (WIE?) fragt das Betriebssystem dann eigens zurück.

Die Befehlsauswahl heißt **Menü**, da ich wie in einer Menükarte einen Überblick über das Gesamtangebot habe.

Befehle erteile ich entweder über **(Steuer-)Tasten** oder mit der **Maus**.

Die *Tastenmethode* läuft ungefähr so ab:

a) mit Pfeiltasten wird ein **Balken** über die Namen gezogen („gerollt"), der jeweils einen davon hell unterlegt und damit hervorhebt

b) mit <Strg> oder <Alt> oder <F..>-Tasten wird eine Befehlsauswahl eingeleitet, zu <Strg> und <Alt> werden jeweils noch Kennbuchstaben/-zahlen getippt. Im obigen Beispiel: <Alt>+<K> kopiert, <Strg>+<2> wählt Laufwerk 2, <F1> bringt Hilfe-Texte auf den Bildschirm.

Bei der *Mausmethode* ist auf dem Bildschirm ein **Mauszeiger** (z.B. ein Pfeil) zu sehen, den ich mit Mausbewegungen auf ein Befehlswort, einen Dateinamen usw. richten kann. Mit einem kurzen Druck auf eine Maustaste (einem „**Klick**") „tippe" ich sozusagen auf das, was ich jetzt will.

Einen anderen Katalog aufblättern kann ich ebenfalls über Mausklick auf einen Katalognamen oder über einen Befehl. Lange Kataloge anschauen (quasi durchblättern) kann ich, indem ich sie über den Bildschirm **rolle**, z.B. mit Pfeiltasten.

Sind Fehlermeldungen nötig, so werden sie in **Meldungszeilen** oder **Meldungsfenstern** eingeblendet. Die Benutzerin kann sich orientieren, bestätigt eventuell die Meldung mit einer Taste und gibt eine Korrektur oder einen neuen Befehl ein.

Eine bildschirmorientierte Oberfläche ist menschenfreundlicher, weil ich mich leichter orientieren kann und weniger Robotersprache auswendig lernen muß: Menü und Meldungen **führen** mich.

3.5.3 Befehlsinterpretation

Die zeilenorientierte Oberfläche ist die ältere, aus Batch-(Lochkarten-)Zeiten übernommene, sozusagen „primitive" Dialogform. Leider auch diejenige, die die meisten Betriebssysteme bis heute haben! Daher ist eine Menge Einarbeitungszeit nötig, um die grundlegenden Betriebssystem-Aufgaben steuern zu können:

Ich muß eine **Befehlssprache** lernen, d.h. die Befehls**wörter** (meistens englische Abkürzungen) und den Aufbau von Befehls**sätzen**. Für jedes Betriebssystem ist das eine eigene Sprache (wenn auch Ähnlichkeiten bestehen).

Zu den meisten Betriebssystemen gibt es heute eine *zusätzliche* Menü-Oberfläche (vgl. Kap. 4.8), die ich dem Betriebssystem wie eine Maske überstülpen kann (mit einem geeigneten Befehl). Nur leider bleiben immer ein paar Wünsche offen: einige Befehle kann ich meinem Roboter oft nur unmaskiert erteilen.

In jedem Fall muß das Betriebssystem mit der Fähigkeit ausgerüstet sein, meine Eingabe, also

– Steuerzeichen

– Buchstaben und Zahlen

zu erkennen und in meinem Sinn zu verstehen. Man nennt das „interpretieren".

„Fähigkeit" heißt dabei: ein Teil-Programm des Gesamt-Betriebssystems muß dafür vorbereitet sein. Das ist der sogenannte **Befehlsinterpreter** (oft shell=Muschel genannt, da er aus Benutzersicht die anderen, unsichtbar wirkenden Teile des BS umhüllt).

Der Befehlsinterpreter muß also meine ASCII-codierten *Betriebssystem*-Befehle erkennen und daraus *Maschinen*-Befehle machen. Dazu arbeitet er mit Tabellen. In einer Tabelle stehen z.B. alle seine Befehlswörter, zeichenweise ASCII-codiert. Daneben steht, unter welcher Adresse die Aktionen (also die *Maschinen*befehle) zu finden sind, die beim Erkennen des jeweiligen *BS*-Befehls von der CPU auszuführen sind.

Beispiel:

Befehlswort	RAM-Adresse
KOPIERE	4500
ZEIGE	2180
...	

Tippe ich nun XYZ, so vergleicht der Befehlsinterpreter diese 3 ASCII-Codes mit allen Zeilen in der ersten Spalte der Befehlstabelle. Findet er einen solchen Eintrag, versorgt er die CPU mit der in Spalte 2 angegebenen Adresse. Andernfalls folgt eine Meldung „Befehl nicht bekannt".

Sämtliche notwendigen Meldungstexte sind ebenfalls in Tabellen (oft eigenen Dateien) untergebracht. Das bedeutet unter anderem: „spricht" ein Betriebssystem englisch, heißt das einfach nur, es sind englische Meldungstexte gespeichert. Sie wären mit wenig Aufwand (von Programmierern) durch deutsche ersetzbar – ebenso eigentlich auch die Befehlswörter!

3.5.4 Noch einmal zur Notwendigkeit

Vielfach herrscht der Glaube, es genüge für die Benutzerin doch, ihr(e) Anwendungsprogramm(e) zu beherrschen, um mit dem PC umgehen zu können. Aber die hier beschriebenen Aufgaben *erledigt nur das Betriebssystem* – und am PC bin ich meine eigene Systemverwalterin:

Ich bin verantwortlich für

– die Sicherung der Daten
– die Verwaltung der Plattenarchive (Überblick behalten, Überflüssiges weg)
– die ordnungsgemäße Einrichtung (Installation, vgl. Kap. 4.6 und 6.1) der Anwendungsprogramme.

Zusammengefaßt:

> Das Betriebssystem führt einen **Bildschirmdialog** mit der Benutzerin, damit sie die PC-Verwaltung beeinflussen kann. Ihre Aufgabe ist es, **Befehle** zu erteilen, vor allem für Daten- und Programmdatei-Ablage.
>
> Die Befehle folgen dem Muster
> WAS?   WOMIT?   WIE?
>
> Aufgabe des Betriebssystems ist es, Befehle zu verstehen, auszuführen, das Ergebnis oder einen Fehler zu melden.
>
> Es gibt zeilen- und bildschirmorientierte **Benutzungsoberflächen** (BO). In zeilenorientierten BO muß ich Befehle vollständig tippen, in bildschirmorientierten BO kann ich Befehlsteile „zeigen": in Menüs, Dateilisten etc. Die meisten BS sind zeilenorientiert, wobei es zusätzliche Menü-Oberflächen gibt.

3.6 Aufträge an das Betriebssystem

Bevor ich die Bedienung eines bestimmten Betriebssystems lerne, sollte ich mir klarmachen, welche Befehle ich dringend brauche. Das soll hier zunächst allgemein skizziert werden, unabhängig von einem bestimmten Betriebssystem.

3.6.1 Programme starten

Die wichtigste Aufgabe des Betriebssystems aus der Sicht der Benutzerin ist sicherlich, ein Anwendungsprogramm zu starten, also einen „schlafenden AP-Roboter" zu wecken und in Bereitschaft zu versetzen. Man nennt diesen Vorgang **Programmaufruf**. Mit den bisher erworbenen Kenntnissen können wir ihn bereits verstehen:

- Zunächst sind alle Befehle eines jeden Anwendungsprogramms in je einer Datei zusammengefaßt. Sie ist auf einer Platte abgelegt wie jede andere Datei auch.
- Von der Tastatur kommt ein Befehl „aktiviere AP".
- Das Betriebssystem analysiert diesen Befehl, versteht ihn und sucht in seinen Dateikatalogen nach *Datei* AP. (Gibt es die nicht oder ist sie keine Programm-Datei, erfolgt eine Fehlermeldung.)

- Alle Maschinenbefehle in der AP-Datei werden in den RAM übertragen und dort in freie Zellen eingetragen. Genauer gesagt: die Befehle werden *kopiert*, d.h. selbstverständlich bleibt die AP-*Datei* erhalten.

  Nun ist das Anwendungsprogramm **geladen**.

- Als letztes gibt das BS der CPU die Startadresse des Anwendungsprogramms als nächsten auszuführenden Maschinenbefehl. Die *Fortsetzungsadresse* des Betriebssystems wird in einer „Extra-Schublade" hinterlegt.

  Jetzt meldet sich das Anwendungsprogramm auf dem Bildschirm.

- Ist das Anwendungsprogramm (per Eingabebefehl) beendet, so arbeitet die CPU mit der BS-Fortsetzungsadresse weiter. Als erstes wird jetzt der vom Anwendungsprogramm im RAM benutzte Platz wieder als „frei" notiert.

3.6.2 Dateien finden

Einer der häufigsten Befehle an ein Betriebssystem ist derjenige, mit dem ich mir einen Überblick über abgelegte Dateien verschaffen kann: denn magnetische Akten kann ich ja nicht sehen. Ein solcher Befehl bewirkt immer eine Auflistung von **Katalogen (Verzeichnissen)** auf dem Bildschirm.

(Bei bildschirmorientierten BS-Oberflächen ist in der Regel *ein* Katalog immer sichtbar: Hier beschränkt sich der entsprechende Befehl auf das Umschalten *zwischen* den Katalogen.)

Ein Katalog oder -auszug besteht im allgemeinen aus Zeilen mit dem Inhalt

Name, Kennzeichen „Datei oder UK", Datum, Uhrzeit, Größe

Die Plattenadressen einer Datei müssen uns nicht interessieren, daher werden sie auch nicht gezeigt.

Die Aufgabe „Datei finden" besteht im allgemeinen aus mehreren Teilaufgaben:

1) Wähle einen bestimmten Katalog.

2) Zeige eine Gruppe von Dateien daraus.

3) Suche eine Datei, deren Namen oder Katalog ich nicht mehr genau weiß.

Zu Beginn der Arbeit meldet sich das Betriebssystem normalerweise mit dem Hauptkatalog derjenigen Platte, von der es gestartet wurde, also der Systemplatte. Es teilt mir mit: „Ich schaue zur Zeit in den Hauptkatalog von Laufwerk x – gib mir Befehle." Der Hauptkatalog ist jetzt der **aktuelle Katalog**.

Oft ist es sinnvoll, einen bestimmten Unterkatalog als aktuellen anzugeben, wenn in ihm alle Dateien zu finden sind, mit denen ich jetzt eine Weile zu arbeiten habe. Das erreiche ich durch einen **Katalog-Wechsel**, oder besser ausgedrückt durch eine **Katalog-Vorwahl**. Damit schicke ich meinen BS-Roboter zu einem anderen Katalog, wo er bis auf Widerruf stehen bleibt. Habe ich einen Katalog vorgewählt, kann ich sicher sein, daß jeder Dateiname, den ich im folgenden eintippe, wirklich nur im aktuell vorgewählten Katalog gesucht bzw. neu angelegt wird. Ich schütze damit die Dateien, die zu anderen Arbeitsbereichen (und deshalb zu anderen Katalogen) gehören.

Die „Katalog-Vorwahl" ist in der Regel ein eigener Befehl. Bei allen Zeige/Wähle-Katalog-Befehlen muß ich der Katalog-Ordnung, der Hierarchie, folgen.

Beispiel:

Meine Kataloge und Dateien spiegeln wieder mein Wohnungsinventar. D.h. ich habe (im Wohnungshauptkatalog) Kataloge KÜCHE, SCHLAFZIMMER, WOHNZIMMER mit weiteren Unterkatalogen für jedes Möbelstück. Meine abgelegten Gegenstände (Geschirr, Bücher, Wäsche, ...) sind Dateien. Bildlich ausgedrückt: An jeder Zimmertür hängt eine Möbelliste, an jedem Möbel eine Inhaltsliste. Also

HK der Wohnung:	KÜCHE
	WOHNZIMMER
	SCHLAFZIMMER
UK KÜCHE:	SCHRANK
	...
UK WOHNZIMMER:	REGAL
	SCHRANK
	...
UK SCHLAFZIMMER:	...

HK sei der aktuelle Katalog, d.h.: mein Diener BS steht im Flur vor verschlossenen Türen.

Frage ich nun:

Was steht im SCHLAFZIMMER?

so liest der Diener die Liste von der Tür ab.

Frage ich

Was steht im REGAL oder SCHRANK?

so „sieht" BS diesen Namen nicht (im aktuellen Katalog, also vom Flur aus). Er meldet: „nicht gefunden".

Abhilfe:	Was steht im REGAL im WOHNZIMMER? oder
	Was steht im SCHRANK in der KÜCHE?
oder	Gehe ins WOHNZIMMER („wähle UK").
	Was steht im SCHRANK?

– hier ist eindeutig der Schrank im WOHNZIMMER gemeint.

Habe ich mein BS ins WOHNZIMMER geschickt und frage nun

Was steht im SCHLAFZIMMER?

so antwortet er wieder „nicht gefunden".

Grund: WOHNZIMMER ist der aktuelle Katalog, also der *Standort* meines Dieners. Er enthält kein „SCHLAFZIMMER".

Allerdings enthält jeder Katalog einen Vermerk „wo bin ich selbst eingetragen" – man nennt das den

übergeordneten Katalog / übergeordnetes Verzeichnis

In meiner Wohnung heißt das: an jeder Zimmertür steht innen „zum Flur", an jedem Möbel steht „gehört zu Zimmer x".

Also kann ich im obigen Beispiel – BS noch im WOHNZIMMER – befehlen:

> Gehe zurück in den Flur!
> (Wähle übergeordneten Katalog, also HK)
> Was steht im SCHLAFZIMMER?

oder	Lies vom Flur aus die Liste an der SCHLAFZIMMER-Tür.

Mein programmierter Robot-Diener weiß bei „Was steht im SCHLAFZIMMER" *nicht*, daß er zuerst das Wohnzimmer verlassen muß (wie ein Mensch es täte!). Er schaut sich nur an seinem derzeitigen Standort nach einer Tür oder einem Möbel mit der Aufschrift SCHLAFZIMMER um. Ein Roboter *vergleicht* nur Namen in seinen Befehlen, aber er versteht den Sinn nicht, den sie für mich haben.

Übersetzen wir das Wohnungsbeispiel in die Arbeit mit Dateien, so heißt es statt „gehe" immer „wähle Katalog", und statt „was steht im" heißt es „zeige die Liste".

Die Katalog-Vorwahl ist eine recht abstrakte Geschichte, die sich erst mit Leben und Sinn füllt, wenn ich ganz konkret meine verschiedenen Dateien gemäß Arbeitsbereichen in mehreren Katalogen anordne – so wie eine Telefon-Vorwahl für mich erst Sinn ergibt, wenn ich im betreffenden Ortsbereich auch einen Anschluß weiß, den ich anwählen will.

3.6.3 Kataloge erstellen

Selbstverständlich muß ein Betriebssystem auch Befehle anbieten, um neue Kataloge einzurichten und ihnen Namen zu geben, sowie um nicht mehr benötigte Kataloge zu entfernen. Neue Kataloge werden meistens als Unterkatalog des aktuell gewählten Katalogs eingetragen.

Beispiel:

Ein PC wird teils für Geschäftskorrespondenz, teils für Buchführung benutzt. Dann sind zwei Kataloge sinnvoll:

– Katalog Korrespondenz
– Katalog Buchführung

Beispiel aus dem Wohnungsinventar:

In meinem Schlafzimmer will ich die Strümpfe nicht zwischen Bettüchern suchen müssen. Also richte ich die zwei Schränke BETTWÄSCHE und LEIBWÄSCHE ein.

Kataloge entfernen kann ich in der Regel nur, wenn sie leer sind. Dadurch kann es nicht passieren, daß Dateien unauffindbar werden, nur weil ihr Katalog nicht mehr existiert.

Beispiel:

Wenn ich den alten Schrank zum Sperrmüll gebe, sollten die Kristallgläser vorher woanders verstaut werden!

Kataloge bzw. Verzeichnisse sind stets nur ein Organisationshilfsmittel, so wie Schränke nur ein Aufbewahrungshilfsmittel sind (im Grunde könnte ich auch alles auf den Fußboden legen): die Daten selbst sind in den Dateien. Ebenso sind Katalog-Befehle nur Vorbereitungen für die Arbeit mit den Dateien. Wenden wir uns nun den Dateibefehlen zu.

3.6.4 Dateien kopieren

Jedes Betriebssystem hat Befehle, um Dateien zu kopieren. Dabei sind folgende Vorgänge wichtig:
- Kopiere und lege die Kopie auf eine andere Magnetplatte.
- Verlagere in einen anderen Katalog/Verzeichnis.
- Leg die Kopie unter einem anderen Namen ab.

Ein Kopierbefehl hat also stets die Elemente

Befehlswort
- **Name und Ablageort des Originals** –
  - **Name und Ablageort der Kopie**

Lege ich zum Zweck der Datensicherung Kopien auf Disketten ab, so ist in der Regel nur der Ablage**ort** (Diskette) wichtig, und der Name des Originals soll beibehalten werden. Ebenso umgekehrt: Kopiere ich eine Datei von der Diskette auf die Festplatte, damit das Arbeiten schneller geht, soll die Kopie meist auch den Namen des Originals behalten. Dafür gibt es dann vereinfachte Kopierbefehle (vgl. Kapitel 4).

Beispiel:

Kopiere VERTRAG1 zu Laufwerk2

Kopiere MUSTER_B von Laufwerk2

Erläuterung:

VERTRAG1 wird im aktuellen Katalog gesucht und auf die Diskette in Laufwerk 2 kopiert. Das Original bleibt erhalten, die Kopie heißt auch VERTRAG1.

Muster_B wird auf der Diskette gesucht, auf die Festplatte kopiert und dort im aktuellen Katalog eingetragen.

3.6.5 Dateien löschen

Um Plattenplatz zu sparen und Übersicht zu bewahren, müssen gelegentlich überflüssige (oder auf Disketten ausgelagerte) Dateien entfernt werden: sie werden **gelöscht**.

Technisch heißt das, ihr Katalogeintrag wird als „ungültig" markiert und ihre Blöcke auf der Platte als „frei".

Achtung: Ein Löschbefehl sollte gut überlegt sein! Er entspricht einem „Reißwolf".

3.6.6 Dateien schützen

Dateien, die auf einer Diskette abgelegt sind, kann ich schützen, indem ich den Schreibschutz der Diskette benutze: auf schreibgeschützten Disketten kann

– keine weitere Datei hinzugefügt

– keine Datei gelöscht

– keine durch eine gleichnamige überschrieben werden.

Sinnvoll ist aber auch, *einzelne* Dateien zu schützen. Das Betriebssystem bietet dazu Befehle an, mit denen sogenannte **Dateiattribute** („Eigenschaften") als Schutzvermerke in die Datei eingetragen werden.

Erhält eine Datei das Attribut „Nur Lesen", so kann ich sie weder löschen noch ändern. Erhält eine Datei das Attribut „Versteckt", dann taucht sie nicht einmal mehr in Katalogauflistungen auf.

3.6.7 Dateien umbenennen

Wenn ich bei der Dateibenennung einen Tippfehler gemacht habe – VERTARG statt VERTRAG – möchte ich das korrigieren können. Auch kann es manchmal sinnvoll sein, eine Datei aus inhaltlichen Gründen anders (weil sinnvoller) zu benennen als bisher. Daher ist ein Namensänderungsbefehl nötig.

Er folgt in etwa dem Muster

	Benenne	alter Name	neuer Name
z.B.:	Benenne	VERTARG	VERTRAG

3.6.8 Dateien retten

Gelegentlich kommt es vor, daß Dateien **beschädigt** werden:

– durch Programmfehler

– durch Hardware-Fehler (unbrauchbare Stellen in der Magnetschicht)

Ein gutes Betriebssystem bietet Befehle an, um wenigstens noch unbeschädigte Dateiblöcke zu retten, so daß die Benutzerin sie dann ergänzen kann, also nicht alle Daten der Datei verloren sind. Auch wenn Dateien beschädigt wurden, die eigentlich überflüssig sind, sollte man sie „retten" lassen, um sie dann zu löschen, denn ihre Blöcke belegen unnütz Plattenplatz.

Manchmal wünscht man sich, daß ein Löschbefehl rückgängig gemacht werden kann, weil man ihn zu voreilig erteilt hat. Da die Blöcke im allgemeinen nicht Byte für Byte gelöscht, sondern nur als „frei" gekennzeichnet werden, ist das theoretisch möglich.

Einige Betriebssysteme bieten Befehle „mache Löschen ungeschehen" an. Sie sind nur sinnvoll einzusetzen, solange die Plattenblöcke der gelöschten Dateien noch nicht für andere Dateien benutzt wurden.

3.6.9 Stellvertreterzeichen

Um Dateien und Dateigruppen suchen oder zusammenstellen zu lassen, kann ich in Dateinamen **Stellvertreterzeichen** einbauen wie Joker im Kartenspiel:

Steht z.B. das Zeichen ? für „1 beliebiges Tastaturzeichen", so kann ich mit

zeige VERTRAG?

die Dateien VERTRAG1, VERTRAG2 etc. auffinden.

Meistens gibt es Stellvertreter für „ein Zeichen" (üblicherweise „?") und „eine Reihe von beliebigen Zeichen" (üblicherweise „*"), so daß ich Dateigruppen auch allein über ihren Anfangsbuchstaben zusammenfassen kann.

Die Stellvertreterzeichen sind nützlich in vielen Befehlen, nicht nur zum Suchen, sondern insbesondere zum Kopieren (Sichern!) von Dateigruppen. Achtung beim Löschen: der Befehl „Lösche Dateien mit beliebigen Namen" kann verheerend sein.

3.6.10 Formatieren

Eine leider sehr technische (also maschinenorientierte) Aufgabe fehlt noch:

Alle Magnetplatten müssen vor der ersten Benutzung **formatiert** werden, also ihre Einteilung in Spuren und Sektoren erhalten.

Wie eng beieinander und in welcher Verteilung die Spuren und Sektoren auf die Platte „gezeichnet" werden können, hängt von zwei Bedingungen ab:

– Güte der Magnetschicht

– Schreibfähigkeit des Laufwerks

Ein einfacher Vergleich dazu:

- Mit einem dicken Plakatmalstift bekomme ich auch auf das feinste Schreibpapier nur wenige Striche
- Mit dem feinsten Stift kann ich auf grobem Papier wie Küchenkrepp nur dann leserlich schreiben, wenn ich große Striche bzw. Zeichen mache.

Also müssen Schreibmaterial (hier: Magnetschicht) und Schreibgerät (hier: Laufwerk) aufeinander abgestimmt werden. Mit einem hochentwickelten Laufwerk auf feinster Magnetschicht kann ich kleinere (und damit mehr!) Blöcke abteilen, in die dennoch ebenso viele Bytes hineinpassen wie in die größeren Blöcke anderer Magnetplatten.

Festplatten kaufe ich fest eingebaut in ihrem Laufwerk. Das Datenblatt des Laufwerks zeigt mir die mögliche Formatierung, und das Laufwerk führt sie auf einen Betriebssystem-Befehl hin durch. *Disketten* sind heute in zwei verschiedenen Schichtqualitäten üblich:

DD = Double Density (doppelte Schreibdichte)

HD = High Density (hohe Schreibdichte: eigentlich:

    „das doppelte von doppelt")

"Single-Density"-Disketten, also solche, die nur einfache Schreibdichte erlauben, sind fast „ausgestorben". Die DD-Disketten sind für ältere PCs (Typ XT – vgl. Kap. 2.8), deren Laufwerke darauf abgestimmt sind, wichtig. Sie können aber auch mit moderneren Laufwerken bearbeitet werden, nur muß die Formatierung dann der Magnetschicht angepaßt werden.

Eine neue Diskette muß ich also passend zu *ihrer* Magnetschicht und passend zu *meinem* Laufwerk formatieren: also mit Hilfe *meines* Betriebssystems.

Wie die Spur- und Sektor-Adressen vergeben werden, wo die Block-Zuordnungstabellen stehen, bestimmt mein Betriebssystem. Daher kann eine zum Laufwerk passende Diskette, die auf einem fremden Computer mit Betriebssystem „X" formatiert wurde, auf meinem PC mit Betriebssystem „Y" *unleserlich* sein!

Will ich sie trotzdem benutzen (nicht zum Lesen, aber zum Auslagern meiner Dateien), muß ich sie mit meinem Betriebssystem neu formatieren.

Auch eine bereits benutzte Magnetplatte kann jederzeit neu formatiert werden – aber das bedeutet ein *vollständiges Löschen aller gespeicherten Daten!* Darauf sollte man vor allem bei der Festplatte achten.

Zusammengefaßt:

Ein Betriebssystem bietet Befehle an, um
- Programme zu starten
- Kataloge, Dateien, Dateigruppen
    - aufzulisten,
    - zu kopieren,
    - umzubenennen,
    - zu schützen,
    - zu löschen,
    - zu retten,
- Kataloge anzulegen und vorzuwählen
- Disketten zu formatieren

3.7 Fehlersituationen

Da ich meine eigene Systemverwalterin bin, muß ich mit den Meldungen des Betriebssystems, vor allem den Fehlermeldungen, umgehen können: ich muß sie verstehen und nach Möglichkeit die Ursache beseitigen. Daher hier einige typische Fehlersituationen, die oft auf einfache Bedienfehler zurückzuführen sind, und sinnvolle Reaktionen darauf:

Befehl	BS meldet
zeige Katalog / Datei:	nicht gefunden
starte AP	

Was tun: Zunächst prüfen: liegt Tippfehler vor?
Wenn nicht: zeige alle; wähle anderen Katalog.

Befehl	BS meldet
zeige, kopiere, formatiere	Laufwerk nicht bereit

Was tun: Zunächst prüfen: Habe ich das richtige Laufwerk angegeben? Wenn ja: Ist Laufwerk leer oder nicht geschlossen? Ist die Diskette richtig im Laufwerk?

Befehl	BS meldet
formatiere, kopiere	Disk. schreibgeschützt

Was tun: Schreibschutz entfernen, neu einlegen.

Befehl	BS meldet
...	Befehl unbekannt

Was tun: Hier handelt es sich in der Regel um einen Tippfehler.

Zuletzt noch eine zunächst sehr erschreckende BIOS-Meldung:

Keine Systemdiskette!

Diskette wechseln und Taste betätigen

– und das, wo ich doch mein Betriebssystem auf der Festplatte habe!

Der Grund ist in 99% aller Fälle *nicht*, daß die Festplatte kaputt ist, sondern:

Ich habe eine Datendiskette (also ohne geeigneten Bootblock) im Diskettenlaufwerk vergessen, und daher sucht das BIOS gar nicht erst auf der Festplatte nach meinem Betriebssystem.

Was tun: Laufwerk entriegeln, Taste drücken. Nun ist das Diskettenlaufwerk leer, und das Betriebssystem wird auf der Festplatte gesucht.

Die hier beschriebenen Situationen begegnen uns an jedem PC mit jedem Betriebssystem. Weitere Meldungen sind nur sinnvoll im Zusammenhang mit einem ganz bestimmten Betriebssystem zu erläutern. In Kap. 4.7 werden wir das Thema „Fehler" daher noch einmal aufgreifen.

3.8 Betriebssysteme für Großrechner und Netze

Zur Abrundung ein Wort zu Betriebssystemen für Großrechner und Netze von Arbeitsplatzrechnern. Sie müssen zumindest dieselben Aufgaben erfüllen, die wir bereits beschrieben haben. Aber darüber hinaus müssen sie

– Dateien verschiedener Benutzer gegeneinander absichern

– unberechtigten Zugriff auf Fremddaten abwehren (Datenschutz!)

- Zugriffe mehrerer Benutzer auf dieselbe Datei (z.B. eine Adreßsammlung) geordnet nacheinander abwickeln
- im Großrechner die Zeitscheiben der CPU gerecht verteilen und den verfügbaren RAM auf mehrere Benutzer aufteilen
- im Netz die Dialoge und Übertragungen zwischen den PCs regeln (synchronisieren)

4 DOS

Nun, da die Aufgaben eines Betriebssystems geklärt sind, ist es an der Zeit, sich ein ganz konkretes Betriebssystem anzuschauen. Die Auswahl unter den PC-Betriebssystemen ist da nicht besonders schwierig, da es zum einen nicht viele gibt und zum anderen auch hier wieder ein Marktführer festlegt, was die meisten PC-Besitzer und -Besitzerinnen als Betriebssystem benutzen:

Die Firma Microsoft hat sich mit ihrem PC-Betriebssystem

MS-DOS

(Microsoft Disk Operating System) frühzeitig an den Erfolg der IBM-PCs angehängt.

MS-DOS liegt seit 1991 bereits mit der Versionsnummer 5.0 vor. Es hat eine deutlich „alte", zeilenorientierte, nicht leicht zu erlernende Oberfläche, läßt auch bei Speicher- und Plattenverwaltung einiges zu wünschen übrig und wurde bereits vor Jahren für tot erklärt. Also muß man einige Worte dazu sagen, warum es immer noch so weit verbreitet ist, daß es quasi *das* PC-Betriebssystem ist.

Zunächst zu den **Versionsnummern**, die die meisten Software-Produkte führen.

4.1 Software-Versionen

Kommt ein Programm neu auf den Markt, hat es zunächst die Versionsnummer 1. Um in der Konkurrenz mit ähnlichen Produkten gut im Rennen zu liegen, wird es natürlich permanent weiterentwickelt – zum Teil, weil Benutzerinnenwünsche offen bleiben, zum Teil, um Werbeargumente zu haben: auch Waschmittel wuschen ja eine Zeitlang immer *noch* weißer, obwohl das streng sachlich gesehen gar nicht mehr möglich war. So wird auch Software alle Jahre *noch* besser – und wir sollen für die nächsthöhere Version Geld ausgeben.

Oftmals kommt ein neues Software-Produkt auf den Markt, das bereits bei den ersten Einsätzen gravierendes Fehlverhalten zeigt, z.B. auf einen bestimmten Suchbefehl mit „Programmende" reagiert. Wie kommt es dazu? Man stelle sich z.B. vor, das vielgepriesene neue Waschmittel hinterläßt in einem ganz bestimmten Mischgewebe grünliche Flecken – und der Hersteller konnte das nicht wissen, weil er das Mittel mit genau dieser Gewebeart nicht ausprobiert hat. So auch bei Herstellertests für neue Software: *alle* möglichen Benutzungsvarianten sind unmöglich vorherzusehen, und eine der nicht getesteten führt dann zu einem Fehlverhalten. Ein solcher **Programmfehler** muß natürlich schnellstens ausgebessert werden.

Das Ergebnis ist ein Programm, das dasselbe kann, nur mit ein paar Fehlern weniger. Das wird dann wieder verkauft, und zwar erhält die Versionsnummer (V) dann eine „Dezimalstelle" zur Kennzeichnung „Fehlerverbesserungsversion". So wird aus V 1 „**V 1.01**".

Werden vom Hersteller einige zwar korrekte, aber nicht sehr zufriedenstellende Programmteile verbessert, sozusagen verschönt oder begradigt, so wird die *erste* Nachkommastelle der Versionsnummer hochgezählt:

V 1.11 ist wie V1, aber korrigiert und mit besseren Fähigkeiten ausgestattet.

Hat der Hersteller das Programm dann um *neue* Fähigkeiten erweitert, so wird die *eigentliche* Versionsnummer hochgezählt: ab jetzt verkauft er V 2; zuerst „.0", dann vermutlich bald „.01" usw.

Zwei Aspekte dieser Versionstradition sind wichtig:

1) *Es gibt keine fehlerfreie Software.*

   Heutige Programme sind so umfangreich, daß es unmöglich ist, alle Ausführungsvarianten auf Fehlerfreiheit zu testen.

   Fazit: Je verbreiteter und überarbeiteter ein Programm (also je höher die Versionsnummer), desto **robuster** ist es, d.h. ich kann weitestgehend auf „Abwesenheit" von Fehlern vertrauen.

2) Um die Kunden zu halten, versuchen alle Hersteller, Programme **abwärtskompatibel** zu gestalten.

   Das heißt: Neue Programmversionen sind so aufgebaut, daß Benutzerinnen älterer Versionen ihre alten Datendateien mit den neuen Versionen weiterbearbeiten können und in der Bedienung nicht (sehr) umlernen müssen.

   Fazit: Je älter ein Programm, desto weniger flexibel sind neue Versionen davon – sie „kleben" an ihrer eigenen Tradition.

Zurück zu MS-DOS: Es zeigt sich auch in der 5. Generation noch (wohltuend?) vertraut, es kann von Version zu Version ein bißchen mehr, aber eigentlich läßt es noch immer viele Benutzerwünsche offen.

Andere Hersteller von Arbeitsplatzrechnern und deren Betriebssystemen, z.B. die Firma Apple mit ihrem Macintosh-Rechner, haben gezeigt, daß man ein Betriebssystem auch „menschenfreundlich" gestalten kann. Microsoft hat sehr, sehr langsam darauf reagiert (viel Konkurrenz hatte DOS nicht zu fürchten!) mit einer *zusätzlichen* bildschirmorientierten Oberfläche, die im ersten Anlauf auch nur mäßig brauchbar war (vgl. auch Abschnitt 4.8).

4.2 Kompatibilität und Alternativen

Warum werfen wir DOS dann nicht über Bord?

Der Grund ist: Betriebssysteme sind nicht beliebig austauschbar. Das Betriebssystem muß einerseits seine Hardware genau kennen, also in diesem Fall für einen IBM-kompatiblen PC programmiert sein. Andererseits müssen die Anwendungsprogramme genau auf das Betriebssystem abgestimmt sein, mit dem sie Hand in Hand arbeiten sollen.

Man kann sich das anhand eines Schreibtisches mit Post-Eingangs- und -Ausgangskorb klarmachen: Derjenige (BS), der meine (AP) Post bringt und holt, muß genau wissen, *welches* Eingangs- und welches Ausgangskorb ist, sonst ...

Nun gibt es Millionen von MS-DOS-Nutzern und -Nutzerinnen mit Millionen von Anwendungsprogrammen, die genau auf MS-DOS abgestimmt sind, mit Millionen von Disketten, die unter MS-DOS formatiert wurden und weiterhin lesbar bleiben sollen. Nur ein **kompatibles** Betriebssystem würde sich gegenüber den Anwendungsprogrammen und bei der Plattenverwaltung genau so verhalten wie MS-DOS.

Kompatibilität (=Verträglichkeit) zwischen Betriebssystemen heißt: Alle DOS-Anwendungsprogramme und DOS-Disketten merken keinen Unterschied zwischen Original-DOS und kompatiblem System; das Kompatible **verhält** sich wie das Original. Nur in seiner Programmierung, also in seinem inneren Verhalten, kann es anders sein, z.B. den Arbeitsspeicher geschickter ausnutzen.

Welche Alternativen zu MS-DOS gibt es überhaupt?

PC-DOS: ist die MS-DOS-Variante von IBM für seine Original-PCs.

DR DOS: Das „Schwester-System", entwickelt von der Firma Digital Research, beansprucht volle Kompatibilität mit MS-DOS bei gleichzeitig besseren und weitergehenden Fähigkeiten.

Hier ist ein Austausch möglich, und „DR oder MS" ist beinahe eine Weltanschauungsfrage. Die Praxis zeigt, daß DR DOS in einigen Punkten tatsächlich besser arbeitet als die ältere Schwester (z.B. ist ein Paßwort-Schutzsystem für Dateien vorhanden), dafür ist aber (was erst leidvolle Erfahrung zeigt) die volle Kompatibilität nicht ganz vorhanden.

OS/2: Dieses System, initiiert von IBM, sollte bereits vor Jahren MS-DOS ablösen. Es hat zwar recht gute Eigenschaften, war aber nicht überzeugend genug, um die oben beschriebene immense Austauscharbeit (Programme neu schreiben, Platten umformatieren) vorzunehmen. Zu OS/2 passende Anwendungsprogramme gibt es nur in mäßiger Zahl. So ist der Kreis seiner Benutzer und Benutzerinnen klein geblieben.

UNIX: Die Forschungslabors des amerikanischen Telefonkonzerns AT&T entwickelten ein System mit der Idee, es solle auf vielen verschiedenen Computern arbeiten können. Dafür muß nur der Hardware-Koordinationsteil des Systems jeweils neu programmiert werden. Die Benutzerinnen sehen stets dieselbe „UNIX-Shell" (=Muschel; Benutzungsoberfläche) und müssen an einem neuen Computer nicht umlernen.

UNIX und etliche Abwandlungen davon (XENIX, SINIX, ...) haben folgerichtig auch in die PC-Welt Einzug gehalten. Von den vielfachen UNIX-Fähigkeiten konnte man aber auf den älteren, langsamen, mit relativ kleinen Magnetplatten bestückten PCs kaum Gebrauch machen. Und auch UNIX, aus dem Jahr 1968 stammend, war zunächst nur zeilenorientiert und mühsam zu erlernen.

Kompatibilität mit DOS ist nicht vorhanden. Der Kreis der UNIX-PCs beschränkt sich im wesentlichen auf solche, die mit anderen UNIX-Rechnern Daten austauschen müssen oder vernetzt sind.

WINDOWS/NT: Microsoft entwickelt und testet ein neues Betriebssystem, das die zur Zeit sehr erfolgreiche DOS-Zusatz-Oberfläche **WINDOWS** (siehe Abschnitt 4.8; NT = New Technology, neue Technologie) als Benutzungsoberfläche haben soll und einen flexiblen, recht geschickten Aufbau in den Programmteilen, die die Verwaltungsaufgaben übernehmen. Die Hardware soll besser ausgenutzt werden als bei DOS, weitgehende Anwendungsprogramm-Kompatibilität wird angestrebt.

Ob dieses System einen Siegeszug antreten wird, kann noch nicht abgesehen werden.

???: Ein ganz neues Betriebssystem zu programmieren, würde einen sorgfältigen Entwurf und viel Arbeit voraussetzen. Und ohne Kompatibilität zu bestehenden Anwendungsprogrammen und Datendateien hätte es kaum eine Chance auf dem Markt. Daher wird die Diktatur der Marktführer im Betriebssystem-Bereich wohl erhalten bleiben.

Lassen wir uns also auf MS-DOS ein. Im folgenden wollen wir sehen, wie die Hauptverwaltungsaufgaben aus Kapitel 3.6 mit DOS anzugehen sind. Da es in diesen Punkten fast keine Unterschiede zwischen MS/PC/DR-DOS gibt, reden wir nur über „DOS".

4.3 Die Befehlssprache von DOS

Vergessen wir nie: Wir sprechen mit einem Roboter, mit einer Maschine, die nicht denken kann. Ihre Art, Befehle zu verstehen, bedeutet:

- einprogrammierte **Befehlswörter** erkennt sie wieder,
- eine bestimmte Eingabeschreibweise kann sie analysieren (ihre „**Grammatik**"),
- alles andere lehnt sie ab als „unbekannt".

Lernen wir also zunächst etwas über die „Sprache", in der wir DOS anreden müssen.

Wir übergeben DOS immer eine **Befehlszeile**, d.h. wir tippen einen Befehl, können dabei Fehler noch mit Hilfe der Rücktaste korrigieren, und „schicken" den Befehl dann ab mit der <Enter>-Taste.

Ab jetzt sehen wir quasi nur noch den „Durchschlag" unseres Befehls auf dem Bildschirm, und DOS „schreibt" seine Antwort darunter.

Befehlssätze an DOS haben die strenge Form

WAS   WOMIT   WIE

wobei – je nach Zusammenhang – das WOMIT oder das WIE fehlen können. Das WAS, der Imperativ, also das eigentliche Befehlswort, steht immer am Anfang. *Zwischenräume* sind *nur hinter* WAS und *hinter* WOMIT erlaubt, nie zwischendrin. Faustregel: innerhalb eines Wortes tippe ich keinen Zwischenraum. Und für DOS ist ein WOMIT, egal wie kompliziert es formuliert ist, immer *ein* Wort.

Dateinamen müssen in den DOS-Tabellen Platz haben, und die sind sehr eng begrenzt. Deshalb gilt:

Ein Dateiname besteht aus zwei Teilen, sozusagen Vor- und Nachname. Der Vorname darf höchstens 8 Zeichen, der Nachname höchstens 3 Zeichen lang sein („Zeichen" sind dabei Buchstaben, Ziffern, Querstriche). Vor- und Nachname einer Datei werden mit einem **Punkt** verbunden *ohne* Zwischenraum.

Der Nachname (**Extension**=Erweiterung genannt) wird wie ein Familienname benutzt, d.h. er sollte die **Art** oder Verwendung der Datei anzeigen.

Beispiele:

Zulässige DOS-Dateinamen sind

VERTRAG	(kein Nachname)
VERTRAG.TXT	(Familie „Texte")
VERTRAG5.TXT	
FORMAT.COM	(Familie „Kommandos")

Unzulässig dagegen ist

VERTRAG11	– 9 Zeichen im Vornamen
NOTIZ 2	– Zwischenraum im Vornamen
BRIEF3.5.	– zwei Punkte

Für **Katalognamen** gilt dieselbe Regel. Der Hauptkatalog einer jeden Magnetplatte wird mit „\" bezeichnet („Backslash" = Rückwärtsschrägstrich).

Magnetplatten werden stets über ihre **Laufwerke** angesprochen. Diskettenlaufwerke heißen **A:** und **B:**, Festplattenlaufwerke **C:** und **D:**. Der Doppelpunkt gehört zum Laufwerksnamen unbedingt dazu wie das Schloß zur Tür.

Um Dateigruppen zu beschreiben, nutzt man die Stellvertreterzeichen ? und *.

?	steht für	1 beliebiges Zeichen
*	steht für	0 bis 8 beliebige Zeichen bis zum „."
		oder – im Nachnamen –
		0 bis 3 beliebige Zeichen bis Namensende

Beispiele:

V*.TXT	beschreibt	VERTRAG.TXT
		VERTRAG5.TXT
	aber auch	VORLAGE.TXT
	aber nicht	VERTRAG
VERTRAG?.TXT	beschreibt	VERTRAG.TXT
		VERTRAG1.TXT
		VERTRAG5.TXT

V*.* beschreibt alle Dateien, deren Vorname mit V beginnt, auch Datei VERTRAG.

Kataloggruppen sind in DOS-Befehlen nicht erlaubt: für Katalognamen können keine Stellvertreterzeichen benutzt werden.

Als „WOMIT" im Befehlssatz werden sogenannte **Suchwege** angegeben, die DOS sorgfältig den Weg von seinem derzeitigen Arbeitsstandort (Platte, Katalog) zu einem Datei-Ablageplatz zeigen müssen:

„Gehe zu Laufwerk X,

    dort in Unterkatalog Y,

        dort nimm Datei Z."

Diese Reihenfolge ist zwingend, es muß immer heißen

Laufwerk → Katalog → Datei.

Weglassen kann man nur vorgewählte Namen (z.B. Laufwerksnamen, wenn man nur mit *einer* Platte arbeitet). Das „dort in" wird ebenfalls mit „\" ausgedrückt. In einem Suchweg *darf kein Zwischenraum getippt werden.*

Wir müssen also, abweichend von allem, was wir gewohnt sind, „rückwärts" denken: statt

„Zeig mir, wie viele .TXT-Dateien im Katalog PRIVAT auf der Diskette in Laufwerk B: sind",

heißt es jetzt

```
B:\PRIVAT\*.TXT
```

(in B:, dort in PRIVAT, dort ...) – alles ohne Zwischenräume.

Faustregel: Suchwege immer in der Reihenfolge angeben, wie sie „beschritten" werden müssen – zuerst Raum, dann Möbel, dann Inhalt. Andersherum kann ein Roboter sich das nicht merken.

Die einzige Erleichterung ist, daß für DOS Groß- und Kleinbuchstaben gleichbedeutend sind. Ich kann also z.B. genausogut tippen

```
B:\Privat\*.txt
```

Die **WAS-Befehlswörter** sind Abkürzungen aus dem Englischen. Wir werden sie gesondert besprechen.

WIE-Angaben, d.h. die Zusätze, die sagen, daß der Befehl auf eine ganz bestimmte Art auszuführen ist, gibt es für viele Befehle, aber natürlich immer bezogen auf das, was der Befehl kann.

Ein Beispiel mit meinem Wohnungsdiener:

Ich kann ihm sagen

„öffne die Tür, *aber* nur einen Spalt" oder

„stelle die Gläser in den Schrank, *aber* halte sie vorher gegen das Licht zur Prüfung".

Wenig Sinn macht es umgekehrt:

„öffne die Tür, *aber* halte sie gegen das Licht ..." oder „stelle die Gläser ..., *aber* nur einen Spalt".

Die meisten WIE-Zusätze braucht man nicht gleich beim ersten DOS-Kontakt, viele nur in Spezialfällen. Wir werden hier daher nur wenige erläutern.

Alle WIE-Zusätze werden mit „/", also dem **Vorwärtsschrägstrich,** eingeleitet. Man kann sich das merken wie das Komma vor dem Nebensatz: „, *aber*...".

4.4 Der Prompt

DOS meldet sich mit einem „Ich bin bereit" in seiner Sprache. Eine geübte DOS-Benutzerin kann diese Meldung nach ihrem Geschmack gestalten, üblich ist aber folgendes:

Laufwerk:Katalog>

also z.B.

C:\>

für

„DOS meldet sich von der Festplatte im Laufwerk C: und schaut in den Hauptkatalog."

Dieses „ich bin bereit" heißt **Prompt** (engl. veranlassen) und ist der einzige Hinweis auf die derzeitige Arbeitsumgebung, also auf aktuelles Laufwerk und aktuellen Katalog des Systems.

Am Prompt erkenne ich DOS auch auf einem fremden PC. Nur wenn ich einen Prompt sehe, kann ich einen Befehl eintippen.

Hinter dem Prompt blinkt ein Strich: der **Cursor** (engl. cursory=flüchtig). Jedes getippte Zeichen erscheint an der Position des Cursors, worauf dieser eine Stelle weiterrückt.

4.5 Die wichtigsten Befehle

Folgen wir den Befehlsgruppen, die wir in Abschnitt 3.6 aufgestellt haben, und schauen, wie wir die dort gefundenen Aufgaben mit DOS bewältigen.

4.5.1 Programme starten

Programme (also unsere Spezialroboter) stehen in eigenen Dateien, deren Familienname „.EXE" oder „.COM" lautet.

EXE ist von executable = ausführbar abgeleitet und meint ein Programm aus Maschinen-Befehlen.

COM ist auch ein Maschinensprachprogramm, aber mit etwas anderer Speicherverwaltung. Es gilt als „wichtiger", daher der Name: Es hat den Rang eines Kommandos (engl. command).

Programme werden aufgerufen, indem der Vorname der Programmdatei wie ein Befehl eingetippt wird, gefolgt von <Enter>.

Beispiel:

Das Programm in Datei AP.EXE wird aufgerufen mit

```
AP ⏎
```

4.5.2 Dateien finden: Der Zeige-Befehl

„Zeigen" kann man Kataloge oder Auszüge davon. Daher heißt der Zeigebefehl

```
DIR
```

von Directory = Katalog bzw. Verzeichnis.

Er wird immer wieder und in vielen Varianten benutzt, da DOS von allein keine Information über Kataloginhalte gibt.

Das Frauen-Computerbuch: Grundlagen

Beispiele:

DIR ↵	zeigt den aktuellen Katalog
DIR PRIVAT ↵	zeigt den Katalog (oder die Datei) PRIVAT (wenn er bzw. sie im aktuellen eingetragen ist)
DIR *.TXT ↵	zeigt die Dateigruppe aller Dateien mit der Endung .TXT
DIR B:V*.* ↵	zeigt eine Dateigruppe der Diskette in Laufwerk B:
DIR PRIVAT\A*.* ↵	zeigt eine Dateigruppe aus einem Unterkatalog

usw.

Der DIR-Befehl listet Datei-Name, Größe in Bytes, Datum und Uhrzeit der letzten Bearbeitung auf, und zwar Datei-Vor- und Nachnamen getrennt in zwei Spalten. Dabei wird der Punkt zwischen den Namensteilen *nicht* gezeigt. Ein Beispiel zeigt Abb. 4-1. Die Zeilen „." und „.." sind Organisationseinträge. „.." bezeichnet den übergeordneten Katalog.

```
C:\LL>DIR

   Datenträger in Laufwerk C ist DOS401
   Datenträgernummer: 1787-7BDC
   Verzeichnis von C:\LL

   .              <DIR>        28.05.91    20:30
   ..             <DIR>        28.05.91    20:30
   DD       BIN      15790     01.03.90    12:00
   DD       EXE      21578     01.03.90    12:00
   DDINSTAL EXE      49139     01.03.90    12:00
   LL3      EXE      93500     01.03.90    12:00
   README   DD       14951     01.03.90    12:00
   README   LL3      12928     01.03.90    12:00

          8 Datei(en)      207886 Byte
                         18409472 Byte frei

   C:\LL>
```

Abbildung 4-1: Katalogliste

Kapitel 4 - DOS

Einen Zeige- oder Suche-Befehl über mehrere Kataloge zugleich gibt es nicht.

DIR ist ein recht „dummer" Befehl: DOS wirft uns förmlich die angeforderte Liste entgegen, egal, ob sie auf dem Bildschirm Platz hat oder nicht. Bei langen Katalogen verschwindet der obere Teil aus dem Bildschirm, bevor wir die Chance haben, ihn anzuschauen. Da müssen wir dann schon mit einem „WIE" im DIR-Befehl vorbeugen. Das WIE heißt „bitte seitenweise", wird mit **P** wie page=Seite abgekürzt und meint: bitte Bildschirm(-Seite) füllen und Pause machen, bevor eine Zeile nach oben verschwindet. Auf Tastendruck wird dann jeweils die nächste Bildschirmseite gezeigt. Wie alle WIE wird es mit / eingeleitet.

Beispiel:

```
DIR /P  ↵         Zeige aktuellen Katalog seitenweise
DIR *.TXT /P  ↵   Zeige .TXT-Dateien seitenweise
```

und die hübscheste Schrägstrich-Kombination:

```
DIR \ /P  ↵       Zeige Hauptkatalog seitenweise
```

4.5.3 Kataloge erstellen, vorwählen, vernichten

Alle Katalogverwaltungsbefehle leiten sich von „Directory" ab.

MKDIR Katalogname   oder kurz: **MD** Katalogname

legt einen neuen Katalog an (innerhalb des vorgewählten). MKDIR bedeutet „make directory" = mache Katalog.

Um weniger Namen und „\" in meinen weiteren Befehlen tippen zu müssen, kann ich Kataloge **vorwählen** mit

`CHDIR` Katalogname   oder kurz: **CD** Katalogname

CHDIR leitet sich ab aus „Change Directory" = wechsele den Katalog. DOS reagiert auf eine solche Vorwahl mit dem nächsten Prompt: Darin erscheint dann der vorgewählte Katalogname. Abb. 4-1 zeigt den vorgewählten Katalognamen „LL".

Beispiel:

```
C:\>MD ABLAGE  ↵
C:\>CD ABLAGE  ↵        (nach MD: keine sichtbare Reaktion!)
C:\ABLAGE>              (nach CD: Katalogname im Prompt)
```

Zum übergeordneten Katalog wechsele ich mit　　　　CD ..

zum Hauptkatalog mit　　　　CD \

Wie schon in Kapitel 3 erklärt, kann ich nicht beliebig Kataloge wechsln, sondern muß der Hierarchie folgen. Man kann sich das immer wieder mit dem Beispiel des Wohnungsinventars klarmachen: Steht mein Robot-Diener irgendwo in der Wohnung, und ich sage ihm „öffne Schrank", so wird er den nächstbesten Schrank öffnen. Steht er im Wohnzimmer und ich sage „öffne Schlafzimmer", so wird er nicht von allein auf die Idee kommen, zuerst das Wohnzimmer zu verlassen, um die Schlafzimmertür zu sehen. Statt dessen sagt er nur, er (er)kenne kein Schlafzimmer.

Gelegentlich hat sich die Arbeit an einem Sachgebiet erledigt, und alle Dateien sind entfernt (oder auf Disketten ausgelagert). Dann ist der Katalog überflüssig geworden.

Einen leeren Katalog kann ich entfernen mit

RMDIR Katalogname　　　oder kurz: **RD** Katalogname

RM bedeutet dabei „Remove" = entferne.

4.5.4 Dateien kopieren

Der Kopierbefehl heißt **COPY** und wird mit *zwei* Suchwegen benutzt:

COPY	„WAS"	„WOHIN"	⏎
	1. Suchweg	2. Suchweg	
oder	Original	Ablage und Name der Kopie	

Der „WOHIN"-Suchweg kann entfallen, wenn der Ablageort vorgewählt ist (im Prompt sichtbar) und der Name des Originals beibehalten werden soll.

Beispiele (zur Unterscheidung ist der Prompt jeweils kursiv dargestellt):

a) Auf Diskette sichern:

　　C:\PRIVAT>COPY *.TXT A: ⏎

　　DOS erkennt:　1.　Kopierbefehl

　　　　　　　　　2.　1. Suchweg: Festplattenkatalog PRIVAT,
　　　　　　　　　　　darin alle .TXT-Dateien

　　　　　　　　　3.　2. Suchweg: Diskette in A:, dort aktueller Katalog (also
　　　　　　　　　　　vermutlich Hauptkatalog), gleiche Namen wie Originale

Also lautet die komplette Interpretation durch DOS:

COPY C:\PRIVAT*.TXT A:*.TXT

b) Von Diskette holen:

C:\PRIVAT>COPY A:TAB*.* ⏎

DOS erkennt: 1. Kopierbefehl

                 2. 1. Suchweg: Diskette in A:, dort aktueller Katalog (also vermutlich Hauptkatalog), darin alle mit TAB beginnenden Dateien

                 3. 2. Suchweg: Prompt-Vorwahl und gleiche Namen wie Originale

Also lautet die komplette Interpretation durch DOS:

COPY A:\TAB*.* C:\PRIVAT\TAB*.*

und dabei werden beispielsweise kopiert

TABELLE.TXT

TAB2.WKS

etc.

Achtung: Kopiere ich eine Datei D an einen Ort (Katalog, Diskette), wo eine *andere* Datei D bereits liegt, so überschreibt, also **vernichtet** die neue Kopie die andere Datei gleichen Namens! Das ist so, als sage ich meinem Diener, „stell Teller in den Schrank", und wenn er dort bereits andere Teller findet, wirft er die ohne Rückfrage weg, um die neuen hineinzustellen.

Einen Befehl, um Dateien zu **verlagern**, also um dem Diener zu sagen, „stell die Teller vom linken Schrank in den rechten", gibt es in DOS nicht. Will ich das erreichen, brauche ich zwei Schritte: zuerst an den neuen Ablageort kopieren, dann die alte Datei löschen.

4.5.5 Dateien löschen

Der Löschbefehl für Dateien heißt **DEL** von delete = zerstören.

Beispiele:

DEL *.TXT ⏎   löscht *alle* .TXT-Dateien

DEL MUSTER.* ⏎   löscht alle Dateien mit dem Vornamen MUSTER

DEL *.* ⏎   löscht alle Dateien

– jeweils im vorgewählten Katalog.

Dagegen löscht

DEL *.* ⏎   unabhängig von der Vorwahl *alle* Dateien des Hauptkatalogs!

DEL ist tückisch: Es kommt keine Rückfrage oder -meldung, nur der nächste Prompt zeigt, daß der Befehl schon ausgeführt wurde. Lösche ich in einem Katalog alles mit *.*, kommt eine Rückfrage „Sind Sie sicher (J/N)?" Antworte ich dann mit N, wird der Befehl storniert.

4.5.6 Dateien schützen

DOS bietet nur wenige Schutzvorkehrungen an. Ich kann für Dateien vier **Dateiattribute** vergeben:

Nur Lesen	=	R	(= read only)
Versteckt	=	H	(= Hidden)
System	=	S	(zum System gehörig)
Archiv	=	A	

(Das Archiv-Kennzeichen wird in speziellen Dateisicherungsbefehlen verwendet (vgl. Kap. 6.1), ist also kein Schutz-Attribut.)

Der Befehl **ATTRIB** setzt (mit +) einzelne dieser Attribute für eine Datei fest oder löscht sie (mit -):

ATTRIB datei ±attribut

oder

ATTRIB ±attribut datei

Beispiele:

ATTRIB +R MUSTER.TXT   jetzt kann MUSTER.TXT nur noch gelesen, nicht mehr geändert oder gelöscht werden.

ATTRIB +H GEHEIM.TXT   versteckt GEHEIM.TXT, so daß sie weder mit DIR noch mit COPY noch mit DEL erfaßt wird.

ATTRIB -H GEHEIM.TXT   macht sie wieder sichtbar und ungeschützt.

S versteckt Dateien wie H, nur kennzeichnet es sie zusätzlich als Betriebssystemdateien.

Dieser Mechanismus ist weder besonders flexibel noch besonders einprägsam: Zu dem gewohnten WOMIT, dem Suchweg, müssen wir hier (ausnahmsweise) ein ganz anderes WOMIT angeben, nämlich das gewünschte Attribut und ein + oder - davor. Der Satz ist am ehesten zu verstehen als „Notiere (+) bzw. lösche (-) Attribut x bei Datei Y" oder „klebe einen R- (oder H- oder S-) Vermerk auf die Akte".

4.5.7 Dateien umbenennen

Mit **REN** (rename = neu benennen) kann ich Dateien umbenennen, nicht aber Kataloge. REN hat – wie COPY – zwei Suchwegangaben:

REN   alter Name   neuer Name ↵

Beispiele:

REN   VERTARG.TXT   VERTRAG.TXT ↵

REN   *.ALT   *.NEU ↵   benennt eine ganze Familie um

4.5.8 Dateien retten

MS-DOS bietet für defekte Dateien nur die Befehle

    CHKDSK   (check disk = prüfe Platte)

und **RECOVER**   (recover = wiedergewinnen)

an, die in der Lage sind, zusammenhängende belegte Blöcke (sogenannte **Ketten**) wieder in den Katalog einzutragen, so daß die Benutzerin sie mit geeigneten Programmen „anfassen" kann.

CHKDSK findet und kennzeichnet Plattenblöcke mit fehlerhaften Stellen in der Magnetschicht, RECOVER restauriert Dateien, die solche Fehlerblöcke enthalten. Beide Befehle sind relativ schwerfällig und bieten den Benutzerinnen kaum individuelle Möglichkeiten. Z.B. werden restaurierte Dateien stets nur in den Hauptkatalog, das Stammverzeichnis, eingetragen, von wo aus die Benutzerin dann selbst etwas unternehmen muß, um ihre Dateien wieder an den richtigen Platz zu bringen.

Um mit der Restaurierung defekter Dateien zurechtzukommen, ist ein Grundwissen über die Verteilung einer Datei auf Blöcke und über Katalogzuordnung unumgänglich!

Wie wir gesehen haben, geht das Löschen einer Datei sehr schnell. Um so wichtiger wäre es, ein versehentliches Löschen rückgängig machen zu können! Aber MS-DOS bietet erst seit der Version 5 ein

UNDELETE (etwa „ent-löschen")

an. Es gelingt nur, wenn die Blöcke, die die gelöschte Datei belegt hat, noch nicht wieder benutzt wurden.

4.5.9 Formatieren

Der DOS-Befehl zum Formatieren von Magnetplatten lautet

FORMAT

und als „WOMIT" wird eine Laufwerksbezeichnung angegeben.

Beispiel:

FORMAT A: ▨   formatiert die Diskette in A:

FORMAT C: ▨   formatiert die Festplatte!!

Erteile ich einen Format-Befehl für ein Diskettenlaufwerk, so folgt die Aufforderung, eine Diskette einzulegen und dann eine Taste zu drücken. Das ist der Augenblick, in dem ich noch einmal kontrollieren kann, ob die richtige Diskette im richtigen Laufwerk steckt. Denn: Formatieren bereits benutzter Magnetplatten zerstört alle Daten; es ist also Sorgfalt zu empfehlen.

Formatieren ist einer der Befehle, dessen Ausführung auffällig lange dauert. Von den meisten Befehlen bin ich eine schnelle Reaktion des Betriebssystems gewohnt, und dieser läßt mich dann plötzlich warten. Damit ich nicht auf die Idee komme, das Betriebssystem arbeite nicht (es liege z.B. eine Störung vor), meldet es mir permanent den Fortschritt der Formatierung (z.B. mit der Angabe, wieviel Prozent der Platte schon bearbeitet wurden).

Ist die Formatierung beendet, so zeigt DOS mir einen Überblick, wie viele Datenbytes jetzt auf der Diskette Platz haben. Wurden beim Formatieren schadhafte Stellen in der Magnetschicht entdeckt, so werden die Blöcke mit solchen Stellen bereits als „fehlerhaft" und damit „nicht benutzbar" gekennzeichnet. Auch darüber erhalte ich eine Information.

Schwierig wird die Formatierung dann, wenn ich in einem Laufwerk, das auf hohe Schreibdichte eingestellt ist, eine Diskette mit nur „doppelter" (= „halbhoher") Schreibdichte formatieren will. Um das Laufwerk darauf einzustellen, muß ich dem FORMAT-Befehl ein „WIE" mitgeben, auch hier wieder eingeleitet mit „/".

An dieser Stelle komme ich um einige technische Details der unterschiedlichen Laufwerke und Diskettenkapazitäten nicht herum. In älteren DOS-Versionen will der FORMAT-Befehl noch wissen, wie viele Spuren auf die Diskette passen, was je nach Diskettengröße (3,5" oder 5,25") unterschiedlich ist und auch zu unterschiedlichen WIE-Formulierungen führt. Im Zuge der Weiterentwicklung von DOS genügt es jetzt, wenn ich die Diskettenkapazität angebe.

Grundlage ist die folgende Tabelle, die die Kapazitäten der einzelnen Disketten angibt. Mit weiter verbesserten Laufwerken werden sich diese Zahlen noch verändern. Im Moment gilt

Magnetschicht	Größe	
	5,25"	3,5"
DD	360 KB	720 KB
HD	1,2 MB	1,44 MB
	1200 KB	1440 KB

und bereits jetzt gibt es

| HD | | 2880 KB |

Das WIE heißt im Formatbefehl

/F:KB-Zahl (für max. Format)

Also formatiere ich eine DD-Diskette von 5,25" Größe in einen Laufwerk, das eigentlich hohe Schreibdichte voraussetzt, mit

FORMAT A:/F:360

Ich befehle damit meinem Roboter: Formatiere die Diskette im Laufwerk A für eine Kapazität von 360 KB.

Dabei gehört der Doppelpunkt nach A zur Laufwerksbezeichnung, der Doppelpunkt nach F dagegen verbindet F und die KB-Zahl.

Versuche ich, die Festplatte zu formatieren, so erfolgt eine Warnung und eine Frage, so daß ich noch abbrechen kann, bevor es zu spät ist.

4.5.10 Zusammenfassung in einem größeren Beispiel

Eine Beispiel-Arbeitssitzung zeigen die Abb. 4-2 bis 4-6. Einige Erläuterungen dazu:

4-2 Die Benutzerin legt einen neuen Katalog BRIEFE an (MD) und wählt ihn als aktuellen Katalog (CD). Mit DIR stellt sie fest, daß er (wie erwartet) leer ist. Nun ruft sie ein Anwendungsprogramm namens AP auf – eine Textverarbeitung –, mit dem sie zwei Dateien namens B1.TXT und B2.TXT erarbeitet und speichert.

```
C:\>MD BRIEFE

C:\>CD BRIEFE

C:\BRIEFE>DIR *.TXT

  Datenträger in Laufwerk C ist DOS401
  Datenträgernummer: 1787-7EDC
  Verzeichnis von C:\BRIEFE

  Datei nicht gefunden

C:\BRIEFE>AP
```

Abbildung 4-2: neuer Katalog

4-3 Nach Beenden des Programms meldet sich DOS wieder mit dem Katalog BRIEFE. Auch während der AP-Ausführung hat DOS sich diese Vorwahl gemerkt. Die Benutzerin hat beim Speichern der B-Dateien nur „speichere als B1.TXT" bzw. „als B2.TXT" befohlen ohne Angabe eines Katalog- oder Laufwerknamens. „AP" hat diese Dateien und diese Namen an DOS weitergereicht, das sie automatisch im *aktuellen* Katalog – also in BRIEFE – abgelegt hat. Daher ist es sinnvoll, vor dem Start eines Anwendungsprogramms den Katalog für die Datendateien vorzuwählen.

```
C:\BRIEFE>DIR *.TXT

  Datenträger in Laufwerk C ist DOS401
  Datenträgernummer: 1787-7BDC
  Verzeichnis von C:\BRIEFE

  B1          TXT       1024   05.06.92    8:35
  B2          TXT       1024   05.06.92    8:52
              2 Datei(en)          2048 Byte
                             18403328 Byte frei

C:\BRIEFE>
```

Abbildung 4-3: Dateien im Unterkatalog

Kapitel 4 - DOS

4-4 Nun formatiert die Benutzerin eine Diskette (FORMAT), um die Datendateien dort zu sichern. Die Zahlen, die der FORMAT-Befehl angibt, zeigen die Verteilung der Datenbytes auf der Platte: 2371 Blöcke zu je 512 Byte ergeben eine Kapazität von 1.213.952 Bytes, kurz 1,2 MB.

```
C:\BRIEFE>FORMAT A:
Neue Diskette in Laufwerk A: einlegen
und anschließend die EINGABETASTE drücken ...

Prüfe bestehendes Datenträger-Format.
Speichere Information für Wiederherstellung.
Überprüfe 1.2 MB
Formatieren beendet

Datenträgerbezeichnung (11 Zeichen, EINGABETASTE für keine)?

    1213952  Byte Speicherplatz auf dem Datenträger insgesamt
    1213952  Byte auf dem Datenträger verfügbar

        512  Byte in jeder Zuordnungseinheit.
       2371  Zuordnungseinheiten auf dem Datenträger verfügbar

Datenträgernummer: 0E5C-0FEE

Eine weitere Diskette formatieren (J/N)?n
C:\BRIEFE>
```

Abbildung 4-4: Formatieren

4-5 Die Benutzerin kopiert ihre neuen Dateien (COPY) auf die Diskette im Laufwerk A:. Mit DIR prüft sie das Ergebnis nach.

```
C:\BRIEFE>COPY *.TXT A:
B1.TXT
B2.TXT
2 Datei(en) kopiert

C:\BRIEFE>DIR A:

 Datenträger in Laufwerk A hat keine Datenträgerbezeichnung
 Datenträgernummer: 0E5C-QFEE
 Verzeichnis von A:\

B1           TXT        1024   05.06.92     8:35
B2           TXT        1024   05.06.92     8:52
         2 Datei(en)         2048 Byte
                         1211904 Byte frei

C:\BRIEFE>
```

Abbildung 4-5: Kopieren

4-6 macht deutlich, daß die B?.TXT-Dateien nur im Katalog BRIEFE sichtbar sind, nicht aber im Hauptkatalog.

```
C:\BRIEFE>CD

C:\>DIR *.TXT

  Datenträger in Laufwerk C ist DOS401
  Datenträgernummer: 1787-7BDC
  Verzeichnis von C:\

Datei nicht gefunden

C:\>DIR \BRIEFE\*.TXT

  Datenträger in Laufwerk C ist DOS401
  Datenträgernummer: 1787-7BDC
  Verzeichnis von C:\BRIEFE

B1            TXT       1024    05.06.92    8:35
B2            TXT       1024    05.06.92    8:52
            2 Datei(en)          2048 Byte
                             18403328 Byte frei

C:\>
```

Abbildung 4-6: Katalogvergleich

Dieser kurze Überblick soll nur die häufigsten Befehle und wichtigsten Eigenschaften der DOS-Befehlssprache zeigen. Kennt man ihre Fallstricke, so braucht es nur ein wenig Übung, um sie zu umgehen. Regelmäßiges Sichern der Arbeitsdateien auf Disketten sollte ich mir angewöhnen, denn nur das bewahrt mich vor einer größeren Katastrophe, sollte trotz aller Sorgfalt mal etwas verlorengehen (durch zuviel Löschen, Magnetschichtfehler o.ä. – vgl. Kapitel 6.1).

Erfahrungsgemäß dauert es nicht lange, bis die wesentlichen DOS-Befehle „sitzen", so wie die immer gleichbleibenden Handgriffe beim Autofahren, im Büroalltag oder beim Kochen.

4.6 Systemstart und Installation

Schauen wir uns noch einmal den Systemstart an, jetzt unter Berücksichtigung von DOS:

Nach dem Anschalten des PCs sucht das BIOS im Laufwerk A: nach einer Boot-Diskette. Findet es hier eine, so kopiert es die Boot-Information; DOS richtet sich im RAM ein und meldet sich mit

A:\>

Ist A: leer, sucht das BIOS im Laufwerk C: (Festplatte) weiter. Wird DOS von hier geladen, meldet es sich mit

C:\>

DOS besteht aus vielen Dateien. Nur die wichtigsten davon, nämlich die, die für die Steuerung und für die Ausführung der häufigsten Befehle gebraucht werden, sind jetzt im RAM. Alle anderen, sozusagen „DOS-Ergänzungsroboter", werden erst bei Bedarf von der Systemplatte (A oder C) nachgeholt. Dadurch bleibt mehr freier RAM-Platz für die Anwendungsprogramme. Auch die **Treiber**programme sind jeweils in einer eigenen Datei untergebracht. Das hat den Vorteil, daß ich Treiberprogramme austauschen oder hinzufügen kann, wenn ich Geräte/Schnittstellen mit Spezialanforderungen anschließe.

Ein „Normal"-DOS, so wie es der Hersteller ausliefert (man spricht auch von „Standard"), arbeitet und meldet sich nicht unbedingt so, wie ich es wünsche:

- es nimmt an, daß eine amerikanische Tastatur angeschlossen ist (Y und Z vertauscht, alle Sonderzeichen auf anderen Tasten),
- es zeigt nur C> bzw. A> als Prompt,
- es „weiß" nichts über besondere Anforderungen meiner Anwendungsprogramme.

Aber es bietet mir an, zwei Dateien mit ganz bestimmten Namen anzulegen (CONFIG.SYS und AUTOEXEC.BAT), die es, wenn sie auf der Systemplatte vorhanden sind, beim Start liest. Hier kann ich alle Befehle hineinschreiben, von denen ich wünsche, daß sie bereits ausgeführt werden, bevor ich meine Arbeit beginne. Also z.B.:

- merke dir, daß ich eine deutsche Tastatur habe
- bringe den ausführlichen Prompt mit Angabe des aktuellen Katalogs.

Das wird gelegentlich dazu benutzt, bereits beim Systemstart ein Anwendungsprogramm zu starten: mit einem Programmaufruf-Befehl am Ende der Datei AUTOEXEC.BAT. Ist das der Fall, so sehe ich gar nicht erst einen Prompt, sondern es meldet sich sofort mein AP-Roboter.

An PCs mit derartig „umgesteuertem" Betriebssystem entsteht für Anfängerinnen der Eindruck, es gebe gar kein Betriebssystem. Trotzdem ist es im Hintergrund präsent, regelt RAM- und Plattenverwaltung. Beende ich das automatisch gestartete Anwendungsprogramm, dann sehe ich auch den Prompt. Ein automatischer Programmstart ist vor allem sinnvoll, um meinem DOS eine bildschirmorientierte Maske überzustülpen: ich aktiviere ein Zusatzprogramm „BS-Oberfläche", das mir DOS bedienerinnenfreundlicher macht (vgl. Abschnitt 4.8).

Bevor ich ein Programm das erste Mal benutzen kann, muß es **installiert** werden. Das bedeutet: meiner Hardware und meinen Wünschen angepaßt werden. Das geschieht auch mit einem Betriebssystem. Ein modernes Installationsprogramm (meistens **SETUP** = Einrichten genannt) wird von einer Diskette gestartet und führt dann mit mir einen bildschirmorientierten Dialog mit erläuternden Texten. Das DOS-Installationsprogramm formatiert mir vor der ersten Benutzung meine Festplatte und richtet mir bereits die Systemstart-Dateien (CONFIG.SYS und AUTOEXEC.BAT) so ein, daß ich zumindest einen sinnvollen Prompt habe und meine gewohnte Tastatur benutzen kann. Später kann ich diese Dateien nach Bedarf erweitern.

4.7 Probleme mit Fehlern

4.7.1 Abstürze

Wir sollten nicht vergessen, daß es keine vollständig fehlerfreien Programme gibt. Also kann mir – wie mit jedem Programm – auch mit einem verbreiteten und erprobten Betriebssystem wie DOS der „EDV-GAU" passieren: ein **Absturz** oder eine **Verklemmung**.

Diese Begriffe sind erklärungsbedürftig. **Absturz** bedeutet, daß ein Programm „in die Irre gelaufen" ist, also nicht weiß, welcher Befehl als nächstes auszuführen ist. **Verklemmung** dagegen heißt, daß ein Programm auf etwas (z.B. ein Signal) wartet, und sein Gegenüber (z.B. ein anderes (Teil-)Programm) wartet seinerseits. Dann warten beide bis ans Ende der Tage – bzw. bis sich jemand erbarmt und den PC neu startet. Ein Beispiel einer Verklemmung im täglichen Leben: Zwei Personen sind verabredet an der Straßenecke, nur hat sich jede eine andere Straßenecke gemerkt. Nun stehen sie ...

Beide Situationen führen dazu, daß das Betriebssystem nicht mehr ordentlich weiterarbeiten kann. Man merkt sie in der Regel einfach daran, daß seltsame Dinge (oder gar nichts mehr) auf dem Bildschirm erscheinen und daß sämtliche Tastatur- und Maussignale offensichtlich ungehört verhallen.

Jetzt hilft nur noch eins: das Betriebssystem neu starten. Einen Start aus dem laufenden (oder stehengebliebenen) Betrieb heraus nennt man **Warmstart** – im Gegensatz zum **Kaltstart**, mit dem das Anschalten des Computers gemeint ist. DOS bietet eine Tastenkombination für den Warmstart an:

<Strg> und <Alt> halten, <Entf> drücken

Nun wird das Betriebssystem erneut über den Bootblock in den Arbeitsspeicher geladen. Alle vorher im RAM aktiven Anwendungsprogramme und gerade bearbeiteten Daten sind natürlich weg. Gegen Totalverlust in solchen Fällen hilft nur Vorbeugen: Während der Arbeit mit Anwendungsprogrammen öfter mal den Befehl „auf Platte speichern" geben. Plattendateien werden bei Abstürzen nur höchst selten in Mitleidenschaft gezogen.

Wohlgemerkt: Abstürze bzw. Verklemmungen (für Anwenderinnen ist es unwichtig, welche von beiden Ursachen vorliegt; relevant ist nur: nichts geht mehr!) passieren nicht dauernd, aber sie *können* jederzeit passieren, und danach rettet nichts mehr meine Daten. Deshalb stets ans Vorbeugen denken, was mich nicht viel Zeit kostet. Mit dem „können passieren" ist es wie mit dem berühmten unwahrscheinlichen Atomkraftwerk-Unfall (oder auch wie mit dem Lottogewinn): die Wahrscheinlichkeit dafür ist sehr gering, und die Statistiker rechnen diese Wahrscheinlichkeit gern in einen Zeitraum um. Heißt es da z.B. „ein Unfall passiert nur alle 30 Jahre", so ist absolut nichts darüber ausgesagt, *wann* er passiert. Es können auch zwei hintereinander passieren, nur ist es dann „wahrscheinlich", daß ca. 60 Jahre Ruhe herrscht. Aber „wahrscheinlich" ist nie dasselbe wie „sicher".

Gegen Abstürze hilft also nur vorbeugendes Sichern der Daten.

Kümmern wir uns also jetzt um diejenigen Fehler, die *wir* machen im Umgang mit dem Betriebssystem DOS. Wir machen sie alle, Anfängerinnen wie Fortgeschrittene, gerade weil die Befehlssprache so mühsam zu erlernen ist. Einige Fehler führen zu Datenverlust, andere zu Fehler**meldungen**, die leider nicht immer so verständlich sind, wie wir das gerne hätten. Schauen wir uns hier also die häufigsten Situationen an, damit wir gerüstet sind.

4.7.2 Fehler mit Verlusten

Verluste an Daten können mit DOS im Prinzip auf drei Arten entstehen:

1) Durch Löschen: „DEL datei" wird prompt ausgeführt. Auf DEL *.* folgt „Sind Sie sicher?", aber wenn ich die Frage das x-te Mal sehe, gebe ich „J" ein, bevor ich nachdenke – und schon ist es passiert.

   Abhilfe: Doch lieber nachdenken und eventuell ein UNDELETE-Programm (z.B. in den neuesten DOS-Versionen) bereithalten.

2) Durch Formatieren: „FORMAT laufwerk:" macht zwar noch eine Pause vor dem Formatieren („Legen Sie eine Diskette ..."), in der ich die Diskette noch einmal kontrollieren kann, aber auch hier bin ich nicht geschützt vor einem Irrtum.

   Ein Befehl UNFORMAT ist zwar inzwischen verfügbar, kann aber nur dann alles wiederherstellen, wenn vor dem Formatieren bestimmte Daten der Platte sichergestellt wurden. Dazu gibt es weitere Hilfsprogramme, die allerdings, wenn sie permanent „mitlaufen" und Plattenbelegungsinformationen speichern, dem Anwendungsprogramm Zeit und Speicher wegnehmen. Besser ist es, die Disketten geeignet zu beschriften, so daß Irrtümer möglichst selten sind. Ganz wichtige Disketten sollte man auch mit Schreibschutz versehen (vgl. Kapitel 2.4).

3) Durch Kopieren: „COPY Originaldatei Zieldatei" *überschreibt* eine Datei, die am selben Platz steht und denselben Namen hat wie die „Zieldatei" im Befehl.

   Manchmal ist genau das erwünscht. Wenn ich nämlich eine überarbeitete Version einer Datei auf meine Sicherungsdiskette kopieren will, kann die ältere Version der gleichen Datei dabei ruhig verlorengehen. Um *unerwünschtem* Überschreiben vorzubeugen, hilft nur, den Ablagekatalog der Zieldatei vor dem Kopieren mit DIR zu prüfen.

4.7.3 Eingabefehler

Als letztes versuchen wir uns noch als „Meldungsinterpretierer": DOS ist nicht sehr gesprächig, und wenn es eine Meldung ausgibt, ist das meistens in einem Fehlerfall. Die Meldungen sind dann knapp und nicht sehr nahe an menschlicher Denkweise formuliert. Die häufigsten wollen wir hier erläutern (wobei die Formulierungen je nach DOS-Version und DOS-Hersteller abweichen können):

Befehl	DOS meldet
XYZ oder COP Y oder KOPIE	Befehl oder Dateiname nicht gefunden

Was tun: Meistens Tippfehler! Noch einmal eingeben.
  Beim Programmaufruf: eventuell anderen Katalog vorwählen.

Befehl	DOS meldet
DIR dateiname	Datei nicht gefunden

Was tun: Zunächst prüfen: liegt Tippfehler vor?
Wenn nicht: zeige alles; wähle anderen Katalog oder anderes Laufwerk.

Befehl	DOS meldet
DIR A:	Nicht bereit beim Lesen von Laufwerk A:
oder	Lesefehler

Was tun: Die erste Meldung besagt, daß das Laufwerk leer oder nicht verriegelt ist. Die zweite dagegen zeigt, daß DOS die Diskette gefunden hat, aber nicht lesen kann: sie ist unformatiert oder liegt verkehrt herum im Laufwerk oder ist auf einem nicht kompatiblen Computer formatiert.

Befehl	DOS meldet
DIR A:	Datei nicht gefunden

Was tun: Die Diskette ist in Ordnung, aber leer.
Habe ich die richtige im Laufwerk?

Befehl	DOS meldet
DEL dateiname	Datei nicht gefunden

Was tun: Offensichtlich ist sie bereits gelöscht,
oder sie steht in einem anderen Katalog.

Befehl	DOS meldet
MD katalog	Verzeichnis kann nicht angelegt werden

Was tun: Das Verzeichnis existiert schon: ich kann es benutzen.

Befehl	DOS meldet
RD katalog	Falscher Pfad, kein Verzeichnis oder Verzeichnis nicht leer

Was tun: 1.Möglichkeit: Tippfehler. Noch mal eingeben.

2.Möglichkeit: Steht „katalog" im Prompt, so muß ich diesen Katalog zuerst verlassen (CD..).

3.Möglichkeit: „katalog" ist nicht leer. Mit DIR prüfen.

Befehl	DOS meldet
(z.B.) DIR datei	Zu viele Parameter

Was tun: „Parameter" ist das DOS-Wort für die WOMIT-Befehlsteile, also meistens Suchwege. Hier habe ich mehr davon angegeben, als mein Befehlswort verträgt (zu DIR gehört maximal 1 Suchweg). Meistens ist die Ursache ein Leerzeichen zuviel. Noch einmal tippen!

Zusammengefaßt:

Die wichtigsten DOS-Befehle lauten	
DIR	zum Zeigen von Dateien
MD, CD, RD	mache, wähle, entferne Katalog
COPY	kopiere
FORMAT	formatiere (Diskette)
REN	benenne Datei um
DEL	lösche Datei
ATTRIB	schütze Datei
CHKDSK	prüfe / restauriere Platte
RECOVER	rette Datei
Ein Befehlssatz an DOS ist stets aufgebaut aus Befehl Suchweg /Wie 🙰	
Ein Suchweg lautet laufwerk:\kataloge\dateivorname.nachname und kann durch die vorgewählte Arbeitsumgebung abgekürzt werden.	
Dateinamen sind auf 8+3 Zeichen begrenzt. Der Hauptkatalog heißt „\".	

4.8 Bildschirmorientierte DOS-Oberflächen

Um die – unumgängliche – Arbeit mit DOS der menschlichen Denk- und Sichtweise ähnlicher zu machen, sind schon seit Jahren verschiedene **DOS-Oberflächen** auf dem Markt, die statt des Prompts eine bildschirm- und menüorientierte Arbeitsweise anbieten.

Sie sind jeweils eigenständige Programme in eigenen Dateien, werden also aufgerufen wie ein Anwendungsprogramm. Im *Gegensatz* zu Anwendungsprogrammen haben sie aber keine anwendungsbezogene Aufgabe (sie bearbeiten weder Texte noch Karteien noch Zahlen), sondern dienen, wie DOS selbst, der PC- und Datenverwaltung. Gemeinsam haben sie mit Anwendungsprogrammen, daß sie „auf DOS aufbauen", d.h. von ihm „geweckt" werden und Aufträge an DOS weitergeben.

Sie nutzen den ganzen Bildschirm zur Kommunikation mit der Benutzerin. Dabei hat er für jedes dieser Programme – nennen wir sie einfach **BO** – im wesentlichen die Einteilung, die auch die „erfundene" BO in Abschnitt 3.5 zeigt. Je nach Schwerpunkt des Herstellers sind die Bildteile (Menü, Katalog, Hinweise) anders verteilt oder es kommen noch weitere hinzu.

Wenn ich bisher mit dem Prompt gearbeitet habe, muß ich grundsätzlich zunächst umlernen:

– Am Prompt „sage" ich **WAS WOMIT WIE** 🖱

– Mit einer BO arbeite ich „**objektorientiert**":

d.h. ich „zeige" (mit Maus oder Leuchtbalken und Pfeiltasten) *zuerst* auf das WOMIT (das Objekt, mit dem etwas geschehen soll) und dann auf das, WAS geschehen soll. Dabei ist durch die Objektauswahl meistens schon eingegrenzt, welche Aktionen sinnvoll sind und welche nicht.

Beispiel:

Zeige ich auf einen Katalognamen, ergibt „starten" keinen Sinn.

Zeige ich auf eine Anwendungsprogramm-Datei, ergibt „anschauen" keinen Sinn (die codierten Maschinenbefehle sagen höchstens Programmierern etwas). Viele BO erlauben gar nicht, in Programm-Dateien hineinzuschauen.

MS-DOS und DR DOS haben inzwischen eine eigene bildschirmorientierte BO mit den Namen DOSSHELL (siehe auch Abb. 4-7) bzw. VIEWMAX. Aber schon seit Jahren bieten zahlreiche weitere Hersteller DOS-Oberflächen an, mit recht gutem Verkaufserfolg. Konkurrenz macht erfinderisch: So ging die Tendenz dazu, nicht nur die DOS-Bedienung zu verschönern, sondern auch Befehle und Hilfsprogramme einzubauen, die mehr können als DOS, die dessen Schwächen auffangen und mildern. Betriebssystem-Hilfsprogramme, die z.B. zur Dateirettung oder -sicherung eingesetzt werden, bezeichnet man als **Utilities** (engl. Nützlichkeiten). Wenn wir bedenken, wie unangenehm es ist, durch Fehler in der Magnetschicht der Platte eine ganze Datei zu verlieren und wie wenige Möglichkeiten die DOS-Befehle (CHKDSK, RECOVER) anbieten, so ist ein Dateirettungsprogramm eine angenehme Beigabe.

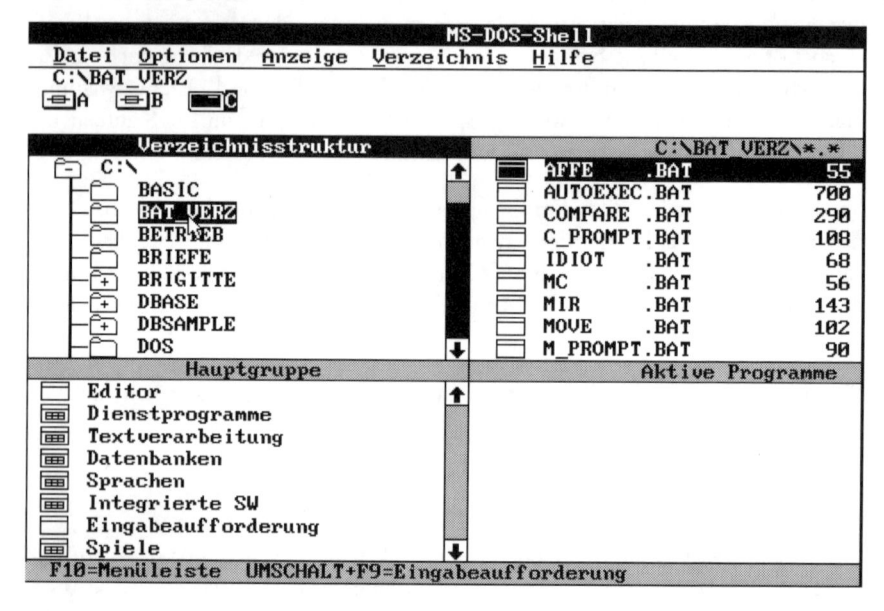

```
                       MS-DOS-Shell
 Datei   Optionen   Anzeige   Verzeichnis   Hilfe
 C:\BAT_VERZ
 [=]A   [=]B   [■]C
┌───────────────────────────────┬────────────────────────────┐
│      Verzeichnisstruktur      │     C:\BAT_VERZ\*.*        │
├───────────────────────────────┼────────────────────────────┤
│  ┌── C:\                    ↑ │  □ AFFE     .BAT      55   │
│     ├── BASIC                 │  □ AUTOEXEC .BAT     700   │
│     ├── BAT_VERZ              │  □ COMPARE  .BAT     290   │
│     ├── BETRIEB               │  □ C_PROMPT .BAT     108   │
│     ├── BRIEFE                │  □ IDIOT    .BAT      68   │
│     ├── BRIGITTE              │  □ MC       .BAT      56   │
│     ├── DBASE                 │  □ MIR      .BAT     143   │
│     ├── DBSAMPLE              │  □ MOVE     .BAT     102   │
│     ├── DOS                 ↓ │  □ M_PROMPT .BAT      90   │
├───────────────────────────────┼────────────────────────────┤
│         Hauptgruppe           │      Aktive Programme      │
├───────────────────────────────┼────────────────────────────┤
│  □  Editor                  ↑ │                            │
│  ▦  Dienstprogramme           │                            │
│  ▦  Textverarbeitung          │                            │
│  ▦  Datenbanken               │                            │
│  ▦  Sprachen                  │                            │
│  ▦  Integrierte SW            │                            │
│  □  Eingabeaufforderung       │                            │
│  ▦  Spiele                  ↓ │                            │
├───────────────────────────────┴────────────────────────────┤
│ F10=Menüleiste  UMSCHALT+F9=Eingabeaufforderung            │
└────────────────────────────────────────────────────────────┘
```

Abbildung 4-7: DOSSHELL

Wir wollen hier nicht einzelne DOS-Oberflächen unter die Lupe nehmen, als vielmehr die Eigenschaften schildern, die sie gemeinsam haben, ihre Vorteile und auch ihre Nachteile betrachten.

Gewisse Schwächen einiger DOS-Befehle fallen der Anwenderin ziemlich bald auf, wie z.B. das unauffällige Überschreiben beim Kopieren, das Fehlen eines Befehls „verlagere Datei" usw. Solche Lücken auszugleichen, ist ein gemeinsames Ziel aller BO-Programme. So können eigentlich alle

– Kataloge vorwählen durch Anfahren (Pfeiltasten, Enter) oder Anklicken (Maus) des Namens

– Dateien verlagern

- Kataloge umbenennen
- Suchen in mehreren Katalogen zugleich
- Aufsammeln verschiedener Dateinamen vor einem Kopier- oder Verlagerbefehl (z.B. durch Mausklick oder eine Spezialtaste)
- Rückfragen beim Kopieren, wenn eine gleichnamige Datei am Zielort bereits existiert
- Rückfragen vor dem Löschen

Mit dem Aufsammeln von Dateinamen bin ich für einen einzelnen Befehl nicht an gemeinsame Dateinamensteile gebunden wie in „*.TXT" oder „V*.*". Das „Anfassen" von Dateigruppen ist also flexibler. Wer jemals eine Dateigruppe mit Hilfe von „*" auf eine Diskette kopieren wollte, die nur für die Hälfte Platz hat (worauf ich am Prompt mühsam alle verbleibenden Dateien einzeln auf die nächste Diskette kopieren muß), ist auch für eine weitere Eigenschaft dankbar:

- beim „Aufsammeln" von Dateinamen wird in den meisten BO eine Zwischensumme angezeigt, z.B.:

7 Dateien, 42650 Bytes.

Daran kann ich *vor* dem Kopierbefehl ablesen, wie viele Dateien auf meine Diskette passen.

Eigentlich alle BO-Programme haben ein integriertes **Hilfe**-System, zumindest in einem eigenen Menüpunkt „Hilfe". Dort kann ich einen Teil des Handbuchs (also der Gebrauchsanleitung) direkt am Bildschirm nachlesen. Die **situationsbezogene Hilfe** einiger Programme geht noch einen Schritt weiter: Habe ich einen Befehl teilweise abgegeben oder erscheint eine Meldung und ich weiß nicht mehr weiter, so kann ich mit einer Funktionstaste Hilfe auf den Bildschirm rufen: einen erklärenden Text zu genau der Situation, in der ich mich mit meinem Programm gerade befinde.

Einige BO-Programme bieten als zusätzlichen Service **Utilities**, also Hilfsprogramme, aus den Bereichen

- komfortable Datei- und Platten-Restaurierung
- systematische Dateisicherung (z.B. automatisches Sichern aller heute bearbeiteten Dateien)
- Formatierbefehle, die die Festplatte „vor mir" schützen
- Paßwortsysteme, mit denen ich Dateien per Schlüsselwort vor unbefugtem Zugriff schützen kann

- Virensuchprogramme (siehe Kap. 6.2)
- bessere Plattenverwaltung (z.B. durch Zusammenlegen aller Blöcke einer Datei)

Ein wesentliches Element der meisten bildschirmorientierten Programme ist die **Fenstertechnik**. Dabei öffnet das Programm oder die Benutzerin auf dem Bildschirm ein oder mehrere Fenster und sieht darin unterschiedliche „Objekte": Programmabläufe, Kataloge, Dateien.

Das funktioniert so, als ob diese Objekte unabhängig voneinander irgendwo im PC liegen (falls es Kataloge oder Dateien sind) bzw. arbeiten (falls es Programme sind), und jedes wird von einer Videokamera beobachtet. Die Benutzerin sitzt am Bildregiepult (dem PC-Bildschirm), sieht pro Kamera einen Monitorschirm (das Fenster) und schaltet mal den einen, mal den anderen Monitor „auf Sendung". Die Kamera, deren Monitor auf Sendung ist, kann sie „über die Szene gleiten lassen" (z.B. über den Katalog). Das ist dann das **„aktive Fenster"**. In diesem kann sie auch arbeiten (z.B. Dateien aufsammeln). Um die anderen Monitore nicht ganz aus den Augen zu verlieren, kann sie entscheiden, ob sie alle Fenster zugleich sichtbar haben will oder nur das aktive. Die Fenster werden über Tastendruck (z.B. Tabulatortaste) oder über „Mausklick" umgeschaltet.

Diese Technik ist in ganz besonderer Weise ausgefeilt in sogenannten **grafischen Benutzungsoberflächen**. Hier ist dann noch beliebiges Vergrößern, Verkleinern, Verschieben der Fenster erlaubt (vorwiegend mit der Maus). Außerdem werden die doch recht abstrakten Objekte „Datei", „Katalog", „Programm" vorzugsweise als Bildchen auf dem Bildschirm dargestellt, mitunter werden auch die Befehle mit Bildsymbolen veranschaulicht. Dateien werden Blätterstapel mit Eselsohr, Kataloge werden Hängeordner mit Etiketten daran, Schutzbefehle werden mit Vorhängeschlössern dargestellt usw. Solche Bildchen heißen **icons** (Ikonen); wenn sie für Befehle stehen, auch **smarticons** (etwa: Bilder mit Verstand).

Der sinnvolle Hintergrund dieser oftmals sehr spielerischen bunten BOs ist die Vorstellung, der Bildschirm sei der Arbeitstisch (**desktop** genannt), auf dem ich, die Chefin, meine **Werkzeuge** (die Programme) und meine **Werkstücke** (die Dateien und Kataloge) übersichtlich und nach meinem Geschmack verteile. Dabei soll ich sie so sehen, wie ich sie mir am besten vorstellen kann: daher die Bildchen. Meine Arbeit beginnt dann immer mit dem „Ergreifen" der Werkstücke und Werkzeuge. Dabei ist die Maus bzw. ihr Zeiger auf dem Bildschirm meine verlängerte Hand.

Es sind so viele unterschiedliche DOS-Benutzungsoberflächen auf dem Markt, daß jede Anwenderin für ihren Geschmack, ihre Bedürfnisse und ihren Geldbeutel eine geeignete finden dürfte. Um die Auswahl zu erleichtern, sollte sie ihre Ansprüche an die BO vorab klären, z.B. mit der folgenden „Kriterienchecklist".

Was soll meine DOS-BO können?

- Alle DOS-Befehle in Menüs anbieten:
  Das können alle BOs.
- Eine mehr visuelle Unterstützung durch Ikonen:
  Das bieten grafische BOs.
- Mausbedienung:
  Das bieten heutzutage die meisten BOs.
- Deutsche Befehle und Erklärungen:
  Bei BOs von ausländischen Herstellern sollte ich darauf achten, die deutschsprachige Version zu kaufen.
- Erleichterung in der täglichen Dateiverwaltung:
  Elegante(re) Kopier-, Verlager-, Umbenenn-Befehle bieten eigentlich alle BOs. Wie gut das Aufsammeln von Dateinamen gelöst ist, ob es auch über mehrere Kataloge möglich ist, ob eine Byte-Summe für die gesammelten Dateien angezeigt wird, muß für jede BO geprüft werden. Wünsche ich die Möglichkeit, eine Datei mit der Maus an ihren Zielort „ziehen" zu können, muß es eine grafische BO sein.
- Werkzeugkästen für die wichtigsten Anwendungsprogramme:
  APs mit Mausklick starten zu können, ist angenehm. Viele BO-Programme bieten der Benutzerin an, ihre „Werkzeuge" in die BO einzugliedern.
- Programmumschaltung:
  Einige BOs bieten an, mehrere APs „gleichzeitig" arbeiten zu lassen. Das bedeutet: ich *unterbreche* die Arbeit mit einem AP (durch eine bestimmte Steuertaste), sehe wieder meine BO und kann ein anderes AP aktivieren. Zu einem späteren Zeitpunkt setze ich die Arbeit mit dem ersten genau da fort, wo ich sie verlassen habe. Beispiel: ich schreibe Rechnungen und schaue zwischendurch in meine Buchführung, um Zahlen zu überprüfen.
- Fenstertechnik:
  Speziell bei häufigen Wechseln in der Arbeitsumgebung kann es hilfreich sein, mehrere „Szenen" in mehreren Fenstern gleichzeitig zu sehen. Grafische BOs (z.B. MS-Windows – siehe Abb. 4-8) bieten das in flexibler Weise an.
- Hilfsprogramme zur Restaurierung defekter Dateien oder
- Hilfsprogramme zur gezielten Dateisicherung:
  Solche „Utilities" sind in einige BOs integriert, zu manchen separat dazuzukaufen.

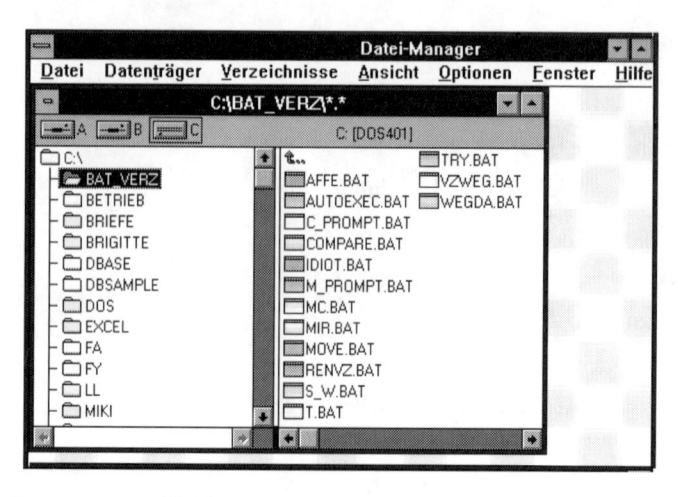

Abbildung 4-8: Windows, Datei-Manager

– Weitere spezielle Hilfsprogramme:

Jedes BO mit Utility-Paket hat seine eigenen „Bonbons", die ich auf ihre Brauchbarkeit für mich prüfen kann.

Einen Blick sollten wir auch werfen auf eine Reihe von „selbstgestrickten" DOS-Benutzungsoberflächen, die nur das Ziel haben, Anfängerinnen das Arbeiten mit dem Prompt zu ersparen. Oft sind sie gar nicht bildschirmorientiert in der Weise, wie wir es hier beschrieben haben. Sie nutzen zwar den ganzen Schirm, um eine Auswahl anzuzeigen, geben aber kaum die derzeitige Arbeitsumgebung (Katalogvorwahl) bekannt, noch erlauben sie ein „Zeigen" auf dem Bildschirm. Ein typisches Beispiel ist das folgende:

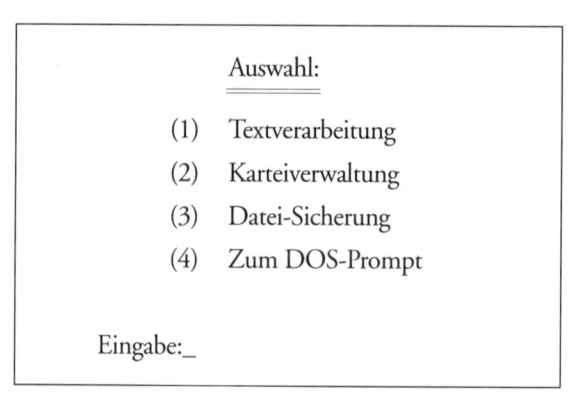

```
        Auswahl:
        ========

   (1)  Textverarbeitung

   (2)  Karteiverwaltung

   (3)  Datei-Sicherung

   (4)  Zum DOS-Prompt


   Eingabe:_
```

Die Menüpunkte spiegeln nur die vorhandenen Anwendungsprogramme. Für Fortgeschrittene (bzw. für Aktionen, die das Menü nicht möglich macht), ist der Ausweg zum Prompt da. Hilfe gibt es keine, die Maus ist oft auch nicht benutzbar. Eigentlich hat die Benutzerin hier einen „Mini-Prompt", nämlich die Zeile „Eingabe:", und alles, was sie hier tippen kann, ist eine Ziffer. Bei einigen dieser Mini-BOs gibt es auch einen Balken, den ich über die Auswahlzeilen führen kann.

Sehr schnell kommt hier die Situation, wo ich eine Datei nicht mehr finde – ich brauche einen Katalogüberblick oder einen DIR-Befehl, und da ist diese DOS-Oberfläche schon am Ende.

Fazit

Ohne Zweifel ist das Arbeiten mit einer bildschirmorientierten Benutzungsoberfläche angenehmer, weil näher an menschlicher Denk- und Arbeitsweise. Auch das Zeigen mit der Maus empfinden die meisten Benutzerinnen nach kurzer Gewöhnungszeit als Erleichterung.

Warum kehren dann so viele BO-Anwenderinnen doch immer wieder zum Prompt zurück, bzw. warum haben (fast) alle BO ein Werkzeug „Prompt"? Bei einigen ist sogar die Original-Prompt-Zeile in das Bild eingebaut, so daß ich mich einerseits an Katalogen etc. unmittelbar orientieren, andererseits aber direkt DOS-Befehle tippen kann.

Es gibt im wesentlichen vier Gründe (von den EDV-Ur-Profis, die mit Prompts und möglichst einbuchstabig abgekürzten Befehlen „aufgewachsen" sind und das nicht missen mögen, einmal abgesehen ...):

– Die BO ist ein Extra-Programm, d.h. sie benötigt, wenn sie arbeitet, einen Teil des RAM. Der fehlt dann möglicherweise meinem Anwendungsprogramm: wenn ich nur wenig RAM-Speicher habe, wenn ich ein Riesen-Anwendungsprogramm benutze (deren es heutzutage viele gibt, z.B. in der Bildverarbeitung) oder wenn ich große Dateien bearbeite (Grafiken oder Datenbanken – siehe Kap. 5). Abb. 4-9 zeigt ein Beispiel für die RAM-Ausnutzung mit und ohne BO.

– Der BO-Roboter schiebt sich zwischen BS und mich. Das bedeutet, wenn ich einen AP-Roboter aktiviere, geht jeder Datei-Befehl durch eine Kette von 3 Robotern (Abb. 4-10). Das kostet (abhängig von der Qualität des BO-Programms) Zeit. Bei MS-Windows z.B. entstehen deutliche Wartezeiten bei Programmstart und -ende.

Das Frauen-Computerbuch: Grundlagen

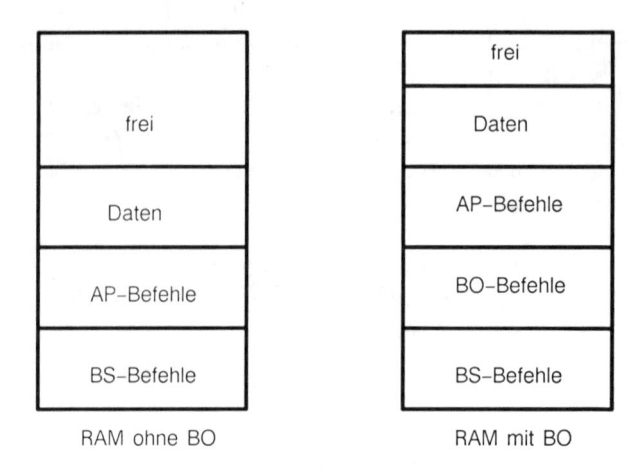

	frei
frei	Daten
Daten	AP-Befehle
AP-Befehle	BO-Befehle
BS-Befehle	BS-Befehle
RAM ohne BO	RAM mit BO

Abbildung 4-9: RAM-Belegung mit BO

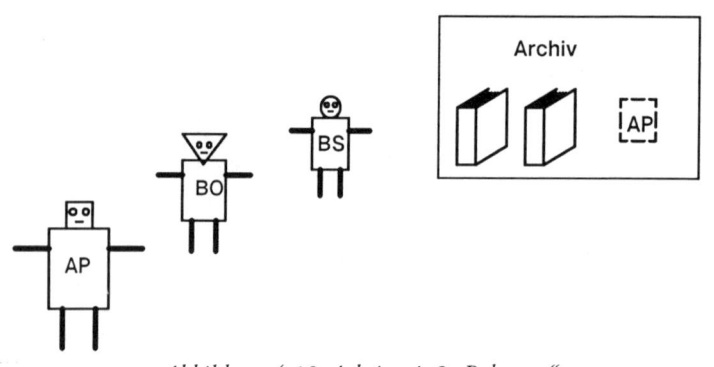

Abbildung 4-10: Arbeit mit 3 „Robotern"

– Trotzdem die guten BOs eine ganze Menge Zusatzkomfort zum nackten DOS bieten, gibt es leider immer noch ein paar „Ecken", an denen nicht sämtliche DOS-Fähigkeiten durch die BO weitergereicht werden. Da genügt es z.B., wenn Fehlermeldungen von DOS, vielleicht die Hardware betreffend, nicht – oder nur für den Bruchteil einer Sekunde – in der BO gezeigt werden. Schon fehlt mir eine ganz wichtige Information, die ich nur am Prompt erhalte.

Eine andere Lücke entsteht z.B., wenn nicht alle /WIE-Zusätze der DOS-Befehle auch in der BO angegeben werden können (z.B. Formatieren anderer Disketten-Schreibdichten). Seien einige der /WIEs noch so exotisch – irgendwann brauche ich sie.

– Mit der Zeit und mit zunehmender Sicherheit im Umgang mit Dateien stellt sich oft heraus, daß mir die BO „zu träge" ist: Einige Wünsche sind mit einem kurzen Prompt-Befehl schneller zu erfüllen, da sie mit der BO eventuell mehrere Menü-Befehle und Bestätigungen von Rückfragen kosten.

Zusammengefaßt:

Zusatzprogramme für DOS-Oberflächen mit Bildschirmorientierung und Mausbedienung gibt es für fast jeden Geschmack auf dem Markt. Sie zeichnen sich aus durch gute Bedienerführung, Befehlsmenüs, integrierte Hilfe, bessere Dateiverwaltung.
Für eine gute DOS-BO ist ein Zusatzkauf nötig. Viele sind mit **Utilities**, Hilfsprogrammen, z.B. für Dateisicherung oder -rettung, verbunden, die das Leben mit DOS weiter erleichtern.
Aktive DOS-BO-Programme kosten Zeit und Speicher.
Der Prompt ist aber nie restlos überflüssig, weswegen ich die DOS-Sprache doch lernen muß.

5 Anwendungsprogramme

Bisher haben wir uns ausschließlich damit beschäftigt, zu verwalten, was wir eigentlich noch gar nicht haben: nämlich unsere Daten. Die erstellen und bearbeiten wir erst mit den sogenannten Anwendungsprogrammen. Um es noch einmal zusammenzufassen:

Erst Anwendungsprogramme machen den PC zu einem sinnvollen Werkzeug. Ein jedes dient einem anderen Zweck und ergibt damit ein *anderes* Werkzeug. Alle arbeiten Hand in Hand mit dem Betriebssystem.

Unter der Vielzahl von Programmen, die auf einem PC ablaufen können, kristallisieren sich Gruppen heraus, die eine besondere Bedeutung gewonnen haben. Wir wollen diese Gruppen einzeln kennenlernen.

Noch ein Wort zu den Veranschaulichungen: Die Bild-Beispiele in diesem Kapitel sind hauptsächlich mit MS-Windows und den Windows-orientierten Anwendungsprogrammen entstanden, da diese aufgrund ihrer Grafik-Orientierung besonders anschaulich sind.

5.1 Klassifizierung

Bedingt durch die Idee, die hinter der Einführung von Arbeitsplatzrechnern stand: ein Gerät für die „kleinen" Aufgaben, vor allem Schreibarbeiten, aber auch andere Verwaltungsaufgaben, die an jedem Schreibtisch auftauchen, bedingt durch diese Wünsche haben die Hersteller zunächst einmal Anwendungsprogramme für ganz bestimmte Bereiche angeboten. Das sind dann auch heute noch die Haupt-Einsatzbereiche der PCs, wenn auch durch die ständig verbesserten Hardware-Leistungen die Ansprüche an noch vielfältigere PC-Einsätze gestiegen sind. So unterscheidet man in der Anwendungssoftware

Standardprogramme und

Spezialprogramme.

Standardprogramme dienen jeweils einem verallgemeinerten Zweck im üblichen Büroalltag und sind vielfältig einzusetzen. Sie gliedern sich in vier große Gruppen:

- **Textverarbeitungsprogramme** werden eingesetzt für alle Arten von Texterfassung, -bearbeitung und -gestaltung, ob es nun Briefe, Manuskripte oder Tabellen sind, ob im Büro oder zu Hause (Abschnitt 5.3).

- **Datenbankverwaltungsprogramme** dienen jeder Art von Karteiverwaltung, gleich ob Kundenkarteien oder Bibliothekskataloge (Abschnitt 5.4).

- **Tabellenkalkulationsprogramme** dienen für alle Art von tabellarischer Erfassung von und Rechnung mit Zahlen, gleich ob es sich um Haushaltspläne, Preiskalkulationen, Meßdatenauswertungen, Rechnungserstellungen handelt (Abschnitt 5.5).

- Programme der **grafischen oder Bild-Datenverarbeitung** bilden eine Klasse mit etlichen Untergruppen: reine Bildverarbeitung, Bildentwurf, Mischung von Bild und Text. Hier geht die Bandbreite des Einsatzes vom Vergnügen am Malen bis zur professionellen Layout-Gestaltung (Abschnitt 5.7).

Ein **Spezialprogramm** wird nur für einen ganz bestimmten Zweck geschrieben. Natürlich gibt es da unendlich viele; so viele, wie Ideen existieren, was man vielleicht noch mit einem Computer machen könnte. Wir werden einige darunter ansprechen (Abschnitt 5.8).

Zunächst wollen wir die Gemeinsamkeiten in der Bedienung der Anwendungsprogramme herausarbeiten. Auf dieser Grundlage wird es sich dann später für jede Anwenderin leichter erweisen, ein bestimmtes Programm zu erlernen. Danach stellen wir für jede Gruppe der Standardprogramme ihren Einsatzbereich und ihre typischen Merkmale vor.

5.2 Gemeinsamkeiten

Die Hersteller von Standard-Softwareprodukten haben sehr schnell gemerkt, daß sie den Anwenderinnen, die ja Computer-Laien sind, entgegenkommen müssen: sie haben die Bedienung ihrer Programme an den menschlichen Bedürfnissen und Wünschen ausgerichtet (und arbeiten noch weiter daran). Das betrifft zum einen natürlich die Aufgaben, die die Programme erledigen sollen: je umfassendere Problemlösungen ein Hersteller anbietet, um so mehr Kunden und Kundinnen kann er damit gewinnen. (Daß die Software-*Preise* dagegen eher abschreckend sind, ist ein anderes Problem.)

Die Wünsche der Anwenderinnen spielen heutzutage aber eine noch wichtigere Rolle bei der Erlernbarkeit und Bedienbarkeit der Programme: wieder einmal steht das Thema **Benutzungsoberfläche** zur Debatte.

Eine ganz wesentliche Gemeinsamkeit der Anwendungsprogramme ist ihre Bildschirm-Orientierung. Stets werden meine Daten so ausführlich wie möglich dargestellt. Der Bildschirm wird so ausgenutzt, daß er Daten und Befehlshinweise in möglichst geeigneter Form verbindet. „Geeignet" sollte dabei immer heißen, daß die Daten im Vordergrund stehen und die Benutzerin nicht von zu vielen Hinweisen „erschlagen" wird. Es gibt natürlich Programme, die das mehr, und andere, die das weniger geschickt gelöst haben.

Ob Eingabe an jeder Stelle des Bildes möglich ist oder nur an bestimmten, ob nur Tastatur- oder auch andere Eingabe verarbeitet wird, ist ganz unterschiedlich und hängt von dem Zweck des Programms ab. Auf welche Art die notwendigen *Befehle* erteilt werden, also die **Bedienung** des Programms, ist eher eine „philosophische" Entscheidung des Herstellers. In den Jahren des PC-Booms haben die großen Software-Hersteller unterschiedliche Ideen entwickelt, um Programme benutzerfreundlich zu gestalten. Einige haben sich als besonders durchsetzungskräftig erwiesen. Wir wollen sie hier zunächst unabhängig von den Programmen besprechen.

Haben wir die Programmdatei von DOS aus aufgerufen, so „meldet" sich ein Anwendungsprogramm auf *seine* typische Weise, mit *seiner* Benutzungsoberfläche auf dem Bildschirm.

5.2.1 Die Arbeitsposition

Das Programm muß mir zeigen, an welcher Stelle meine nächste Eingabe in das Datendokument eingefügt wird. Diese **Arbeitsposition** wird mit einem Strich, Quadrat oder Balken angezeigt und heißt im allgemeinen **Cursor**, bei Texteingabe auch Schreibmarke.

Andererseits muß auch ich dem Programm gelegentlich etwas zeigen können: den Teil meines Dokuments, der mit dem nächsten Befehl bearbeitet werden soll (unterstrichen, kopiert, ...). Dazu brauche ich ein Hilfsmittel, eine Art „elektronischen Finger", der auf dem Bildschirm etwas **markiert**. Die verschiedenen Programme erlauben Markierungen mit Hilfe von Funktions- oder Pfeiltasten, aber auch mit der Maus. Dazu ziehe ich meinen Mauszeiger mit festgehaltener Maustaste über den zu markierenden Teil meiner Daten.

Markieren ist eine **Befehlsvorbereitung**, die in den meisten Anwendungsprogrammen notwendig ist und zumindest mit der Maus auf immer gleiche Art durchgeführt wird.

5.2.2 Die tastengesteuerte Oberfläche

Einige Programme bieten den Bildschirm komplett für die Darstellung der Daten an. Die Bedienung der Programme wird vollständig über Tasten erledigt. Da Buchstaben- und Zahlentasten schon für die Eingabe der Daten benötigt werden, muß man **Steuertasten** benutzen. Die tastengesteuerten Programme bedienen sich vor allem der **Funktionstasten**. Da 12 Befehle (verteilt auf die 12 F-Tasten) nicht ausreichen für alles, was das Programm können soll, werden sie zusätzlich kombiniert mit <Shift>, <Alt> und <Strg>. Daraus entstehen 4 mal 12 = 48 mögliche Befehlstasten – es wäre eine Zumutung, die alle von der Anwenderin auswendig lernen zu lassen. Also kommen die Programme mit **Tastaturschablonen** ins Haus: Ein Papierstreifen, der auf der Tastatur genau über den Funktionstasten Platz hat, zeigt die Zuordnung Taste - Befehl. Ein Beispiel zeigt Abb. 5-1.

<Alt> <Strg> <Shift> Taste	Schriftart kursiv fett unterstrichen F1	Block ... Löschen Verschieben kopieren markieren F2	Dateiliste Öffnen Speichern Beenden F3

Abbildung 5-1: Ausschnitt aus einer Tastaturschablone

Vernünftigerweise gehören zu den vier Möglichkeiten, die ich mit einer einzelnen F-Taste habe, vier Befehle, die miteinander verwandt sind (z.B. alle zur Dateiverwaltung gehörenden), so daß ich mir relativ schnell merken kann, welche Taste für welche Befehlsgruppe zuständig ist. Erteile ich einen Befehl, zu dem eine nähere Angabe nötig ist (z.B. öffne Datei: welche?), erscheint auf dem Bildschirm eine Rückfrage mit Eingabemöglichkeit.

Genügen die Funktionstasten noch nicht für alle Fähigkeiten des Programms, so werden weitere Steuertasten definiert. Das sind dann Kombinationen der Art

<Strg>+<Buchstabe>   oder   <Strg>+<Ziffer>   oder
<Alt>+<Buchstabe>   oder   <Alt>+<Ziffer>

Neben oder über Buchstaben- und Ziffern-Tasten kann ich aber keine Schablone mehr legen. Also kann das Programm mir die Arbeit nur erleichtern, indem es Bedienhinweise auf dem Bildschirm zeigt.

5.2.3 Die menügesteuerte Oberfläche

Viele Programme bieten den Anwenderinnen den Komfort einer Bediener**führung** mit **Menüs**, also Befehlsauswahl-Listen. Besonders für Anfängerinnen ist eine Führung von Bedeutung, damit sie sich weitgehend selbständig in das Programm einarbeiten können. Da es aber sehr verschiedenartig aufgebaute Menüs gibt, muß für jedes neue Programm *sein* Menüaufbau neu erlernt werden. Im Laufe der Jahre haben sich dabei einige **Menütypen** herausgebildet, die eigene Namen tragen. Lernt man einen Menü-*Typ*, so kennt man für eine ganze Reihe von Programmen (nämlich die, die diese Art Menü benutzen) nicht nur Aufbau und Bedienung der Befehlslisten, sondern teilweise auch schon das Prinzip, nach dem Befehle zu Gruppen zusammengefaßt werden.

Steuertasten-Menüs

Tasten-Menüs sind die Übertragung einer Tastaturschablone auf den Bildschirm. Das Programm blendet mir – meistens am unteren Rand des Bildes – ein, welche Taste zu welcher Aktion führt, also z.B.

F1:Hilfe | F2:Speichern | F3:Beenden | F4:Öffnen | ...

Es ist aber auch möglich, andere Tasten anzubieten:

Alt+H:Hilfe | Alt+S:Speichern | Alt+E:Ende | ...

Der Vorteil gegenüber Papierschablonen besteht darin, daß hier je nach Arbeitssituation andere Tasten angeboten werden können.

Beispiel:

Schreibe ich einen Text, wird mir angeboten, wie ich unterstreichen, zentrieren etc. kann und wie ich zur Dateiverwaltung komme. Wähle ich daraus die Dateiverwaltung, werden mir die dazu passenden Befehle (Öffnen, Speichern) *an Stelle* der anderen angeboten.

Pulldown-Menüs

„Pull down" bedeutet „Herunterziehen", etwa wie ein Rollo. Am oberen Bildrand ist eine Menü**leiste** zu sehen, die die Menü-Oberbegriffe ständig zeigt. Zu jedem Oberbegriff kann ich ein Rollo herunterziehen mit den Befehlen, die in diese Rubrik gehören. Erfordert ein Befehl noch nähere Angaben, so ist er mit einem Zeichen versehen (z.B. einem Pfeil). Wähle ich ihn, dann öffnet sich ein Fenster, in dem ich die weiteren Angaben eintrage oder auswähle. Abb. 5-2 zeigt ein Beispiel für ein „Rollo".

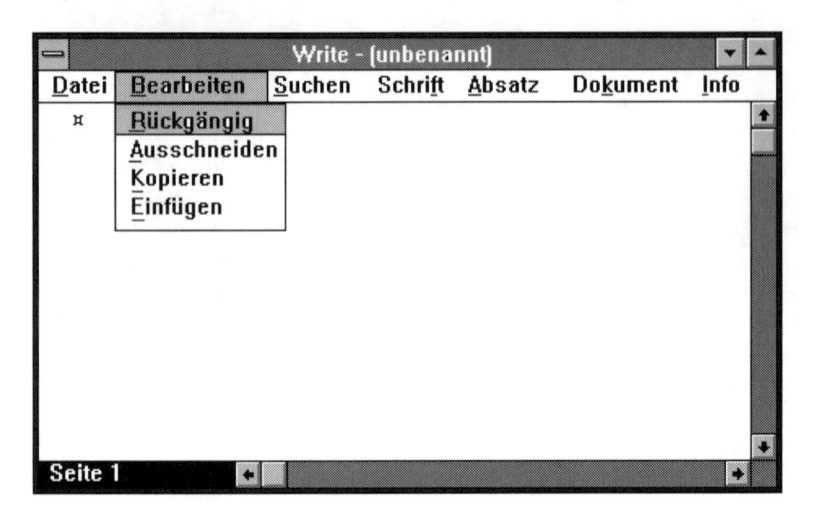

Abbildung 5-2: Pulldown-Menü

Ist der Befehl komplett erteilt oder breche ich ihn ab, so „springt" mein Rollo wieder nach oben: das Pulldown-Menü verschwindet hinter der Menüleiste.

Um Pulldown-Menüs bedienen zu können, muß ich wissen, wo „das Band zum Herunterziehen" ist, d.h., wie ich das Menü zu einer Befehlsgruppe herunterklappe. Die Taste dazu wird in der Regel am unteren Bildrand eingeblendet:

„<Alt> für Befehle" oder „<F10>: Menü"

Alternativ zieht mir ein **Mausklick** auf den Oberbefehl ein Menü-Rollo herab. Taste oder Mausklick sind nur die Einleitung zur Befehlswahl: ich sehe dann einen **Balken**, den ich mit **Pfeiltasten** (oder wieder mit der Maus) zum richtigen Befehlswort schiebe und dann mit <**Enter**> (oder Mausklick) bestätige. Als weitere Alternative hat jedes Wort im Menü einen hervorgehobenen **Wählbuchstaben**, mit dem ich (nach <Alt> oder <F10>, ohne zusätzliches <Enter>) einen Befehl erteilen kann.

Abb. 5-2 zeigt ein Pulldown-Menü. Menü „Bearbeiten" wurde heruntergeklappt, der Befehlsbalken steht auf „Rückgängig", die Wählbuchstaben sind unterstrichen.

Die Flexibilität in der Bedienung – wahlweise Maus, Buchstaben-, Pfeiltasten und Enter – ist anfangs verwirrend, stellt aber einen großen Vorteil dar: ich kann praktisch nichts falsch machen, denn die Methoden können nahtlos verbunden und gemischt werden.

Einen Befehl kann ich jederzeit unverrichteterdinge abbrechen. Dazu gibt es die Taste <Esc>: Escape heißt Flucht.

Die Pulldown-Menüs sind Teil einer **SAA** (Systems Application Architecture = System-Anwendungsaufbau) genannten Empfehlung zum Aufbau von Anwendungsprogrammen, die den Anwenderinnen das Erlernen neuer Programme erleichtern soll, indem die immer gleich bleibenden Teile der Oberfläche (z.B. der Platz der Menüleiste und die Datei-Befehle) bereits vertraut sind. Dazu gehört beispielsweise auch, daß das Menü mit <F10> (oder <Alt>) aktiviert wird und daß ganz rechts in der Menüleiste ein Befehl „Hilfe" steht. Auch eine **situationsbezogene Hilfe** wird von vielen Anwendungsprogrammen angeboten: Druck auf die Taste <F1> bringt ein Fenster auf den Bildschirm mit Erklärungen zu genau der Fehlersituation, die gerade vorliegt, oder zu genau dem Befehl, auf den der Menübalken gerade zeigt.

SAA ist nur eine Empfehlung, keine Norm, und wie weit einzelne Hersteller sich beim Entwurf ihrer Programme daran halten, ist ihre Sache.

Dropdown-Menüs

„Drop down" bedeutet „Herunter*fallen*". Die Arbeitsweise mit Dropdown-Menüs ist die gleiche wie bei Pulldown-Menüs, nur fällt ein Menü-Rollo bereits dann herunter, wenn der Mauszeiger die Menüleiste nur streift. War das ein Versehen, muß ich das Rollo mit <Esc> oder einem Mausklick abseits des Menüs wieder verschwinden lassen.

Popup-Menüs

„Pop up" bedeutet „Plötzlich auftauchen". Bei dieser Technik habe ich zunächst den ganzen Bildschirm für meine Daten zur Verfügung. Auf einen bestimmten Tastendruck hin taucht ein **Menü-Balken** oder ein **Menü-Kasten** auf dem Bildschirm auf, aus dem ich dann auswählen kann. Die Einleitungstaste kann <Esc> sein oder auch eine **Funktionstaste**. Im Menü wähle ich dann wieder mit Balken und <Enter>, mit Mausklick oder mit Wählbuchstaben. Abb. 5-3 zeigt ein Beispiel für ein Popup-Menü, in dem statt der Wählbuchstaben Funktionstasten angegeben sind.

Der Vorteil von Popup-Menüs ist, daß sie situationsbezogen eingeblendet werden können. Das bedeutet: ist meine Schreibposition gerade links oben auf dem Bildschirm, so „popt" mein Menükasten rechts unten, und umgekehrt.

Es gibt allerdings keine Standardisierung wie bei Pulldown-Menüs, so daß sich Popup-bedienbare Programme mehr voneinander unterscheiden.

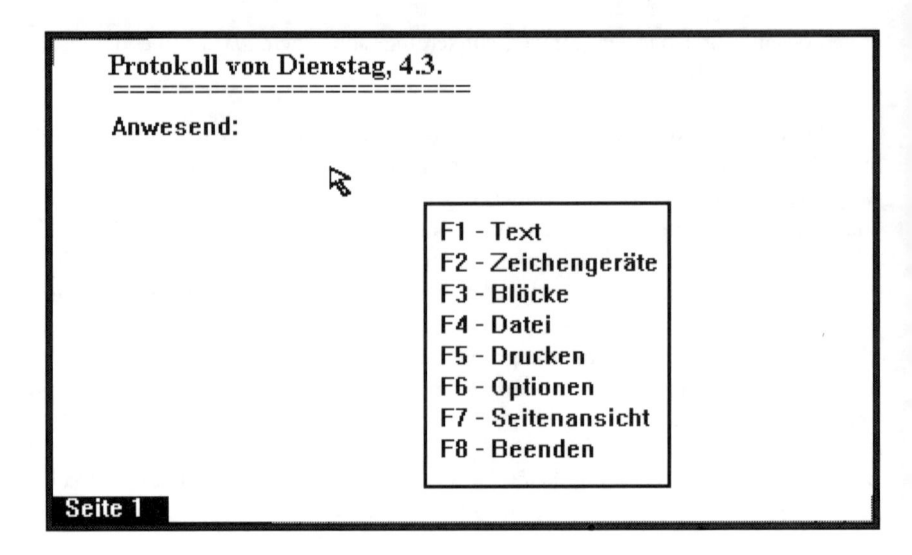

```
┌─────────────────────────────────────────────┐
│  Protokoll von Dienstag, 4.3.               │
│  ==========================                 │
│  Anwesend:                                  │
│                 ▶                           │
│              ┌──────────────────────┐       │
│              │  F1 - Text           │       │
│              │  F2 - Zeichengeräte  │       │
│              │  F3 - Blöcke         │       │
│              │  F4 - Datei          │       │
│              │  F5 - Drucken        │       │
│              │  F6 - Optionen       │       │
│              │  F7 - Seitenansicht  │       │
│              │  F8 - Beenden        │       │
│              └──────────────────────┘       │
│                                             │
│ ▐Seite 1▌                                   │
└─────────────────────────────────────────────┘
```

Abbildung 5-3: Popup-Menü

Ikonen-Menüs

Befehle, die etwas mit dem *Aussehen* meiner Daten zu tun haben, sind manchmal in den Befehlswörtern eines Menüs nur mühsam wiederzuerkennen: Was heißt „zentriert"? Was heißt „gespiegelt"?. Das gilt um so mehr für Programme, die hauptsächlich mit Gestaltung zu tun haben (Grafikprogramme). Da ist es für die Benutzerin hilfreicher, einen *bildlichen* Hinweis auf die Bedeutung des Befehls zu bekommen. Dazu dienen **Ikonen**: kleine Bilder, zu Menüs (also Auswahllisten) angeordnet, die die Wirkung *zeigen*, die ich erhalte, wenn ich eines davon auswähle.

Abb. 5-4 zeigt ein Beispiel für Textverarbeitungsikonen mit den Bedeutungen „Fettschrift, Kursivschrift, linksbündig, zentriert, rechtsbündig". Allerdings darf diese Art von Menüs nicht überreizt werden, denn nicht jedes Bildsymbol zeigt seine Bedeutung eindeutig.

Abbildung 5-4: Ikonen-Menü

Ikonen sind generell mit der Maus (Klick darauf!) einfacher zu bedienen als mit Tasten.

5.2.4 Mischformen

Selten findet man ein Programm mit einer dieser Oberflächen in Reinkultur. Bei der Vielzahl der Befehle und Alternativen, die ein einzelnes Programm anbieten will, wäre die eine oder andere Menüform schnell überstrapaziert, was wieder zu Lasten der Anwenderinnen ginge.

So sind folgende Mischungen üblich (und auch durchaus gut zu erlernen):

- Pulldown-Menüs plus Abkürzungstasten für geübte Anwenderinnen, die dann auf Schablone vorliegen
- Pulldown-Menüs mit Menüleiste am oberen Bildrand plus „Schnelltasten"-Menü am unteren Bildrand
- Tastensteuerung, bei der einige Tasten ein (befehlsbezogenes) Popup-Menü aktivieren
- Hilfe sowohl im Menü als auch mit einer Steuertaste
- Pulldown-Menüs mit Popup-Unter-Menüs zu einigen Befehlen
- Pulldown-Menüs kombiniert mit Ikonen-Menüs für spezielle Befehle.

5.2.5 Mausunterstützung

Die meisten Anwendungsprogramme arbeiten heute mit Mausunterstützung. Das bedeutet, daß ich sowohl meine Arbeitsposition mit der Maus „zeigen" als auch die Befehle damit wählen kann. Wie intensiv die Maus genutzt werden kann, ist in jedem Programm anders und natürlich auch abhängig von der Art der Aufgaben, die das Programm zu bearbeiten hat. Zwei Dinge sind allen gemeinsam:

- das **Rollen** der Maus läßt den Mauszeiger über den Bildschirm gleiten wie einen Finger, der über dem Papier schwebt,
- das **Klicken** (kurze Drücken) einer Maustaste läßt den Finger auf das tippen, worüber er gerade schwebt.

Dazu kommt noch, je nach Aufgabe des Programms,

- das „**Ziehen**" der Maus mit gehaltener Taste,
- der „**Doppelklick**", um zwei typischerweise aufeinanderfolgende Aktionen zusammenzufassen
- das Ausnutzen der zweiten (und dritten) Maustaste für Spezialaktionen.

Das „Ziehen" wird zum Markieren von Dokumentteilen verwendet. Das ist ganz bildhaft so, als ob ich mit dem Textmarker-Stift über die Buchstaben streiche (nur, daß die Markierung nach dem nächsten Befehl wieder verschwindet). In Zeichenprogrammen werden mit der Maus Striche und Figuren „gezogen": hier bedeutet das Halten der Taste „Stift aufdrücken und über das Papier ziehen".

Mit dem „Doppelklick" kann ich z.B. auf einen Dateinamen zeigen und gleichzeitig ausdrücken, daß ich dieses Dokument zur Bearbeitung öffnen will. „Doppelklick" heißt: zweimal direkt nacheinander die Maustaste drücken, ohne daß sich die Maus dazwischen bewegt.

Da ein Datendokument beliebig größer werden kann als der Bildschirm, muß ich die Möglichkeit haben, es über den Bildschirm zu „**rollen**", also sozusagen die Kamera, die mein Dokument für mich aufnimmt, zu schwenken, um jeweils einen anderen Ausschnitt zu bearbeiten. Das kann ich mit Bewegungstasten erledigen. Der momentane Ausschnitt wird mir von vielen Programmen in einem **Fenster** gezeigt. Am Fenster*rahmen* sehe ich dann Steuermöglichkeiten, um mit der Maus die „Kamera" zu bedienen. Dazu gehören die horizontalen und vertikalen **Bildlaufleisten** oder **Rollbalken**. Abb. 5-5 zeigt einen typischen Rollbalken. Mit der Maus kann ich die Bildlauf*pfeile* anklicken, um die Kamera stückweise (zeichen- oder zeilenweise) zu verschieben, oder in den Balken klicken, um das Bild um eine volle Bildschirmgröße zu versetzen.

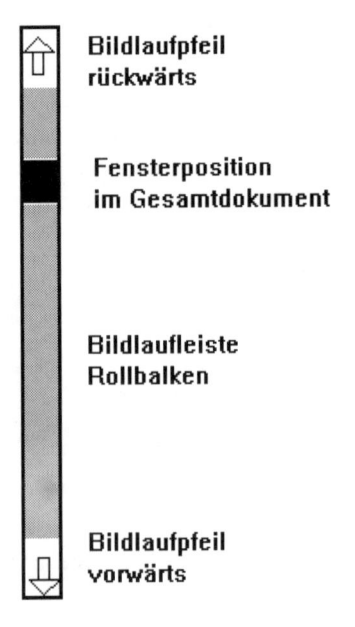

Abbildung 5-5: Rollbalken

5.2.6 Meldungs- und Dialogtechniken

Die Programme müssen nicht nur Befehle empfangen und ausführen, sie müssen auch ihrerseits mit den Anwenderinnen in einen Dialog treten können, z.b.

- um nähere Angaben zu einem Befehl zu erfragen

  („Dateiname:..."),
- um Fehler in der Befehlsausführung zu melden

  („Suchbegriff nicht gefunden"),
- um Arbeitshinweise zu geben

  („Drücken Sie <Alt> für Befehle").

Einige Programme haben zu diesem Zweck eine **Meldungszeile**, z.B. am unteren Bildrand. Die Benutzerin muß dann selbst darauf achten, ob ein neuer Meldungstext erscheint. Faustregel: Wenn meine Tasten- oder Maussignale offensichtlich ignoriert werden, schaue ich mal in die Meldungszeile. Meistens liegt es daran, daß gerade jetzt dort eine bestimmte Aktion von mir gefordert wird.

Beispiel:

„Ungültige Datumsschreibweise. Leertaste drücken."

In diesem Fall soll ich durch die Leertaste bestätigen, daß ich die Meldung zur Kenntnis genommen habe. Dann geht die Arbeit normal weiter.

Andere Programme unterscheiden zwischen Meldungen, die die Anwenderin unbedingt bestätigen *muß*, bevor sie sinnvoll weiterarbeiten kann, und solchen, die die Weiterarbeit *begleiten* sollen. Die Meldungen *mit* Bestätigung erscheinen dann in **Meldungsfenstern**, die anderen in der **Meldungszeile**. Erscheint ein Meldungs*fenster*, so ist die Arbeit an den Daten so lange blockiert, bis die Meldung bestätigt ist.

Beispiele:

In einem Meldungs**fenster** erscheint nach dem Befehl „Drucken"

```
            Drucker ist nicht betriebsbereit!
    <Wiederholen>                    <Abbrechen>
```

Hier soll sofort etwas getan werden, z.B. der Drucker angeschaltet. Sonst würde die Benutzerin sich später wundern, wo ihr Papierausdruck geblieben ist.

In der Meldungszeile erscheint nach dem Befehl „Kopieren":

`Zielort wählen und <Enter> drücken.`

Jetzt soll die Benutzerin in ganz bestimmter Weise weiterarbeiten: Mit Mausklick oder Pfeiltasten die Stelle im Dokument zeigen, an der die gewünschte Kopie ihren Platz haben soll, und dann mit <Enter> den Kopiervorgang starten.

Zusammengefaßt:

> Anwendungsprogramme haben tasten- oder menügesteuerte Bedienoberflächen, die jeweils möglichst den ganzen Bildschirm für die Darstellung der Daten ausnützen.
>
> Viele Anwendungsprogramme sind mit der Maus steuerbar: zum Verschieben der Arbeitsposition im Dokument und zur Auswahl der Befehle.
>
> Alle Anwendungsprogramme müssen über Meldungen mit der Benutzerin in einen Dialog treten.

5.3 Textverarbeitung

Die Textverarbeitung ist sicherlich die verbreitetste Aufgabe, für die PCs eingesetzt werden. Wer sich einmal an die Bedienung eines Textverarbeitungsprogramms gewöhnt hat, möchte die eleganten Korrekturmöglichkeiten, schnellen Umsortierungs- und Umgestaltungsfähigkeiten nicht mehr missen. Außerdem bietet der PC die Möglichkeit, alles einmal Geschriebene aufzubewahren (in Dateien auf Magnetplatten) und bei Bedarf wiederzuverwenden. So kann ich Rechnungsformulare erneut ausfüllen, Formbriefe beliebig oft an neue Adressaten schicken usw. Geschickt eingesetzt, spart die Textverarbeitung Zeit.

Da es so viele Textverarbeitungsprogramme gibt, finden sich darin auch alle Arten von Bedienoberflächen: vom reinen Datenbildschirm mit Tastaturschablone bis zu intensiver Menüführung, meistens kombiniert mit Mausbedienung. Skizzieren wir kurz die gemeinsamen Eigenschaften der Textverarbeitungsprogramme.

In der Textverarbeitung ist der Bildschirm mein „Blatt", auf dem die getippten Buchstaben, Ziffern und Satzzeichen erscheinen. Da das Geschriebene aber noch nicht „endgültig" ist, kann ich

- korrigieren mit Rücktaste oder <Entf>
- nachträglich Textteile einfügen oder ausschneiden
- Textteile umstellen (verlagern, kopieren)

Dabei geht das Programm von einer bestimmten Text- und Papiergröße aus (Seiten-Layout), so daß es selbständig Zeilen- und Seitenwechsel (Umbruch) durchführen kann. Ich kann also nie „über den Rand schreiben".

Alles, was über das Tippen hinausgeht, erledigen Befehle. Die wichtigsten sind zuständig für

- Dateiverwaltung, also getippten Text speichern in einer Plattendatei, sowie Plattendateien wieder auf dem Bildschirm zeigen („Öffnen")
- drucken
- Layout ändern
- Text gestalten
- Text umstellen
- automatisches Suchen und Ersetzen von Textteilen

Die Textgestaltung heißt **Formatierung**: nicht zu verwechseln mit dem Formatieren einer Magnetplatte! Zur Textformatierung gehören Unterstreichen und sonstige Text-Hervorhebungen, Ausrichten der Absätze zwischen den Rändern (z.B. Zentrieren einer Überschrift), Abstände, Seitennumerierung und vieles mehr. Format-Befehle bilden die größte Gruppe in den Textverarbeitungsprogrammen.

Alle Textbearbeitungen, die ich am Bildschirm sehe, finden im RAM statt: also am noch *nicht* permanent und stromunabhängig gespeicherten Text! Der wichtigste Befehl der Textverarbeitung (neben dem Drucken) ist deswegen der Befehl „speichere auf Platte", also „packe mein Dokument in eine Datei".

Abb. 5-6 zeigt eine Textverarbeitung mit Pulldown-Menüs, kombiniert mit Ikonen. Der Befehl „Suchen" wurde ausgewählt. Er hat ein Dialogfenster auftauchen („poppen") lassen, in dem ich jetzt angeben muß, wonach gesucht werden soll.

Textverarbeitungsprogramme haben die Pflicht, alle von mir in den Text getippten Zeichen **aufzubewahren** und in derselben Reihenfolge auf Wunsch wieder sichtbar zu machen. Sie „interpretieren" oder verstehen den Text nicht, er besteht für das Programm nur aus einer Aneinanderreihung von Bytes. Die meisten davon habe ich über die Tastatur eingegeben. Das Programm selbst fügt dann noch seine speziellen Codebytes ein, die meine Formatierung widerspiegeln. Dazu gehört beispielsweise:

- Papiergröße A 4; linker Rand 2 cm
- ab hier unterstrichen; ab hier kursiv; ab hier normal

etc.

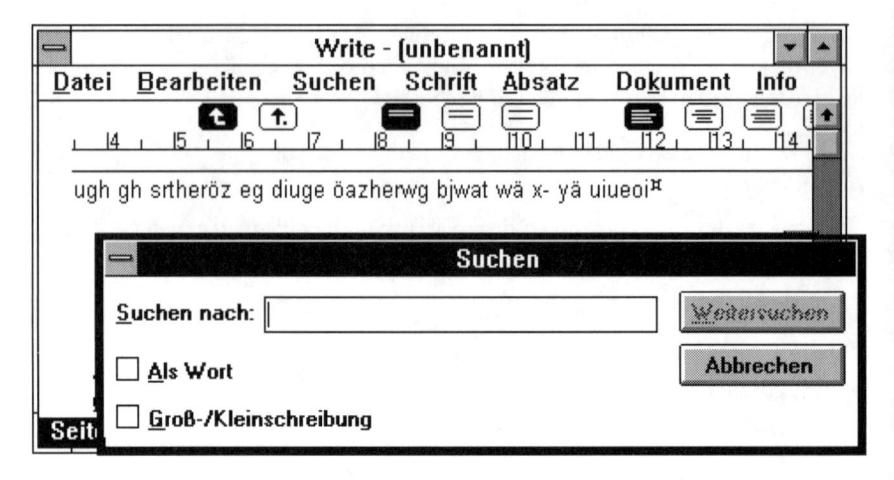

Abbildung 5-6: Textverarbeitung

Die Art, **wie** und auch in **welcher Codierung** ein jedes Programm seine spezifischen Informationen in der Datendatei unterbringt, heißt **Dateiformat** des Programms.

Das Dateiformat ist in der Regel in jedem Textverarbeitungsprogramm anders, daher kann ich Dokumente, die mit dem Programm X erstellt wurden, nicht unbedingt mit Programm Y bearbeiten.

Zusammengefaßt:

Textverarbeitungsprogramme helfen bei Eingabe, Gestaltung, Druck und Aufbewahrung von Texten. Die getippten Zeichen werden als Folge von Code-Bytes aufbewahrt.
Die Gestaltung wird mit **Formatierung** bezeichnet.
Die spezielle Art, wie ein Anwendungsprogramm seine Datendateien codiert, heißt **Dateiformat**.

5.4 Datenbankverwaltung

Mit dem Begriff „Datenbank" begibt man sich schon in etwas exotischer anmutende Sphären der Computer-Nutzung. Dabei ist der Gedanke dahinter so naheliegend: Für Verwaltungsaufgaben werden **Karteien** aller Art benutzt. Karteien erfassen ganz bestimmte Informationen von großen Gruppen gleichartiger „Objekte" (seien das Bücher in der Bibliothek, Tiere im Zoo, Kunden eines Betriebs): sie sind Daten-**Sammlungen**.

Sie sollen genutzt werden zum gezielten Suchen (Welche Tiere leben in subtropischen Zonen? Welche Kunden sind in der papierverarbeitenden Branche tätig?), Sortieren und Darstellen, kurz: zur **Auswertung** mal des einen, mal eines anderen Teils der gesamten Informationssammlung. Gelegentlich sollen auch mehrere Karteien in ein- und dieselbe Auswertung einbezogen werden: Rechnungen werden erstellt aus der Kundenstammkartei *und* der Bestellkartei, in der die Bestellungen einzeln mit Angabe einer Kundennummer aufgeführt sind.

Zu diesem Zweck wurden „Datenbanken" erfunden, die nichts anderes sind als „vom Computer geführte Karteien". Für jede Datensammlung, jede zu erfassende Gruppe wird eine Datenbank eingerichtet. Dafür wird jedes Objekt / jede Person der Gruppe nach ganz bestimmten Kriterien erfaßt (Name, Geburtsdatum, laufende Nr., ...). Die Kriterien werden in Form eines Formulars (etwa wie bei einem Fragebogen) zusammengestellt. Die Benutzerin entwirft je nach Art der Datensammlung das Formular selbst und macht damit den Bildschirm zum Fragebogen. In der Fachsprache ist von **Formular-** oder **Maskenbildschirm** die Rede.

Beispiel für ein Formular:

```
Name:                         Vorname:


Geburtsdatum:
Beruf:                        Arbeitgeber:


Adresse:
Telefon:
```

Nun wird für jedes Objekt / jede Person ein Formular ausgefüllt und in die Datenbank, also in die Gesamtkartei, eingegliedert. Das Datenbankverwaltungsprogramm nimmt zunächst den Formularentwurf entgegen und dann die ausgefüllten Karteikarten, die **Datensätze** heißen.

In der Regel wird jedes ausgefüllte Formular vom Programm automatisch in der Datei gespeichert, sobald ich ein neues anfordere oder in den fertigen Formularen „blättere". So muß ich nur jeweils beim letzten bearbeiteten Formular selbst an den „Speichere"-Befehl denken.

Die gesammelten Informationen liegen dann sorgfältig geordnet in der Datenbank, so wie mein Geld auf der Bank, und ich kann sie von dort „abholen". So ist das deutsche Wort „Datenbank" am ehesten zu verstehen (englisch heißt es „data base", also Daten*basis*: die Datensammlung als *Grundlage* für die Arbeit mit den Informationen).

Selbstverständlich ist es möglich, jederzeit Korrekturen an den ausgefüllten Formularen vorzunehmen (z.B. Adreßänderungen). In jedem Formularfeld habe ich die Korrekturmöglichkeiten, die ich auch von der Textverarbeitung her kenne.

Durch die Formular-**Feld**bezeichnungen oder -Feld**namen** („Name", „Beruf" etc.), die das Programm sich merkt, kann die Benutzerin dann die Daten gezielt wieder heraussuchen bzw. heraus**filtern**. Das ist die eigentliche Arbeit mit jeder dieser Datensammlungen: verschiedene Daten**auswertungen** je nach Ziel und Aufgabe.

Beispiel für einen Filterbefehl:

Gesucht sind alle Karteikarten mit

Beruf = „Krankenschwester" und Arbeitgeber = „keiner"

Hier liegt die Stärke dieser Computerprogramme: Sind alle Informationen vollständig und korrekt eingetragen, so ist ein Programm in der Lage, *schnell* und *umfassend* zu reagieren. In wenigen Sekunden durchsucht es Hunderte von Datensätzen, und es kann nicht passieren, daß es einen „übersieht".

Dafür werden die Daten **strukturiert** aufbewahrt: Für jeden Datensatz legt das Programm eine Art „Setzkasten" an, der gerade so viele und so große Fächer enthält, wie die Felder, die ich in meinem Formularentwurf vorgegeben habe. Suche ich nun nach

Beruf = „Krankenschwester"

so wird in jedem dieser Setzkästen nur ins Fach „Beruf" geschaut und der Inhalt mit dem Wort „Krankenschwester" verglichen.

Die Einteilung der Struktur bestimme also ich durch meinen Formularentwurf; über die geeignete Speicherung entscheidet das Programm. Nur mit Hilfe *desselben* Programms kann ich meine Daten wieder weiterbearbeiten, da jedes andere Datenbankverwaltungsprogramm ein anderes Dateiformat, also eine andere Art der Speicherung ausgefüllter Formulare benutzt. Anders ausgedrückt: Jedes Programm legt seine ganz eigene Art von Setzkästen an und kann mit denen eines anderen Programms nicht umgehen.

Kehren wir zurück zum Filterbefehl: Als Antwort auf einen solchen Befehl, der auch **Abfrage** heißt, möchte ich meistens eine Übersicht, z.B. über Namen und Telefonnummern. Dafür ist die Darstellung der Daten in Form von Formularen oder Karteikarten nicht geeignet. Alternativ können die Feldbezeichnungen auch zu **Spaltenüberschriften** einer **Tabelle** werden. Die Abb. 5-7 und 5-8 zeigen ein Beispiel für unterschiedliche Darstellungen derselben Karteikarten. In der **Formulardarstellung** füllt eine einzelne Karteikarte meinen Bildschirm, und ich kann zwischen den Karten „blättern". In der **Tabellendarstellung** ist eine Tabellenzeile gleichbedeutend mit einem Datensatz (dem Inhalt eines Formulars), und ich muß meine Tabelle, um der Reihe nach alle Spalten zu sehen, über den Bildschirm „verschieben".

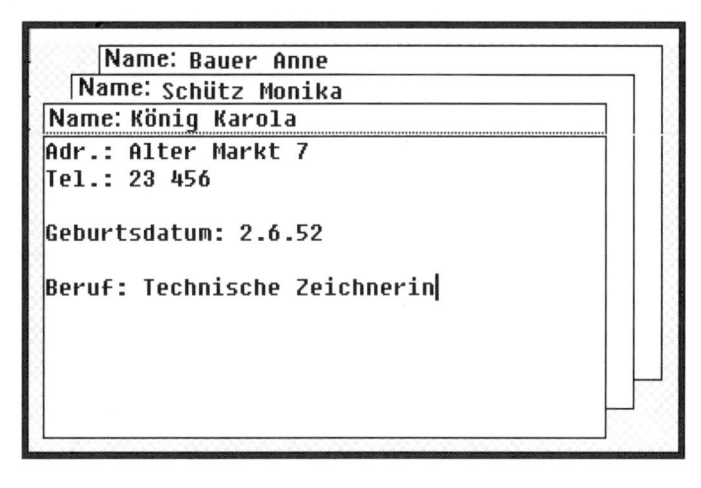

```
 Name: Bauer Anne
 Name: Schütz Monika
Name: König Karola
Adr.: Alter Markt 7
Tel.: 23 456

Geburtsdatum: 2.6.52

Beruf: Technische Zeichnerin
```

Abbildung 5-7: Datenbank: Formulardarstellung

Die Befehle, die in einer Datenbankverwaltung gebraucht werden, gliedern sich also bereits in vier Gruppen:
– Formularentwurf und Eingabe (auch Daten**erfassung** genannt)
– Darstellungsbefehle und Blättern
– Such-, Sortier- und Filterbefehle
– natürlich wieder Dateibefehle (Speichern des nächsten Formulars usw.) und Druckbefehle

```
┌─────────────────────────────────────────────┐
│         Listenanzeige                       │
│ Name         Adr.           Tel.            │
│ Bauer  Anne  Paulsenstr.9   11 42 34        │
│ König  Karola Alter Markt 7 23 456          │
│ Schütz Monika Wiesenweg 23  91 33 50        │
│ _                                           │
│                                             │
│                                             │
└─────────────────────────────────────────────┘
```

Abbildung 5-8: Datenbank: Tabellendarstellung

Die Benutzungsoberfläche von Datenbankprogrammen ist heutzutage meistens menügesteuert, z.B. mit Pulldown-Menüs. Dazu kommen Schnelltasten z.B. für die Umschaltung zwischen Formular und Tabelle. Für Formular-, Darstellungs-, Datei- und Druckbefehle ist diese Art der Bedienung genauso geeignet wie in der Textverarbeitung, ebenso zum Sortieren und für einfache Suchoperationen. Komplexe Filterbefehle erfordern aber die Eingabe von Suchbedingungen, die mit „UND" und „ODER" verbunden sind.

Beispiel:

Gesucht sind alle Datensätze mit Personen im Großraum München, die als Beruf Krankenschwester oder Krankenpfleger haben, nicht älter als 40 Jahre sind und derzeit ohne Arbeit.

Um einem Programm (=Roboter!) eine solche Anweisung zu geben, brauche ich schon wieder eine maschinengeeignete Sprache, hier **Abfragesprache** genannt. Unabhängig von speziellen Datenbankprogrammen wurde eine Sprache namens **SQL** (Standard Query Language = Standard-Abfrage-Sprache) entwickelt, in der solche Bedingungen robotergeeignet formuliert werden können. Allerdings ist sie für Datenbank-Anfängerinnen nicht leicht zu erlernen. Daher sind PC-Datenbank-Programmme, die vor allem für EDV-Laien ausgerichtet sein sollen, im allgemeinen mit einer **Formularabfrage**-Sprache ausgerüstet: In ein spezielles Leerformular trage ich hinter den Feldnamen meine Einzelbedingungen ein. Alle

Kapitel 5 - Anwendungsprogramme

eingetragenen Bedingungen müssen zugleich gelten. Auch hier muß noch einiges an Formulierungslogik gelernt werden, um kompliziertere Bedingungen korrekt einzutragen. Einfache Bedingungen dagegen ergeben sich fast „von selbst".

Beispiel:

```
                    Abfrageformular
Name:                           Vorname:

Geburtsdatum:>1.1.52
Beruf:Kranken*                  Arbeitgeber:keiner

Adresse:
Telefon:08*
```

Das Zeichen „>" bedeutet hier „später als", „Kranken*" – wie in Dateinamen unter DOS – eine Berufsbezeichnung, die mit „Kranken" anfängt und „irgendwie" weitergeht. Die Telefon-Vorwahl soll mit „08" anfangen: damit ist der Großraum München festgelegt.

Zusammengefaßt:

Datenbankverwaltung bedeutet Karteiverwaltung. Meine Daten werden nach einem von mir entworfenen Formular **strukturiert** aufbewahrt. Das Programm ermöglicht mir Eingabe, Änderung und Druck meiner Daten sowie gezieltes und schnelles Suchen, Filtern und Sortieren. Die Daten werden am Bildschirm und auf Papier je nach Wunsch in Form des **Formulars** oder alternativ als **Tabelle** dargestellt.

5.5 Tabellenkalkulation

Ein recht universelles Werkzeug verbirgt sich hinter dem Mammutnamen „Tabellenkalkulationsprogramm". Das Wort Tabelle zusammen mit der englischen Bezeichnung **spreadsheet** (etwa: ausgebreitetes Blatt) deutet die Grundlage dieser Programme an: der Benutzerin wird ein großes Arbeitsblatt mit „Rechenkästchen" (sogenannten **Zellen**) angeboten, und sie kann in jedes Kästchen einen Eintrag machen. Jede Zeile und jede Spalte hat eine Nummer oder einen Namen, und jede Zelle hat eine **Adresse**, nämlich Name und Nummer „ihrer" Zeile und „ihrer" Spalte (ganz analog zur RAM-Adressierung).

Zelleinträge sind Texte, Zahlen oder Formeln. Dabei umfaßt „**Formel**" alles, was irgendwie berechenbar ist: (Spalten-)Summen, Differenzen, Vergleiche, Prozente, Mittelwerte, Zinseszinsen, Sinus-Funktionen, ...

Damit kann ich mein Werkzeug „Tabellenprogramm" selbst spezialisieren, beispielsweise so:

– Ich kann ein Journalbuch führen, Einnahmen und Ausgaben zusammenzählen und Monats- oder Jahresbilanzen erstellen.
– Ich kann Preiskalkulationen machen mit Nettopreisen, Betriebskosten und Steuerfaktoren.
– Ich kann Anlagemöglichkeiten mit diversen Zinssätzen vergleichen.
– Ich kann wissenschaftliche Meßwerte eintragen und statistische Auswertungen durchführen.

Abb. 5-9 zeigt einen kleinen Ausschnitt einer solchen Tabelle. Spalten haben hier Buchstaben als Bezeichnung, Zeilen eine laufende Nummer. Die Arbeitsposition, Zelle B6, ist mit einem Rahmen markiert. Sie enthält eine Spaltensumme, die über der Tabelle als „=SUMME(B2:B5)" angegeben ist (auf der Abbildung in der hellen Zeile über den Spaltenbezeichnungen), also „summiere in Spalte B von Zeile 2 bis Zeile 5".

	A	B	C	D
1		1991 Plan	1991 Ist	
2	Gehälter	192.000DM	282.625DM	
3	Büromaterial	95.000DM	93.897DM	
4	Fertigungskosten	87.000DM	91.840DM	
5				
6	Gesamt	374.000DM	468.362DM	
7				
8	Umsatz	995.000DM	995.000DM	

Abbildung 5-9: Tabellenkalkulation

Die ganze Tabelle kann mehrere Hundert Zeilen und Spalten umfassen, so daß mein Bildschirm *immer* nur einen Ausschnitt darstellt. Auch hier brauche ich also die Möglichkeit, den gezeigten Ausschnitt zu verschieben (mit Pfeiltasten oder mit der Maus). Befehle, meistens in Menüs, ermöglichen mir,

– gezielt Tabellenbereiche auf den Bildschirm zu holen
– Zeilen, Spalten oder Tabellenbereiche (das sind Rechtecke aus Zellen) zu verschieben, zu kopieren, einzufügen und zu löschen
– Spaltenbreiten und Zahlendarstellung zu verändern
– natürlich Dateiverwaltung, gestalterische Aufbereitung und Druck meiner Tabellen.

Sehr wichtig für Kalkulationen ist die Tatsache, daß die *Formeln* abgespeichert werden und nicht ihre Ergebnisse (die werden nur am Bildschirm gezeigt). Ändere ich eine Zahl in der Tabelle, werden automatisch alle Formeln, in denen die betreffende Zelle benutzt wird (direkt oder indirekt) neu berechnet. Damit kann ich meine Kalkulation so oft mit neuen Zahlen wiederholen, bis mich die Ergebnisse befriedigen.

Sinnvoll einzusetzen ist dieses Werkzeug also immer dann, wenn es

– um große Zahlenmengen geht, die miteinander zu verrechnen sind, oder
– um häufiges Variieren einiger Zahlen mit vielen Neuberechnungen immer derselben Formeln.

Dazu gehören Simulationen, Modellrechnungen („was wäre wenn"), Kalkulationen.

Auch ein Rechnungsformular kann ich mir erstellen, das zusammen mit einem Katalog von Einzelpreisen aufbewahrt wird. Im Rechnungsformular stehen dann bereits die Berechnungsformeln für „Einzelpreis mal Stückzahl", Gesamtsumme, Steueranteil. Eintragen muß ich z.B. die Bestellnummer oder Artikelbezeichnung und die Stückzahl. Mit einer weiteren Spezialformel wird der zugehörige Einzelpreis dann vom Programm aus dem Artikelkatalog geholt.

Abb. 5-10 zeigt noch eine weitere Fähigkeit der Tabellenkalkulationsprogramme: sie erlauben mir, zu einem gekennzeichneten Tabellenbereich eine **grafische Auswertung** (hier ein Balkendiagramm) zu machen. Solche Diagramme kann ich dann noch in der Darstellung variieren (Linien-, Punkte-, Kreisdiagramme) und mit geeigneten Legenden versehen.

Beliebt sind derartige Diagramme als sogenannte **Präsentationsgrafiken**, mit denen ich z.B. einen Geschäftsverlauf veranschaulichen kann. Aber auch Testergebnisse, Stimmenverteilung nach Wahlen etc. werden gern grafisch dargestellt.

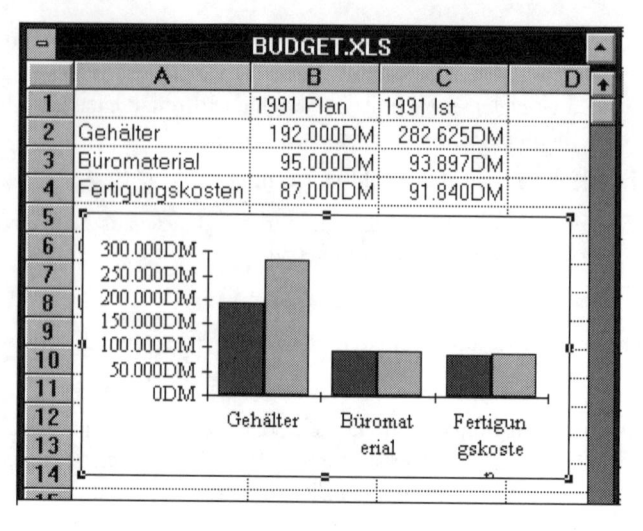

Abbildung 5-10: Diagramm

Auch Tabellenkalkulationsprogramme speichern die Daten **strukturiert** ab. Zu jedem Zelleintrag muß seine Zelladresse erhalten bleiben, aus Platzgründen müssen aber unbenutzte Zellen in der Datei ausgelassen werden. Formeln müssen geeignet codiert werden usw.: Also gilt auch hier die Regel, daß *ein* Tabellenprogramm die von einem *anderen* gespeicherten Dateien nicht lesen bzw. rekonstruieren kann, da jedes sein eigenes Dateiformat hat.

Wie das Dokument in der Textverarbeitung, so ist auch eine Tabelle während ihrer Bearbeitung *im RAM*: ich darf also nie den Befehl „Speichere als Datei" vergessen.

Zusammengefaßt:

Tabellenkalkulationsprogramme bieten universell nutzbare große Tabellen, eingeteilt in Zeilen und Spalten, deren Schnittpunkte **Zellen** heißen. In Zellen kann ich Texte, Zahlen und Formeln eintragen. Formeln können sich auf Werte in anderen Zellen beziehen. Ändere ich Werte, so werden die Formeln automatisch neu berechnet.

Durch den Zweck meiner Tabelle mache ich das Programm für eine bestimmte Aufgabe nutzbar.

Aus Tabellen können automatisch **Diagramme** erstellt werden.

5.6 Integrierte Software

Unter einem „Integrierten Softwarepaket" versteht man *ein* Programm, das einen Textverarbeitungszweig, einen Datenbankzweig und einen Tabellenkalkulationszweig in sich vereinigt. Die Vorteil liegen auf der Hand:

- Ich muß nur *eine* Bedienoberfläche lernen.
- Daten, die in einem der Programmzweige erarbeitet wurden, können in einem anderen Programmzweig benutzt werden.

Der zweite Punkt ist besonders wichtig, da ja jedes Programm sein eigenes, anderen fremdes Dateiformat hat.

Ein beliebiges Textverarbeitungsprogramm *kann* also eine Adreßdatenbank, die mit einem beliebigen anderen Programm erstellt wurde, nicht lesen. Aber genau das wäre wünschenswert, wenn ein sogenannter **Serienbrief** verschickt werden soll, also ein Brief, der mit einer ganzen Reihe von unterschiedlichen Adressen verbunden und gedruckt werden soll.

Sind Datenbank- und Textprogramm „aus einem Guß", so sind Serienbriefe leicht zu erstellen. Es werden einfach die Feld**namen** der Datenbank in geeigneter Kennzeichnung als Adresse benutzt: das Programm findet die zugehörigen Feld**inhalte** und „mischt" daraus die Briefe.

Auch andere Verbindungen von Dokumenten sind in integrierten Programmen gut herzustellen, z.B. Berichte (also Texte), in die Adreßlisten (aus einer Datenbank) oder Bilanzen (aus einer Tabelle) eingefügt werden müssen.

Zusammengefaßt:

> Integrierte Software bezeichnet Programme, die Textverarbeitung **plus** Datenbankverwaltung **plus** Tabellenkalkulation anbieten. Sie haben eine einheitliche Oberfläche in allen Programmzweigen und eignen sich vor allem für Aufgaben, in denen Texte mit Tabellen und/oder Datenbankinformationen verbunden werden müssen.

5.7 Bildverarbeitung

Bildverarbeitung ist ein Sammelbegriff für verschiedenste Programme aus den Bereichen

- Zeichnen und Konstruieren am Bildschirm
- Automatisches „Einlesen" (**Scannen**) von Papierbildern und deren Bearbeitung
- Gestalten von Bild- und Text-Layout (**DTP** – s.u.)

Für jede Art von Bilddarstellung auf dem Bildschirm ist es nötig, einzelne **Punkte** des Schirms, die **Pixels** (von Pi_cture e_lement = Bildelement), anzuleuchten, in möglichst vielen verschiedenen Farbtönen. Je kleiner die Punkte und je mehr Bildpunkte auf dem Schirm, desto genauer wird das Bild. Um dagegen nur Tastaturzeichen darzustellen, ist eine gröbere Rasterung (=Punktaufteilung) des Bildschirms, also in weniger Pixels, ausreichend.

Man nennt die Anzahl der Bildpunkte, die ein Bildschirm darstellen und seine Schnittstelle speichern kann, die **Auflösung** des Schirms (vgl. Kapitel 2.9). Ein Bild, das beispielsweise aus 1024x768 Bildpunkten besteht, also aus 768 Zeilen, die in einer Sekunde 70 mal auf die Phosphorschicht des Bildschirms geschrieben werden müssen, erfordert ein sehr schnelles Gerät.

Die Aufbewahrung eines Bildes erfordert große und schnelle Speicher: Jedes Pixel muß mit seiner Lage- und Farb-Information (z.B. „Zeile 20, Punkt 147, Farbe grün Helligkeit 3") gespeichert werden, zusammenhängende Linien und Flächen müssen dabei erkennbar sein. Jede Änderung, die die Bearbeiterin am Bildschirm vornehmen will, soll möglichst schnell sichtbar sein. Verschiebt sie z.B. einen großen Teil des Bildes, so müssen in Sekundenschnelle Tausende von Bildpunkten neu abgespeichert und dargestellt werden.

All das erfordert hohe Speicherkapazität, schnelle CPUs und hochauflösende Bildschirme. Mit der immer besser werdenden PC-Hardware haben solche Anwendungen in den PC-Arbeitsbereich Einzug gehalten.

Betrachten wir die verschiedenen Aktionen, die für **Bildeingabe**, **Bildbearbeitung** und **Bildausgabe** nötig sind.

5.7.1 Bildeingabe

Zwei ganz verschiedene Arten von Bildern werden am Bildschirm bearbeitet: Gespeicherte Abbilder von Papierbildern und Zeichnungen, die direkt am Bildschirm entstehen. Mit „Papierbildern" bezeichnen wir dabei alle Bilder, die nicht in elektronischer oder magnetischer Codierung vorliegen, also (noch) nicht aus einzeln codierten Pixels bestehen, z.B. Fotos oder Handzeichnungen.

Um Papierbilder im Computer speichern und bearbeiten zu können, muß zuerst eine Bitcodierung gefunden werden, die das Bild möglichst genau wiedergibt. Dazu wird es mit einem speziellen Eingabegerät, dem **Scanner**, abgetastet (engl. scan = abtasten). Der Scanner „schaut" sich das Bild Punkt für Punkt an und codiert jeden Punkt in mindestens einem Byte, das die Farbe und Helligkeit des Punktes beschreibt. Die Lage der Punkte ergibt sich einfach daraus, daß der Scanner **zeilenweise** über das Bild gleitet, es also „liest" wie wir ein Buch: Zeile für Zeile von links nach rechts. Mit einem Scanner muß ich einen geeigneten **Treiber** (vgl. Kap. 3.3) erwerben und in mein Betriebssystem integrieren, der dann die vom Scanner gelieferten Codewörter aufsammelt und weiterreicht.

Zur Erinnerung: Mit einem Byte (= 8 Bit) können 2^8 = 256 verschiedene Codewörter ausgedrückt werden. Also codiert man z.B. 256 verschiedene Farben in je 256 Helligkeitsstufen und benutzt für die Darstellung zwei Bytes.

Beispiel (absolut willkürlich codiert):

Die Bytes 01000001,01111001 könnten bedeuten: Farbe grün (01000001), mittlere Helligkeit (Stufe 01111001).

Professionelle Scanner arbeiten mit noch feineren Abstufungen, die wir hier aber nicht betrachten müssen.

Was ist nun ein „Punkt" für den Scanner? Er legt auf das Bild ein **Raster**, also ein (sehr feines) Gitternetz, und jedes Gitterfenster betrachtet er als *einen* Bildpunkt. Nimmt er ein grobes Raster, so sind in vielen Fenstern mehrere Farben oder Helligkeiten, und der Scanner kann pro Bildpunkt nur einen **Durchschnittswert** berechnen. Dadurch verliert das gespeicherte Bild viel von seinen ursprünglichen Einzelheiten. Abb. 5-11 zeigt ein Beispiel für ein zu grob gerastertes Bild.

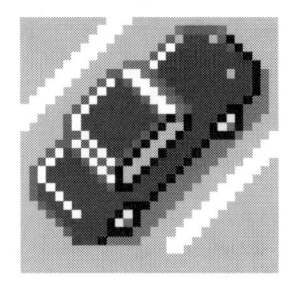

Abbildung 5-11: Grobe Rasterung

Für eine detaillierte Bildverarbeitung ist also ein sehr fein rasternder Scanner Voraussetzung. Selbstverständlich liefert er dann Tausende von Bytes für ein einziges Bild ab.

Bilder, die direkt am Bildschirm entstehen, sind Grafiken und technische Zeichnungen. Hier kommt es auf Genauigkeit an. Menüs eines Zeichen- oder Konstruktionsprogramms enthalten daher eine ganze Reihe von Werkzeugen zur Konstruktion einzelner Elemente der Zeichnung: Rechtecke, Kreise, Linien, Kurven etc. Diese Werkzeuge lassen sich gut als Ikonenmenüs darstellen. Abb. 5-12 zeigt einen Ausschnitt aus einem Werkzeugmenü.

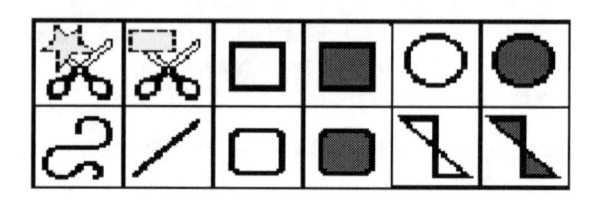

Abbildung 5-12: Werkzeug-Menü

Programme speziell für technische Konstruktionen haben den Sammelbegriff **CAD**-Software: CAD = $\underline{C}$omputer $\underline{A}$ided $\underline{D}$esign = Computer-unterstützter Entwurf.

Man kann sich leicht klarmachen, daß diese Arbeiten mit der Tastatur allein nicht mehr zu bewältigen sind, so wie ja auch Zeichnungen nicht aus Buchstaben, Zahlen und Punkten bestehen. Das häufigste Zeichengerät am PC ist natürlich die Maus. Praktischerweise kann sie sowohl zur Menüauswahl wie auch zum Zeichnen der Bildteile selbst benutzt werden. Das Drücken der Maustaste senkt dann stets das Werkzeug auf das Papier: es entsteht ein neues Bildelement.

5.7.2 Bildbearbeitung

Sowohl gescannte als auch mit dem Computer gezeichnete Bilder erfordern eine Bearbeitung, die der von Texten im Prinzip ganz ähnlich ist:

– Hervorheben einzelner Bildelemente

– Löschen und Einfügen von Bildteilen

– Kopieren und Verlagern von Bildteilen

Dazu bieten Bildbearbeitungsprogramme wieder Menüs an, in denen Werkzeuge zum **Kennzeichnen** der Bildelemente (vergleichbar dem Markieren von Text), zum Zerlegen, Zusammensetzen, Vergrößern, Verlagern, Verzerren etc. enthalten sind. Diese Aktionen sind so umfangreich, daß wir sie hier nur andeuten können.

Außer hoher Genauigkeit ist dabei auch eine **originalgetreue** Bilddarstellung gefordert: was ich auf dem Bildschirm sehe und beeinflusse, soll später im fertigen Produkt, der Druckausgabe, genauso zu sehen sein. Diese Originaltreue nennt man das **WYSIWYG-Prinzip.**

(<u>W</u>hat <u>Y</u>ou <u>S</u>ee <u>I</u>s <u>W</u>hat <u>Y</u>ou <u>G</u>et: Was du siehst, erhältst du auch.)

5.7.3 Layout und Bildausgabe

Bildverarbeitung im Computer ist in der Regel Bestandteil einer größeren Aufgabe, in der *Text- und Bild*-Elemente zu verbinden sind.

- Bei Grafiken, technischen Zeichnungen und Konstruktionsplänen sind Begleittexte, Legenden und Maßangaben in das Bild einzufügen.
- Bei der Erstellung von bebilderten Publikationen sind fertig bearbeitete Bild- und Textteile am Bildschirm so zu verbinden, daß daraus ansprechende Druckseiten entstehen: Layout-Gestaltung ist gefragt.

Auch hier ist das WYSIWYG-Prinzip unverzichtbar, nicht nur für die Bilder, auch für die Darstellung der Textteile, z.B. der Schriftgröße.

Programme zur Layout-Gestaltung müssen außer Text- und Bildbearbeitungswerkzeugen noch eine Befehlsgruppe anbieten: Zum Verteilen mehrerer vorgefertigter Dokumente auf einer Druckseite, wobei deren Form (bei Texten) noch variiert werden kann (ein Beispiel zeigt Abb. 5-13). Natürlich sind auch dabei wieder Aktionen wie

- Hervorheben, Vergrößern, Verkleinern
- Löschen und Einfügen
- Kopieren und Verlagern

notwendig. Diese sehr umfangreichen Programme haben den Sammelbegriff **DTP** = <u>D</u>esktop <u>P</u>ublishing = etwa: Veröffentlichungen am Arbeitstisch erstellen. Das soll andeuten, daß viele Arbeitsschritte – Schreiben, Illustrieren, Layout gestalten, Setzen und sogar Drucken – von *einem* Arbeitsplatz (dem PC) aus erledigt werden.

Zu einer guten Bildverarbeitung gehört dann auch ein entsprechendes Ausgabegerät:
- für kleinere Auflagen wird ein Laserdrucker benutzt,
- für große Auflagen kann ein DTP-Programm auch Vorlagen für eine Druckerei liefern.

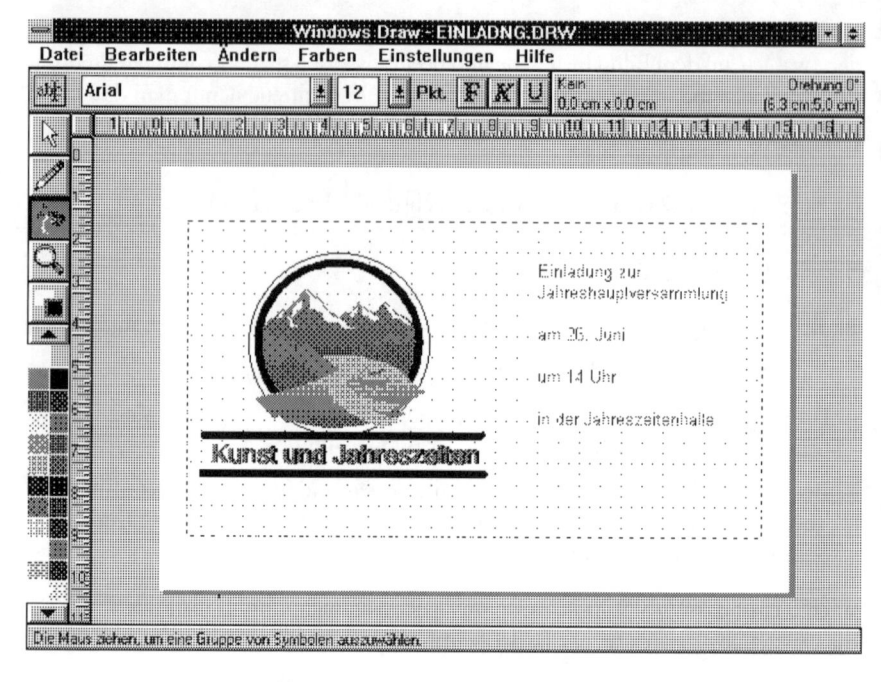

Abbildung 5-13: Layout am Bildschirm

Selbstverständlich sind zur **Farb**bildverarbeitung farbfähige Bildschirme und Drucker nötig. Bei reiner Text- und Zahlenverarbeitung kann man sich diese Geldausgabe vielleicht ersparen.

Zusammengefaßt:

> Zur Bildverarbeitung gehören
> - fein rasternde **Scanner** zum Codieren von Papierbildern
> - große Speicher, schnelle CPUs und hochauflösende Bildschirme zur Bildbearbeitung
> - Programme mit originalgetreuer Text- und Bilddarstellung (**WYSIWYG**)
> - Programmwerkzeuge zum Zeichnen, Konstruieren und Ändern von Bildern
> - **DTP**-Programme zur Layout-Gestaltung
> - Drucker mit bestmöglichem Druckbild

5.8 Spezialprogramme

Nicht alle Wünsche, die wir an den PC haben, werden von Standard-Software erfüllt. Teilweise ist sie mit bestimmten Anforderungen *über*fordert:

für ordnungsgemäße doppelte Buchführung *könnte* ich zwar ein Tabellenkalkulationsprogramm nehmen, aber ich müßte eine ganze „Oberfläche" mit Kontenrahmen und Buchungsbefehlen „daraufprogrammieren", was erstens nicht einfach ist und zweitens Ausführungszeit kostet: mein Tabellen-Roboter bekommt dann noch einen Hilfsroboter vorgeschoben;

teilweise ist sie *unter*fordert:

ich will weder den Preis noch die Unzahl an Fähigkeiten eines DTP-Programms, wenn ich lediglich hübsche Visitenkarten entwerfen möchte.

Daher gibt es eine Reihe von Programmen, die gezielt für eine ganz bestimmte Aufgabe zugeschnitten wurden. Die wichtigsten lassen sich wieder in Gruppen einteilen:

– kaufmännische Programme (z.B. Finanzbuchhaltung, Lagerhaltung/Fakturierung etc.)
– Betriebssystem-Hilfsprogramme (Utilities, vgl. Kap. 4-8)
– kleine nützliche Hilfsprogramme zur Arbeitserleichterung (Notizkalender, Bildschirmschoner etc.)
– Spielprogramme

Zu den beiden letzten Punkten sind einige Worte zu sagen.

5.8.1 Kleine Helfer

Wie Eierschneider, Espressomaschine und Sahne-Dekor-Spritze im Haushalt, so gibt es auch in der PC-Welt eine Reihe nützlicher Kleinigkeiten, ohne die es zwar auch ginge, die aber das Leben mit bzw. die Arbeit am PC angenehmer machen.

Ein Bildschirmschoner ist beispielsweise ein Programm, das in Arbeitspausen auf dem Bildschirm irgendetwas (Nettes) herumhuschen läßt. Dahinter steckt das Wissen, daß ein über längere Zeit gleichbleibendes (stehendes) Bild sich in die Phosphorschicht des Schirms „einbrennt". Bildschirmschoner sind *bewegte* Bilder, die das verhindern, wenn ich während einer Arbeitspause die Maschine nicht abschalten will oder kann (z.B. weil ein Programm oder der Drucker gerade ohne mein Zutun arbeitet). Sie haben noch den zusätzlichen Vorteil, daß kein Vorbeikommender sieht, was sich bei mir gerade abspielt...

An solchen kleinen Helfern gibt es eine ganze Menge auf dem Markt, oft zu vernünftigen Preisen.

Dennoch kann es vorkommen, daß es gerade für *meine* Idee, mein Problem noch kein Programm zu kaufen gibt: ein neues Programm müßte geschrieben, **programmiert** werden!

5.8.2 Selbstgemachte Programme

Nun ist das im Prinzip ja durchaus machbar:
- Auch die großen Software-Produkte sind von Menschen geschrieben worden,
- wir haben gelernt: Maschinenbefehle sind von der Art
  "addiere – vergleiche – speichere"
  und bestehen aus Bitmustern,
- wir können nachlesen, welche Bitmuster für *unsere* CPU welchen Befehl bedeuten.

Aber:
- wie formulieren wir unsere Ideen in Bitmustern und
- wie bringen wir diese Bitmuster dann in die Maschine?

Da auch die Entwickler großer Programme vor diesen Schwierigkeiten standen, hat man sogenannte **Programmiersprachen** erfunden, die (ähnlich wie die Befehlssprache von DOS) einen Kompromiß darstellen zwischen Menschensprache und Maschinensprache.

Menschensprache:	*Maschinensprache:*
viele Wörter	gleichlange Wörter aus
viele Satzregeln	nur zwei „Buchstaben"
viele Ausnahmen	minimale „Satzregeln"
– also unsystematisch	– also unmenschlich

und dazwischen die
Programmiersprache:
wenige Wörter
systematische Satzregeln
– also für Menschen lesbar und
  benutzbar, *aber auch* von Maschinen
  „übersetzbar" (wegen der festen Regeln)

Programmiersprachen bieten alle Fähigkeiten der Maschine in menschlich verständlicher Weise an. Wir müssen einen nicht sehr großen (leider ziemlich englischen) Wortschatz lernen und einige Regeln zum Aufbau der einzelnen Befehle. Dann können wir mit Hilfe einer Programmiersprache beschreiben, welche Daten eingegeben, aufbewahrt, ausgegeben werden sollen und wie sie verarbeitet werden sollen.

Weitere (fertig zu kaufende) Hilfsprogramme namens **Sprach-Übersetzer** (engl. auch Compiler = „Zusammensteller") oder **Interpreter** sind in der Lage, mein selbst geschriebenes Programm zu lesen und – wenn ich keine Fehler gemacht habe – in ein maschinensprachliches Programm zu übersetzen. Das kann ich dann starten wie jedes andere Programm auch.

Die schon sehr früh entwickelte Programmiersprache **BASIC** z.B. ist nicht schwer zu lernen und erlaubt nach einiger Übung, sich seine „kleinen Helfer" selbst „zu basteln".

Ein ganz kurzes BASIC-Beispiel:

```
10 PRINT "Bitte eine Zahl zwischen 1 und 9 tippen"
   INPUT zahl
   IF zahl < 1 GOTO 10
   IF zahl > 9 GOTO 10
   PRINT "Danke für die "; zahl
```

Erläuterung:

Das Programm schreibt auf den Bildschirm mit PRINT und liest von der Tastatur mit INPUT. Den Namen „zahl" hat sich die Programmiererin ausgedacht. Das bedeutet eine Aufforderung an das Betriebssystem, eine RAM-Zelle zu reservieren und ihr für die Zeit, in der dieses Programm arbeitet, das Namensschild „zahl" aufzukleben. „INPUT zahl" heißt, die von der Tastatur kommende Zahl soll in Zelle „zahl" aufbewahrt werden. Die IF-Zeilen prüfen, ob die Zahl wirklich zwischen 1 und 9 liegt (IF = wenn). Ist das nicht der Fall, soll in der Zeile mit der Nummer 10 weitergemacht werden (GOTO = gehe zu): dort wird wieder um Eingabe gebeten. Stimmt die Zahl, endet das Programm mit der Ausgabe „Danke ...", bei der der Wert, der in Speicherzelle „zahl" steht, auch auf dem Bildschirm angezeigt wird.

Dieses Programm macht natürlich noch nichts Sinnvolles, aber solche Befehlszeilen sind vielfach Teil von größeren Programmen. Sie tun nämlich nichts anderes, als eine Tastatureingabe auf ihre Richtigkeit zu überprüfen. Was „richtig" ist, hängt jeweils vom Zusammenhang ab.

Einen nützlichen Helfer zu programmieren, erfordert also einige Programmzeilen mehr. Und natürlich ist es dann auch möglich, sich eine kleine Spielerei zu programmieren ...

5.8.3 Spielprogramme

Der Computerspiele-Markt ist groß und reicht von kriegerisch-primitiven bis zu intelligenten Strategie-Spielen. Viele nutzen den Bildschirm mit beeindruckenden bewegten, dreidimensional erscheinenden Bildern. Viele sind teuer, was zu Raubkopien reizt (vgl. Kap. 6).

Es ist menschlich, spielen zu wollen, und es macht Spaß, eine so trockene Maschine wie den Computer auch mal zum Amüsieren zu benutzen. Die Frage ist immer nach der Relation zwischen Zweck und Mittel:

- einige Tausend DM für Hardware sowie
- immer wieder Geld für Spielprogramme oder
- bei „geklauten" Spielprogrammen das Risiko der strafrechtlichen Verfolgung

für ein paar Stunden Spaß –

Ist ein PC hauptsächlich ein Arbeitsgerät, und benutze ich nebenher

- ein paar Spiele,
- ein Zeichenprogramm,
- vielleicht noch ein paar selbstgebastelte Programme
- oder gar das Programmieren selbst

als Hobby und zur Entspannung, so habe ich vermutlich eine bessere Relation zwischen finanziellem Einsatz und Ergebnis hergestellt.

5.9 Ausblick

Grundsätzlich Neues ist auf dem Markt der Anwendungsprogramme in nächster Zeit wohl kaum zu erwarten. Die Hersteller überschütten uns Anwenderinnen mit immer neuen Versionen ihrer Produkte, die immer sagenhaftere Fähigkeiten haben – doch sollte die Anwenderin für jedes Programm prüfen, ob sie die Neuerungen wirklich braucht.

Der Trend zur Vereinheitlichung der Programmoberflächen mit dem Ziel der Anwenderfreundlichkeit hält an. Fenstertechnik, SAA-standardisierte Bedienungsweise (vgl.

Kap. 5.2.3), grafische Bildschirmnutzung, Mausbedienung gehören bei den Marktführern mehr und mehr dazu.

Aber noch ein weiterer positiver Trend deutet sich an: Immer mehr Programme der Standardsoftware bemühen sich um einen problemlosen **Datenaustausch** mit anderen Programmen, auch solchen aus anderen Anwendungsbereichen und von anderen Herstellern:

- Datenbankprogramm X liest Tabellen aus Tabellenkalkulationsprogramm Y
- Grafiken aus Programm Ü lassen sich in Texte im Textprogramm Ä einbinden
- usw.

Das wird mit zwei Strategien erreicht:

- Viele Programme sind so entworfen, daß sie etliche fremde Dateiformate **importieren** (aufnehmen) und **exportieren** (weitergeben) können,
- andere Programme versuchen, ein gemeinsames **Meta-Format** zu benutzen, z.B. indem sie passend zur DOS-Oberfläche Windows programmiert sind (sogenannte Windows-Anwendungen) und deren Datenaustauschmethoden benutzen.

Dieser Trend macht uns flexibler in der Wahl unserer Programmwerkzeuge: Sind wir an Programm X gewöhnt, müssen aber Programm-Y-Dateien bearbeiten oder abliefern, so wird das vielleicht bald kein Problem mehr sein.

6 Sicherheitsfragen

Hardware und Software, Betriebssystem und Anwendungsprogramme: das ist die technische Seite der EDV. Aber es soll uns nicht nur um die Frage gehen

„Wie wird ein Computer benutzt?"

sondern mindestens ebenso wichtig ist es zu überlegen,

„Wofür setze ich Computer ein?"
„Wo bringt er Nutzen, wo Schaden?"
„Wie erspare ich mir unnötige Arbeit und zusätzlichen Ärger?"

Ein Computer sollte nie Selbstzweck, sondern stets ein **Werkzeug** sein: *Ich* entscheide, wann und wie sein Einsatz sinnvoll ist und wann nicht.

Arbeitsersparenden PC-Einsatz haben wir im vorigen Kapitel kennengelernt:

– Mit Textverarbeitung erspare ich mir Schreibarbeit, z.B. für gleichbleibende Geschäftskorrespondenz.
– Mit Datenbanken vereinfache ich mir komplexe Karteiauswertungen.
– Mit Tabellenkalkulation kann ich Rechenarbeit einsparen, indem ich gleichbleibende Formeln (Rechenaufgaben) mit immer neuen Zahlen ausrechnen lasse.
– In der Bildverarbeitung kann ich Zeichnungen und Layout gestalten und mit einfachen Mitteln variieren.

Gleichzeitig kommen durch den PC neue Aspekte in meine Arbeitswelt, die sorgfältig geprüft werden müssen:

– Sind meine erarbeiteten Daten im Computer vor Verlust geschützt? Welches Risiko besteht, daß ich alles „umsonst" gemacht habe?
– Ist Diebstahl und Mißbrauch irgendwelcher Dokumente leichter als ohne PC?
– Kann mir diese Maschine PC gesundheitlichen Schaden zufügen?

Diese Fragen wollen wir nun abschließend besprechen.

6.1 Systematische Datensicherung

Dokumente auf Papier können verbrennen oder gestohlen werden. Das ist eine altbekannte Gefahr, gegen die wir uns ganz selbstverständlich wappnen: kein offenes Feuer, verschließbare Schränke und Büroräume.

Was ist nun mit Computer-gespeicherten Dokumenten (denn genau das sind ja unsere Daten)? Die Gefahren, gegen die sie geschützt werden müssen, sind uns noch neu, sind uns aus unserem Alltag noch nicht vertraut. Daher müssen wir sie und die möglichen Vorbeugemaßnahmen zuerst einmal kennenlernen.

6.1.1 Sichern auf die Festplatte

Die allererste Regel zur Vorbeugung gegen Datenverlust haben wir bereits im Kapitel 5 kennengelernt. Hier sei sie noch einmal anwendungsunabhängig formuliert:

Daten, die ich gerade bearbeite, stehen im Arbeitsspeicher (RAM): bei Stromausfall (und das heißt auch: bei plötzlichem Abschalten) sind sie verloren!

Abhilfe:

> In regelmäßigen Abständen einen **Speicherbefehl** erteilen, also Daten vom RAM in eine Magnetplattendatei kopieren.

Es reicht auch nicht aus, die Daten *am Ende* der Arbeit in einer Datei zu sichern: Oft sitze ich einige Stunden am PC, und während dieser Zeit kann

– ein Stromausfall (jemand stolpert über das Netzkabel und zieht es aus der Wand),
– ein Programmabsturz (siehe Kapitel 4.7)

meinen RAM zum Müllhaufen machen,

– eine Tasse Kaffee, über die Tastatur entleert,

zu Kurzschluß führen und meinen PC „unansprechbar" machen, oder

– ich ans Telefon gerufen werden

und irgend jemand macht irgendetwas an meinem PC ...

Daher sollte ich mir unbedingt angewöhnen, alle 10, 20 Minuten oder spätestens, wenn ich mich vom Bildschirm abwende, meine Daten zu speichern.

6.1.2 Wie sicher ist die Festplatte?

Die nächste Überlegung betrifft dann die Sicherheit meiner *magnetischen* Dokumente. Zumeist liegen sie auf der Festplatte meines PCs, also fest mit ihm verbunden. Dort sind sie im „Normalbetrieb" auch gut aufgehoben. Nur gibt es ein paar Dinge, die einer Festplatte unwiderruflichen Schaden zufügen können – und damit sind meine Dateien verloren!

Die größten Gefahren für eine Festplatte sind

- Einwirkung eines äußeren Magnetfeldes
- Verschleiß der Magnetschicht
- „Head crash" durch mechanische Störung
- (zum Thema Diebstahl und absichtliche Zerstörung siehe Abschnitt 6.2)

Durch einen starken **Magneten** in der Nähe der Festplatte kann ich deren Oberfläche ummagnetisieren, also die Daten „ausradieren". Die Platte ist in ihrem Laufwerk zwar recht gut abgeschirmt, aber ein gewisses Risiko besteht doch.

Das dauernde Ummagnetisieren der einzelnen Bits auf der Magnetschicht beim normalen Schreiben bedingt mit der Zeit auch einen **natürlichen Verschleiß**: etwa wie bei einem Gummiband, das dauernd ge- und entspannt wird und eines Tages reißt. Auf der Magnetplatte entstehen Stellen, die nicht mehr gezielt magnetisiert werden können, also unbrauchbar sind. Das Betriebssystem erkennt Plattenblöcke mit solchen Stellen in der Regel, bevor neue Daten dort abgelegt werden. Der ganze Block wird dann als unbrauchbar gekennzeichnet. Standen dort aber bereits Daten, als die Stelle unbrauchbar wurde, so sind sie zumindest teilweise zerstört. Es gibt Hilfsprogramme, die versuchen, soviel wie möglich noch zu retten (vgl. Kap. 4.5, 4.8), aber ein Verlustrisiko bleibt.

Schlimmer noch ist die „**Head crash**"-Gefahr (head crash = Kopf-Absturz): die Festplatte rotiert beständig mit hoher Geschwindigkeit, so daß der Schreib/Lesekopf auf einem **Luftpolster** - nur Bruchteile von Millimetern hoch – über ihr schwebt. Dadurch wird ein mechanischer Abrieb der Platte durch den Schreib/Lesekopf vermieden. Unterbricht nun etwas das Luftpolster, so senkt der Schreib/Lesekopf sich ab und „zersägt" die Platte (ein Vorgang, der im allgemeinen gut zu hören ist). Nun ist ein Teil der Daten absolut zerstört, der Rest höchstens noch mit Spezialgeräten zu retten.

Mehrere Ursachen sind möglich:
- Staubpartikel auf der Plattenoberfläche (da das Gehäuse gut abgeschlossen ist, relativ selten)
- heftiger Stoß gegen das PC-Gehäuse
- plötzlicher Stromausfall (und dadurch unvermitteltes Abbremsen der Platte)
- nicht ganz ausgewogene Lagerung der Platte

Vorbeugemaßnahmen:

> - Festplattengehäuse nie manipulieren
> - den laufenden PC in Ruhe lassen; transportieren nur in abgeschaltetem Zustand
> - PC-Gehäuse waagerecht oder senkrecht (wenn es dafür geeignet ist) stellen, aber nie schräg

Die tragbaren PCs (Portables = Tragbare, Laptops = Schoßgeräte, Notebooks = Notizbuchgeräte genannt) haben besonders abgesicherte Festplatten, die z.B. ihren Schreib/Lesekopf von der Platte zurückziehen, wenn gerade kein Schreib- oder Leseauftrag zu erledigen ist.

6.1.3 Sichern auf Disketten

Alle diese Vorbeugemaßnahmen reichen noch nicht aus: es *kann* trotzdem die Festplatte Schaden nehmen, so wie mein Haus trotz Blitzableiter, Zentralheizung (und Feuerversicherung) abbrennen kann.

Und noch eine weitere Gefahr besteht: gründliche Menschen räumen hin und wieder auf – um den Überblick über die Festplattendateien zu behalten oder, weil die Platte schon ziemlich voll ist. Nie bin ich davor sicher, daß eine der Dateien, die ich lösche, weil ich sie seit einem Jahr nicht mehr gebraucht habe, ausgerechnet morgen ganz wichtig sein wird...

Da hilft dann nur noch eine Maßnahme:

> - Alle wichtigen Daten regelmäßig (also z.B. jeweils am Ende des Arbeitstages) zusätzlich **auf Disketten kopieren, also auf Disketten sichern.**
> - Disketten sicher im Schrank aufbewahren.

Das sollte uns so selbstverständlich werden wie die Regel „Schecks und Scheckkarte getrennt aufbewahren".

6.1.4 Sicherungsmethoden

Es bleibt die Frage nach der besten Sicherungs**strategie**. Sie sollte

schnell	(wenig Arbeitszeit verbrauchend)
umfassend	(nicht zu viele, nicht zu wenige Dateien)
nicht aufwendig	(nicht zu viel dazulernen müssen)

sein.

Datei- und Plattenverwaltung ist Aufgabe des Betriebssystems, also schauen wir, was DOS uns dazu anbietet.

COPY

Ohne etwas dazulernen zu müssen, kann ich mit

COPY   Datei(gruppe) Diskettenlaufwerk

identische Kopien meiner Dateien auf Disketten erstellen.

Nachteil: Für viele Dateien brauche ich unter Umständen viele Befehle – es dauert also ziemlich lange, und es ist mühsam, immer mit DIR den Überblick zu behalten, was noch zu sichern ist. Wenn ich den Stellvertreter * für Dateigruppen benutzen will, müssen sie gemeinsame Namensteile haben – oder ich kopiere mehr Dateien als nötig.

Beispiel:

Zu sichern ist PREISE.TXT, VERTRAG1.TXT, ...

Mit „COPY *.TXT" kopiere ich *alle* TXT-Dateien, auch die schon gestern gesicherten.

Wird die Diskette während des Kopiervorgangs voll, so bricht DOS die Befehlsausführung ab. Ich muß nun selbst herausfinden, welche Dateien auf die nächste Diskette müssen.

Mit

COPY Diskettenlaufwerk:Datei(gruppe)

kann ich jederzeit eine oder einige der Dateien zurückholen auf die Festplatte.

Fazit: COPY ist sinnvoll, wenn wenige Dateien zu sichern sind.

XCOPY

XCOPY (X für extended, erweitert) wird benutzt wie COPY, aber es kann ganze Verzeichnisse mit Unterverzeichnissen kopieren und vor allem das **Archivattribut** nutzen.

Das Archivattribut oder **Archivbit** ist ein Dateiattribut (vgl. Kap. 4.5), das jede Datei bei jeder Bearbeitung automatisch erhält. Mit

XCOPY   Datei Diskettenlaufwerk /A

(A wie Archiv) werden nur Dateien mit Archivbit kopiert, mit

XCOPY   Datei Diskettenlaufwerk /M

(M wie **Modifizieren**) wird *zusätzlich* das Archivbit der Originaldateien nach dem Kopieren gelöscht: beim nächsten „XCOPY.../M" wird diese Datei ignoriert. Auf der Diskette haben alle Dateien ihr Archivbit, sie sind im „Normalzustand". Daher kann ich eine einzelne ohne Probleme mit COPY auf die Festplatte zurückholen.

Beispiel:

XCOPY   *.TXT   A:/M

sichert alle TXT-Dateien, die zur Zeit ein Archivbit haben und löscht es. Diese Dateien bekommen erst wieder ein Archivbit, wenn sie erneut bearbeitet wurden.

Wird die Diskette während des XCOPY-Vorgangs voll, so bricht DOS die Arbeit daran ab. Die bereits kopierten Dateien haben nun auf der Festplatte kein Archivbit mehr. Daher ist der Befehl ganz einfach mit der nächsten Diskette fortzusetzen: dieselbe Befehlsformulierung (wieder mit /M) ignoriert die bereits kopierten Dateien.

Nachteile:

– Ich darf das /M nicht vergessen,

– ich habe stets nur die aktuellste Version eines jeden Dokumentes gesichert (Kopien überschreiben gleichnamige Dateien auf der Diskette).

Fazit: XCOPY erlaubt systematischere Sicherungen als COPY.

BACKUP / RESTORE

DOS bietet mit dem Programm BACKUP (engl. etwa: zur Unterstützung bereitstehen) einen Sicherungsmechanismus an, der, ebenfalls mit /WIE-Zusätzen, detaillierte Sicherungsvarianten erlaubt:

- /M   nur Dateien mit Archivbit (M:<u>m</u>odifiziert)
- /D:t.m.j   (D=Datum) nur Dateien jünger als t.m.j;
  t=Tag, m=Monat, j=Jahr
- /T:ss.mm   (T=Time, Zeit) nur Dateien ab ss.mm;
  ss=Stunde, mm=Minute
- /A   an vorige Sicherung <u>a</u>nhängen

BACKUP-Sicherungen sind allerdings keine „Normalkopien", sondern alle Kopien werden in **eine Archivdatei** zusammengepackt. Zusätzlich wird in einer **Übersichtsdatei** die Information aufbewahrt, wie die Originaldateien zu rekonstruieren sind.

Das ist so, als ob mein Spezialroboter BACKUP alle ihm übergebenen Akten Blatt für Blatt fotokopiert, alle Fotokopien in eine gemeinsame Kiste packt und oben drauf ein Inhaltsverzeichnis legt.

BACKUP fordert so viele Disketten an, wie für die Sicherung aller angegebenen Dateien notwendig sind. Gesicherte Dateien haben auf der Festplatte kein Archivbit mehr.

Beispiel:

BACKUP *.TXT A: /M

sichert alle TXT-Dateien, die ein Archivbit haben.

Auf der ersten Diskette entstehen die Dateien BACKUP.001 und CONTROL.001, auf der zweiten die gleichen Dateinamen mit der Ergänzung 002 usw. BACKUP.00x enthält die Dokumente, CONTROL.00x die Übersichtsinformation.

Wichtig: Damit meine nächste Sicherung nicht die Datei BACKUP.001 *neu* anlegt (also die alte in den Reißwolf steckt), muß ich ab der zweiten Sicherung *immer* **/A** (Anhängen) angeben:

BACKUP *.TXT A: /M/A

ergänzt die alte Sicherung um alle TXT-Dateien, die gerade ein Archivbit haben (packt die neuen Dokumente zusätzlich in die Kiste).

Dadurch kann ich mehrere Versionen derselben Datei sichern: BACKUP legt auch gleichnamige Dokumente in dieselbe Kiste, aber mit einer Art „Datumsstempel". Dieser hilft später bei der Unterscheidung zwischen den Versionen.

Um eine dieser „eingepackten" Dateien wieder benutzen zu können, brauche ich einen zweiten Spezialroboter namens **RESTORE** (restauriere). Er ist in der Lage, Dateien aus der BACKUP-Kiste wieder in normale Aktendeckel abzuheften. Aus der Unzahl von Dokumenten in einer BACKUP-Kiste (die sich ja über mehrere Disketten erstrecken kann) brauche ich in der Regel nur einige. Da sie auf der Diskette keine eigenen Dateinamen mehr haben, muß ich mein RESTORE irgendwie steuern. Das geschieht mit /WIE-Zusätzen. Die wichtigsten sind wohl

/D: (wie DIR) zeige eine Liste der „eingepackten" Dateien, ohne etwas „auszupacken"
/N: stelle nur Dateien wieder her, die auf der Festplatte nicht mehr vorhanden sind.

Beispiel:

RESTORE A: C:*.TXT/N

holt mir nur solche Textdateien aus der Kiste, die auf der Festplatte nicht existieren (also vielleicht versehentlich gelöscht wurden).

Natürlich gibt es auch hier wieder Datums- und Zeit-Zusätze und noch einiges mehr. Diese einbuchstabigen Abkürzungen sind aber nur schwer zu lernen und zum Teil auch eher verwirrend in ihrer Bedeutung.

Fazit: BACKUP und RESTORE sind ein zwar hilfreiches und fähiges, doch schwierig zu benutzendes Roboterpärchen.

Sicherungs-Utilities

Alle DOS-Befehle zum Sichern verlangen *eine* Suchweg-Angabe, also eine Bezeichnung *aller* von der Benutzerin gewünschten Dateien, die sich in Form eines einzigen Suchwegs schreiben läßt. Habe ich mehrere unterschiedliche Datei(grupp)en zu sichern, muß ich entsprechend viele Sicherungsbefehle erteilen, gegebenenfalls jedesmal mit den wichtigen /WIE-Zusätzen.

In **Utility-Paketen**, also Hilfsprogrammen zu DOS, werden vielfach komfortablere Datensicherungsmechanismen angeboten. Das sind dann Programme, die die Steuermöglichkeiten (Zeitraum der Sicherung, Archivbit, gezieltes Wiederherstellen, Verwaltung mehrerer Disketten) von BACKUP/RESTORE mit einer Benutzerinnenfreundlicheren Bedienoberfläche verbinden:

Über Menüs und Dialogfenster werden Sicherungszeiträume und sonstige Feinheiten abgefragt und vom Programm gespeichert. Dann kann das Programm bei jeder Sicherung die zu sichernden Dateien (also alle neu bearbeiteten) selbständig herausfinden. Die Benutzerin hat den Überblick über das, was möglich ist, was bereits voreingestellt ist und was gerade geschieht. Sie muß sich nicht mit Abkürzungen herumquälen und kann dem Programm vertrauen.

Fazit: Die komfortabelsten und umfassendsten Sicherungsmethoden findet man in Extra-Programmen, nicht unter DOS. Bei Arbeitsabläufen, in denen täglich viele neue Dateien anfallen, sollte man sich den Luxus einer Tagessicherung mit einem solchen Programm gönnen.

6.1.5 Software-Sicherung

Bisher haben wir nur über das Sichern von *Daten*dateien geredet. Ebenso wichtig ist es aber, alle **Programme**, die ich benutze und für die ich eine Menge Geld ausgegeben habe, nicht nur auf der Festplatte aufzubewahren. Kaufe ich Software, so erhalte ich einen Satz **Originaldisketten**, deren Verlust mir niemand ersetzt. Mit Hilfe der Originaldisketten wird das Programm dann auf der Festplatte **installiert** (vgl. Kap. 4.6), also meinem PC angepaßt. Danach kann ich die Originaldisketten sicher im Schrank aufbewahren.

Kaufe ich einen PC mit fertig installierter Software, so muß ich darauf achten, daß mein Händler mir die Originaldisketten aushändigt. Das gilt insbesondere für das (meistens schon installierte) Betriebssystem.

Passiert meiner Festplatte ein Mißgeschick, dann habe ich die Originaldisketten bereit zur Neu-Installation.

Gelegentlich muß ich sie auch hervorholen, weil meine Programme angepaßt werden müssen, z.B. an einen neuen Drucker. Jedesmal, wenn ich die Originaldisketten benutze, besteht die Gefahr, daß ich ihnen Schaden zufüge (z.B. neu formatiere – vgl. Kap. 3.6).

Um das zu vermeiden, empfehlen alle Software-Hersteller, von den Originaldisketten *vor* ihrer Verwendung Kopien herzustellen und dann nur noch diese zu benutzen (solange an ihnen kein Schaden entsteht).

DOS bietet den Befehl **DISKCOPY** an, der eine Diskette Block für Block auf eine andere (gleichformatige und -formatierte) überträgt. DISKCOPY funktioniert mit nur einem Diskettenlaufwerk, und zwar nach folgendem Schema:

1) DOS fordert die Originaldiskette („Quelldiskette")
2) DOS kopiert soviel wie möglich davon in den RAM
3) DOS fordert die Leerdiskette („Zieldiskette")
4) DOS kopiert vom RAM auf die Leerdiskette
5) Schritt 1 bis 4 werden wiederholt, bis alles kopiert ist.

Sicherheitshalber versieht man die Originaldisketten zuvor mit Schreibschutz.

Zusammengefaßt:

Datensicherung heißt Vorbeugen vor Verlust.
 Verlust entsteht durch
   – Programmausfall
   – Magnetplattenausfall
   – versehentliches oder böswilliges Löschen

Maßnahmen:
   – regelmäßig vom RAM auf Platte speichern
   – regelmäßig von der Festplatte auf Disketten kopieren
   – Doppel von Software-Originaldisketten erstellen

DOS bietet Befehle zum Sichern von Dateien an; der empfehlenswerteste davon ist XCOPY. Komfortabler (und daher auch *akzeptabler*) sind spezielle Sicherungsprogramme.

6.2 Datenschutz

Mit dem Aufschwung und der Verbreitung von Computern ist das Thema **Datenschutz** immer wichtiger geworden. Auch hier sollte man sich zunächst klarmachen, worum es dabei geht.

„Daten" im Sinne von „Dokumenten" gibt es auch unabhängig vom Computer. Wichtige, interessante, geheime, Geld oder Macht versprechende Dokumente haben immer schon zum Diebstahl herausgefordert. Neu ist nur, daß mit einer kleinen Diskette oder über vernetzte Computer der Diebstahl so einfach und so unauffällig wie nie zuvor geworden ist!

- Eine Diskette oder eine Datei zu kopieren, hinterläßt keine Spuren.
- Eine Kartei von 1000 Karten zu fotografieren, erfordert Stunden, eine Datenbank zu kopieren nur Minuten.
- In vernetzten Computern fremde Dateien zu lesen, ist beinahe schon ein Sport (Stichwort „Hacker" – vgl. 6.2.1).

Wir haben es also mit verschiedenen Arten von **Datenkriminalität** zu tun, die durch die Verbreitung der Computer zu einem großen Problem geworden sind.

Die folgenden Gesichtspunkte wollen wir dazu betrachten:
- Wie kommt man überhaupt an fremde Daten?
- Was ist eigentlich strafbar?
- Was sind „Viren"?
- Wie kann ich mich schützen?

6.2.1 Der Weg zu fremden Daten

Zugriff auf fremde Daten ist leider oftmals viel zu einfach: Im Büro steht ein PC offen herum, der den ganzen Tag in Betrieb ist, und wenn gerade niemand im Raum ist, kann ich daran „spielen". Erkenne ich DOS auf dem Gerät (am Prompt!), so schnuppere ich mal mit DIR herum. Eine Diskette einschieben und eine Datei kopieren, ist schnell erledigt. An meinem eigenen PC brauche ich dann nur noch das geeignete Bearbeitungsprogramm, um die gestohlenen Daten nutzen zu können.

Dem liegt eine Fahrlässigkeit zugrunde, als ob eine Supermarkt-Kassiererin ihre Kasse verläßt, ohne die Geldlade zu schließen.

Um Computer-Besitzer zu überlisten, die bereits sensibler geworden sind, die ihre Dateien vielleicht „verstecken" (vgl. Kap. 4.5.6), erfordert es genauere Kenntnisse. Aber auch die kann ich mir erwerben.

Leute, die sich mit Feuereifer in die Bit-Niederungen begeben, die alle Arten von Codes beherrschen oder sich erarbeiten (zur Erinnerung: Maschinensprache ist ebenso ein Code wie jede Verschlüsselung, die der Geheimhaltung dient) und dann virtuos jede Maschine für ihre Zwecke nutzen, also sich Zugang zu fremden Computern verschaffen, nennt man „**Hacker**". Das „Knacken" fremder Codes dient ihnen zunächst einmal als Beweis der eigenen Fähigkeiten.

Im Grunde ist *jeder* Code zu entschlüsseln, nur sind die Schwierigkeitsgrade unterschiedlich. Ein Code gilt dann als sicher, wenn der Aufwand, ihn zu entschlüsseln, in keinem sinnvollen Verhältnis zu den daraus gewonnenen Vorteilen steht. Zu einem sicheren Code gehört beispielsweise, die Verschlüsselungsvorschrift in gewissen Zeitabständen zu wechseln.

Großrechnersysteme und Computernetze, die praktisch immer in Betrieb sind, arbeiten mit Zugangsberechtigungen: Jeder autorisierte Teilnehmer hat ein **Paßwort**, ein Schlüsselwort, und er kann eine Arbeitssitzung am Computer nur beginnen, wenn er sein Paßwort korrekt eingetippt hat. Damit das Betriebssystem ein Paßwort erkennt, müssen alle Paßwörter aller Teilnehmer gespeichert sein. In Systemen mit großem Sicherheitsbedürfnis geschieht das natürlich verschlüsselt. Ein Mensch, der sich mit Betriebssystem-Interna auskennt, also die Zugriffswege des Systems auf die Dateien kennt und Byte-Codierungen lesen kann, wird mit Geduld und Sorgfalt in der Lage sein, Paßwortlisten zu entschlüsseln. Das ist um so leichter, als in der Regel dabei nicht einmal die raffiniertesten Verschlüsselungen benutzt werden.

Die einzige Abhilfe ist, Paßwörter möglichst oft zu wechseln, so daß nach der mutmaßlichen Entschlüsselungszeit für eine Paßwortliste die Paßwörter schon wieder ungültig sind.

6.2.2 Arten der Datenkriminalität

Vom gesetzlichen Standpunkt aus ist es verboten

- personenbezogene Daten öffentlich zugänglich auf Computern zu halten,
- personenbezogene Daten in einer Weise auszuwerten, die „nicht bestimmungsgemäß" ist,
- urheberrechtlich geschützte Software zu kopieren und die Kopien zu benutzen oder zu verkaufen.

Das bedeutet zunächst einmal, daß ich eben nicht meine Patienten-, Kunden-, Personal-Datenbanken auf der Festplatte eines PCs aufbewahren darf, an dem jeder „herumspielen" kann.

Aber es bedeutet noch mehr: Selbstverständlich *habe* ich solche Datenbanken, und selbstverständlich bewahre ich darin soviel Information auf, wie mir wichtig ist. Nur ist die gespeicherte Information ja auch noch ganz anders zu verstehen, als ich es beabsichtigt habe:

Beispiel 1:

Patienten*adressen* sehen zunächst einmal unverfänglich aus. Gebe ich sie jemandem weiter *ohne* Krankheitsdaten, so könnte man meinen, daß jedes Adreßbuch die gleiche Information enthält.

Nur: Indirekt sagen diese Adressen aus, daß Person N.N. Patient von Dr. X ist – also möglicherweise krank. Das kann von potentiellen Arbeitgebern bereits falsch verstanden werden.

Und ein Schritt weiter: Habe ich die ganze Patienten-Datenbank zur Verfügung, ist es ein leichtes, die Häufigkeit und die Gründe für Arztbesuche einzelner Personen herauszuholen und gegen sie zu verwenden.

Beispiel 2:

Ein Betrieb führt eine Personal- und eine Projekt-Datenbank. In der letzteren werden die Fortschritte der einzelnen Projekte zeitbezogen festgehalten, zusammen mit Informationen „wer ist zuständig für was". Diese Datenbank dient nur der Projektübersicht.

Muß nun der Chef Personal-Entscheidungen treffen, *kann* er die Projektdatenbank auch ganz anders lesen: Wer tut wieviel? Wer kommt nicht voran? etc.

Die Beispiele zeigen, daß es ganz **bewußten** Mißbrauch gespeicherter Daten geben kann (wenn ich Daten lese, die mich nichts angehen, wenn ich Daten an Unbefugte weitergebe) und auch **fahrlässigen** Mißbrauch: wenn ich Daten, die mir zur Verfügung stehen, in einer Weise benutze, für die sie *nicht* gesammelt wurden.

Das Gesetz stellt bewußt beide Arten von Mißbrauch unter Strafe, aber da ein „geschickter" Mißbrauch kaum Hinweise auf den Ursprung der Daten zuläßt, sind seine Vertreter ziemlich machtlos.

Eine andere kriminelle Aktion im PC-Bereich ist schon leichter zu verfolgen: die Benutzung von **Software-Raubkopien**.

Die Tat ist ganz einfach: Original-Disketten kopieren, die Kopien auf einem anderen PC installieren: fertig. Der Begriff „Raub" bezieht sich hier auch nicht auf den Besitzer der Originaldisketten: ihm fehlt nichts; vielleicht hat er sogar die Disketten selbst hergegeben. „Beraubt" – und zwar von „Räuber" und Disketten-Besitzer gemeinsam – wird der Software-Hersteller, der durch die Raubkopien potentielle Kunden verliert.

Software-Hersteller bauen das Wissen um Raubkopien ganz bewußt in ihre Preispolitik ein. So entsteht der Teufelskreis: Software ist so teuer, weil es Raubkopierer gibt – und es gibt immer mehr Raubkopierer, weil Software so teuer ist.

Welche Gründe und welche Risiken gibt es bei Raubkopien? Alle Arten von Software gibt es auch in preisgünstigen Programmen, deren Leistungsumfang für kleinere

Aufgaben oft gut ausreicht. Sobald ich aber **Datenaustausch** betreiben muß (z.B. als freiberufliche Übersetzerin, Grafikerin, Schreibkraft), also Datenbanken, Texte oder Grafiken in einem **Dateiformat** abliefern, das ein bestimmtes (marktführendes) Programm benutzt, bin ich gezwungen, mit einem Programm zu arbeiten, das Dateien in diesem Format erstellt, und das ist oft genug nur das Originalprogramm.

Zur Erinnerung: Jedes Programm hat seine eigene Art, Informationen in Dateien abzulegen (z.B. Textgestaltungsmerkmale oder Datenbankformulare), und die bezeichnet man als das Dateiformat des Programms.

Bevor ich dann das teure Originalprogramm kaufe, nehme ich es vielleicht gerne an, wenn mir jemand die Disketten zur Verfügung stellt: Diebstahl aus Selbstschutz. *Aber*: Dies ist ein Vergehen!

- Ohne Kaufvertrag, der mir eine **Lizenz** zur Benutzung gewährt, darf ich Software nicht benutzen.
- Im Lizenzvertrag verpflichtet sich ein Software-Käufer, das Programm nur *auf einem* PC zu installieren.

6.2.3 Computerviren

Was ist ein Virus?

Zunächst einmal ein kleines Stück Programm, erstellt von jemandem, der sich gut mit der Betriebssystem-internen Dateiverwaltung auskennt. Dieses Stück Programm steht unauffällig irgendwo zwischen den Befehlen eines anderen Programms. Jedesmal, wenn ich dieses Programm arbeiten lasse, wird – unbemerkt – auch das Virus-Programm abgearbeitet.

Ein Virus-Programm hat im wesentlichen zwei Bestandteile:

1. Es zerstört etwas (oder macht bestenfalls „Unfug" auf dem Bildschirm).
2. Es kopiert sich selbst, also die Befehle, aus denen es besteht, in weitere Programmdateien hinein.

Damit die Sache möglichst unauffällig abläuft, hat der Virus meist ein „Auslösemoment". Er prüft z.B. den PC-internen Kalender, und wenn nicht ein bestimmter Zeitpunkt vorliegt (vielleicht Freitag, der 13.), zerstört er nichts.

Was er im Falle eines Falles zerstört, ist unterschiedlich:

- eine ganze Dateigruppe
- alle Dateien des Tages (also noch nicht gesicherte)

– vielleicht bringt er auch nur ein verrücktes Bild auf den Schirm

Das „Sich selbst weiterkopieren" löst die „Epidemie" aus.

Der Virus-Programmierer muß das Format von Programmdateien gut kennen, um die Befehle so zu formulieren, daß sie sich unauffällig in fertige Programmdateien einpflanzen. Über Netze oder Disketten, die „infizierte" Programme enthalten, kommt der Virus dann auch auf andere PCs.

Wer denkt sich so etwas aus?

Die pfiffigeren Viren (es gibt inzwischen Hunderte) lassen auf einen gewissen Spieltrieb schließen. Da Viren aber meistens Arbeit von anderen Menschen zerstören, handelt es sich sicherlich nicht um einen gutartigen „Spieltrieb".

Aber man kann die Sache auch andersherum sehen: Seit es Viren gibt, werden auch **Anti-Viren-Programme** verkauft, also solche, die die Virenbefehle erkennen und aus den infizierten Dateien löschen können. Wenn neue Viren entdeckt werden, müssen neue Anti-Programme her – gleichzeitig wird mit Pressenotizen über den neuen Virus die Angst geschürt. Ergebnis: Die Hersteller der Anti-Viren-Programme verzeichnen eine enorme Umsatzsteigerung.

Fazit: Viren sind „Programme im Programm", die

– unauffällig

– zerstörerisch

– sich selbst fortpflanzend

Machtbewußtsein und Geldmacherei in der EDV ausdrücken.

6.2.4 Schutzmaßnahmen

Ein paar Maßnahmen, um Dateien zu schützen, sind ganz einfach durchzuführen:

– PC nie unbeaufsichtigt laufen lassen

– PC nach der Arbeit ver- bzw. einschließen

– kritische Daten *nur* auf Disketten aufbewahren, und die stets selbst einschließen

– PC mit personenbezogenen Daten nicht im **Netz** lassen, oder die Dateien mit Paßwörtern versehen

Paßwortschutz ist – wie schon erwähnt – nicht immer eine sichere Lösung. Ich muß selbst darauf achten, daß

- Paßwörter geschickt gewählt werden (*nicht* Vornamen von mir, Partner, Kinder, Hund!)
- Paßwörter öfter gewechselt werden
- das Paßwort-Verwaltungsprogramm die Paßwörter verschlüsselt
- nicht alle Paßwörter dadurch umgangen werden können, daß ich den PC mit einer Boot-Diskette starte.

In Netzen ist Paßwortschutz unumgänglich, und ich sollte die gebotene Sorgfalt dabei aufbringen.

Sich gegen Viren zu schützen, ist nicht so einfach. Ist mein PC an ein Netz angeschlossen, so können Viren unbemerkt „überspringen". Also auch hier beachten: PC nicht unnötig im Netz arbeiten lassen.

Außerdem wissen wir, daß Viren sich in *Programm*-Dateien verstecken. Disketten mit Programmdateien unsicherer Herkunft sollte ich also mit Vorsicht benutzen. Natürlich kann ich jede Fremddiskette zunächst mit einem Anti-Viren-Programm prüfen lassen. Ist der Virus jedoch ganz neu, erkennt das Programm ihn möglicherweise nicht.

Es gibt aber ganz wirkungsvolle Programme, die man sich mit etwas Programmiererfahrung sogar selbst erstellen kann: die **Prüfsummenprogramme**. Sie berechnen aus den Bytes der (Programm-)Dateien eine Summe, indem jedes Byte als **Dualzahl** aufgefaßt wird.

Beispiel:

Stellenwertigkeit der Dualzahl: 7 6 5 4 3 2 1 0

Beispiel-Byte: 1 0 1 1 0 0 0 1

10110001_{dual}
$= 2^7 + 2^5 + 2^4 + 2^0 = 128 + 32 + 16 + 1$
$= 177_{dezimal}$

(Um die Umrechnung zu verdeutlichen: auch eine *Dezimal*zahl wird über ihre Stellenwertigkeit ausgerechnet. Die Ziffernfolge „177" bedeutet

$1 \cdot 10^2 + 7 \cdot 10^1 + 7 \cdot 10^0$;

„Zahl hoch 0" ist stets 1.)

Eine Datei-Byte-Summe wird dann meistens noch durch 256 geteilt: Der dabei entstehende **Rest** paßt genau in ein Byte (da er kleiner als 256 ist). So wird für jede Datei eine Prüfzahl aufbewahrt. Läßt man das Prüfprogramm erneut laufen, vergleicht es für jede Datei die neuberechnete Prüfzahl mit der zuletzt gespeicherten. Stimmen beide nicht überein, ist mit Sicherheit an der Datei manipuliert worden! Mit Hilfe meiner Sicherungskopien kann ich dann die Originaldatei wiederherstellen. Die Wahrscheinlichkeit, auf diese Art Viren zu entdecken, ist recht groß.

Zusammengefaßt:

EDV-spezifische Kriminalität umfaßt
– benachteiligende Auswertung von Personendaten
– unerlaubten Zugriff auf (geheime) Dateien
– Erstellung und Nutzung von Software-Raubkopien
– mutwillige Zerstörung von Daten durch Viren
Vorbeugende Maßnahmen sind
– PCs bzw. Dateien nicht offen zugänglich machen (kritische Dateien nur auf Disketten)
– Paßwortschutz und Diskettenbenutzung in Netzen
– keine Programmdisketten unsicherer Herkunft benutzen
– Virensuchprogramme, Prüfsummenprogramme

6.3 Menschenschutz

Spricht man von „Schutz" und „Sicherheit" rund um den Computer, so geht es nie primär um die Sicherheit der Daten, sondern vorrangig um die Sicherheit der Menschen.

Datenschutz   schützt die Menschen vor Mißbrauch ihrer persönlichen Daten
Datensicherungen   schützen vor unnötiger Mehrarbeit

Darüber hinaus sollten wir auch über **Gesundheitsbeeinträchtigungen** im Zusammenhang mit Computerarbeit nachdenken. Zwei Faktoren sind im Gespräch, seit es Bildschirmarbeit gibt:

Strahlen und Streß

6.3.1 Strahlenbelastung

Im Umkreis von stromführenden Leitungen werden elektrische bzw. elektromagnetische **Felder** aufgebaut. Vereinfacht ausgedrückt, passiert das folgende.

Der Strom wird erzeugt durch eine Spannungsquelle: Elementarteilchen, also Teile der Atome, aus denen alle Materie besteht (auch Lebewesen), positiv geladene auf der einen Seite, negativ geladene auf der anderen, suchen nach einem Ausgleich. Verbindet man beide Seiten durch ein leitendes Material (z.B. Metall), so ergießen sich die negativ geladenen Teilchen, die **Elektronen**, wie ein Wasserfall durch die Leitung: Strom fließt.

Aber eigentlich ist es ein Wasserfall über mehrere Stufen: Hier bleibt ein Teilchen hängen, daneben wird ein neues frei und bewegt sich. Die Elektronen in der ganzen Leitungsverbindung geraten in Bewegung. Durch die in ihnen wohnende Energie wirkt diese Bewegung noch über die Leitung hinaus, so wie ein Wasserfall ringsum die Luftfeuchtigkeit erhöht. Dadurch geraten weitere Elektronen in anderen Dingen in der *Nähe* der elektrischen Leitungen auch in Bewegung. Je größer die Spannung in elektrischen Geräten, desto stärker die Auswirkung, die **Strahlung**, auf die Umgebung. Da auch wir Menschen aus Atomen bestehen, kann diese Energie auch uns unmittelbar beeinflussen.

Nun unterscheidet man mehrere Arten von Auswirkungen:

Elektrostatisches Feld

Elektrisches Wechselfeld

Magnetisches Wechselfeld

Für alle diese Erscheinungen gilt, daß sie in zunehmender Entfernung von ihrer Quelle abnehmen.

Im PC-Bereich ist der Bildschirm die Hauptstrahlungsquelle: Hier werden Elektronen in der Bildröhre durch **elektrische Felder** beschleunigt und als Elektronenstrahl auf die Bildfläche „geschossen", wodurch diese aufgeladen wird. Um dort zu schreiben, wird der Strahl von seiner Normalrichtung gezielt **abgelenkt**; das geschieht über **magnetische Felder**.

In unmittelbarer Nähe zum Bildschirm sind alle Auswirkungen nachweisbar. Interessant ist die Frage, wie groß sie im normalen Arbeitsabstand, also etwa 50 cm, sind. Durch geeignete **Abschirmung** derjenigen Teile im Innern des Bildschirms, die für die Auswirkungen verantwortlich sind (Transformator, Röhre, Ablenkspulen), kann man sie gering halten.

Es gibt mittlerweile Empfehlungen (entwickelt von der schwedischen Meß- und Prüfstelle) für **strahlungsarme** Bildschirme. Zahlreiche Hersteller beweisen, daß diese Empfehlungen eingehalten werden können.

Aber was bewirken die Strahlen in den Menschen?

Elektrostatische Aufladung kann ich ganz deutlich spüren: Berühre ich den Schirm und spüre dabei einen leichten elektrischen Schlag oder ein deutliches Knistern, so hat sich ein zu großes elektrostatisches Feld aufgebaut, das ich mit meiner Berührung zur Entladung gebracht habe. Problematischer ist, daß Staubteilchen in der Umgebung des aufgeladenen Bildschirms „eingefangen" werden. Daher umgibt den Schirm und auch meine Augen eine Staubwolke, die zu Reizerscheinungen führen kann.

Auswirkungen *elektrischer und magnetischer Felder* auf die menschliche Gesundheit sind nicht vollständig nachweisbar – aber auch nicht widerlegbar! Sicher ist nur, daß auch die Elektronen im menschlichen Körper in Bewegung gebracht werden.

Wir leben in einer elektrifizierten Gesellschaft und sind überall solchen Auswirkungen ausgesetzt. Es kann also nur darum gehen, die Belastungen vorsichtshalber so gering wie möglich zu halten. Daher sind gut abgeschirmte Geräte eine vorbeugende Investition in die Gesundheit.

6.3.2 Streß

Ein ganzer Wissenschaftszweig, die **Ergonomie**, beschäftigt sich mit der menschengerechten Ausstattung von Arbeitsplätzen. Sie hat bereits eine ganze Reihe Streßquellen aufgedeckt und Abhilfemaßnahmen vorgeschlagen. Streßfaktoren findet man in der Beschaffenheit von

- Arbeitsgeräten
- Arbeitsplatz
- Arbeitsrhythmus

Die wichtigsten Eigenarten menschengerechter **Arbeitsgeräte** müssen bereits *vor* der Anschaffung geklärt werden. Je mehr Mitspracherecht die einzelne Mitarbeiterin dabei hat, desto besser: einiges wird einfach *subjektiv* als angenehm oder unangenehm empfunden.

Beim PC geht es vor allem um Tastatur und Bildschirm:

- Die Tastatur darf von Größe, Anordnung und Druckpunkt her nicht ungewohnt sein, sonst nützt mir meine erlernte Schreibtechnik nichts mehr.

- Der Bildschirm darf nicht flackern oder verschwimmen. Seine Farben müssen der Benutzerin angenehm sein. Als Empfehlung gilt:
- schwarz auf weiß ist entlastender als hell auf dunkel,
- bei Farbschirmen sind Farben aus der Mitte des Spektrums angenehmer (also nicht rot oder blau).

Am **Arbeitsplatz** kann man immer noch nachträglich etwas ändern. Wichtig ist (bei allen Schreibtischarbeiten) ein gutes Verhältnis von Sitzhöhe zu Tisch- und Tastaturhöhe, natürlich anpaßbar an die Figur der Mitarbeiterin. Hinzu kommt ein vernünftiger Winkel zwischen Kopf, Bildschirm und Belegen, also den Arbeitsunterlagen.

Alle Arten von **Reflexionen** beeinträchtigen die Arbeit mit dem Bildschirm: weder Tisch noch Raumbeleuchtung darf sich im Bildschirm spiegeln. Lampen sollten an der Zimmerdecke oder indirekt installiert sein. Fenster sollten nur seitlich des Bildschirmplatzes zu finden sein.

Auch der **Arbeitsrhythmus** muß geplant werden. Der sanfteste Bildschirm und gemütlichste Platz nützen mir nichts, wenn meine Arbeit geprägt ist von **Monotonie und Zeitdruck**.

Die Erfahrung zeigt, daß Bildschirmarbeit, die gepaart ist mit Eigenverantwortung, Selbständigkeit und Abwechslung, selten zu Streß beiträgt. Wenn ich selbst entscheiden kann, wie und wobei mir der PC Vorteile bringt, setze ich ihn gern ein.

Aber auch mit positiver Grundeinstellung kann der PC noch Streß verursachen:

- zu langes **Sitzen** in der gleichen Haltung
- dauerndes **Starren** auf den Bildschirm

sind mit Sicherheit ungesund.

Hier gilt die Regel: Gut verteilte Entspannungspausen halten mich länger fit und wirken sich positiv auf meine Arbeit aus. Jede sollte ihren eigenen Arbeits- und Entspannungsrhythmus finden. Als Empfehlung gilt

- Etwa alle 20 Minuten (oder nach einem fertig getippten Brief) die **Augen** entspannen.

Dazu genügt schon, für eine halbe Minute zum Fenster hinauszuschauen und die Kontur des nächsten Hauses mit den Augen nachzufahren.

- Etwa jede Stunde eine kurze Pause für den **Körper** einlegen.

Dazu genügt Aufstehen und Herumgehen (wobei ich auch noch etwas Praktisches tun kann), oder Recken und Strecken, oder die Schultern rollen gegen Verspannungen.

– Spätestens nach zwei Stunden konzentrierter Bildschirmarbeit eine größere Pause einlegen, also mindestens eine Viertelstunde lang etwas ganz anderes tun.

Ist die Gesamtarbeit abwechslungsreich, so ergibt sich ein gesunder Arbeitsrhythmus fast von selbst.

Zusammengefaßt:

Die Auswirkungen elektrischer Geräte in Form von Umgebungsstrahlung kann man nicht vermeiden, aber durch Abschirmung gering halten.

Im Bereich der Bildschirme gibt es Richtlinien für Strahlungsarmut.

Arbeitsgeräte und Arbeitsplatz müssen **ergonomisch** gestaltet sein, also den menschlichen Bedürfnissen angepaßt. Entspannte Arbeitshaltung und als angenehm empfundene Geräte halten den Streß gering. Der Arbeitsrhythmus sollte von Abwechslung geprägt sein.

Schlußwort

Die Maschine PC bietet wie ein Baukasten eine Menge Möglichkeiten, die im Grunde alle nur ein „Hin- und Herschieben von Bytes" darstellen.

Richtig eingesetzt, also mit den richtigen Programmen, kann ich den PC zu einem arbeitssparenden Werkzeug machen.

Natürlich verlangt ein PC – wie alle Neuerungen – eine gründliche Einarbeitungsphase, bevor er mir wirklich Vorteile bringt.

Bis ich die wichtigsten Programme wirklich beherrsche,

bis alle Adressen erfaßt sind,

bis alle Formbriefe eingetippt sind,

bis der Drucker optimal eingestellt ist,

werde ich mir hundertmal sagen

„Mit der alten Schreibmaschine wäre ich schon längst fertig!"

Vergessen wir nicht: Mit der Fahrschulgrundgebühr kann ich auch eine ganze Weile Busfahren. Trotzdem machen die meisten Leute einen Führerschein und geben auch noch Geld für ein Auto aus. Warum: weil sie wissen, wenn sie erst einmal selbständig am Steuer sitzen, sind sie flexibler als mit dem Bus!

Wenn ich mir also die PC-Einarbeitungszeit gegönnt, vor allem die schwer zu schluckende Betriebssystem-Kost verdaut habe, bin ich auch am PC flexibel. Dann habe ich auf ein, zwei Befehle hin

– alle Kundenadressen im Großraum Nürnberg,
– die Umsatzzahlen der letzten 6 Monate,
– einen Geschäftsvertrag aus zwei Musterverträgen zusammengestellt,
– eine Einladung erstellt und für alle Adressaten gedruckt,

und noch vieles mehr.

Machen wir uns den PC zum Werkzeug, bevor jemand versucht, uns zur PC-Sklavin zu degradieren. Es ist machbar, und es ist gar nicht so schwierig, wie es auf den ersten Blick scheint.

Anhang

Fachwörterlexikon

Anwendungsprogramm

Ein Programm bzw. eine Software, die eine bestimmte Funktion erfüllt, z.B. ein Textverarbeitungsprogramm oder ein Datenbankprogramm.

Arbeitsspeicher

auch RAM(Random Access Memory = Speicher für wahlfreien Zugriff). Der eigentliche Arbeitsplatz des Computers. Hier werden auch vorübergehend Daten gespeichert, die jedoch verlorengehen, wenn Sie den Computer abschalten oder der Strom ausfällt.

ASCII

(sprich: „äski") Abkürzung für „American Standard Code for Information Interchange", also etwa „Amerikanischer Standardcode zum Informationsaustausch". Standardisierung zur Darstellung von Zahlen, Buchstaben und bestimmten Symbolen (siehe dazu die ASCII-Tabelle auf Seite 186ff.).

Backup

(sprich: „Bäck ap") Eine Sicherungskopie eines Datenträgers oder eines Verzeichnisses.

Batchdatei

(sprich: „Bätsch") Eine ASCII-Datei, in der eine Reihe von DOS-Befehlen gespeichert ist; man erkennt sie an der Dateiendung *.BAT; wird auch Stapeldatei genannt.

Betriebssystem

→ DOS

Bildschirm

(englisch: display) Datensichtgerät, Monitor, Datenausgabegerät.

Binärcode

Im Inneren des Rechners wird die Maschinensprache gesprochen, die nur aus 0 und 1 besteht - eine Sprache mit nur zwei „Wörtern", also eine binäre Sprache (siehe auch Bit).

Bit

Bit ist die kleinste Speichereinheit im Computer, vergleichbar mit einem Schalter. Ein Bit kann den Wert 0 oder 1 haben, bei 0 ist der Schalter auf „Aus", bei 1 auf „An". Acht Bit ergeben ein Byte (= ein Zeichen).

Board

→ Platine

Booten

(sprich: „buuten") Neuer Start des Rechners mit dem Laden des Betriebssystems.

Byte

(sprich: „Bait") Ein Zeichen, bestehend aus 8 Bit (siehe auch Bit).

Chip

Grundbaustein für alle Rechnertechnologien; elektronisches Bauelement mit sehr vielen Schaltungen zur Erkennung, Umsetzung und Weiterleitung elektrischer Signale.

CPU

(englisch) Abkürzung für Central Processing Unit.

→ Zentraleinheit

Cursor

(sprich: „Köhrser") Eine blinkende Lichtmarke am Bildschirm, der anzeigt, an welcher Stelle die nächste Tastatureingabe erscheint.

Datei

(englisch: file, sprich „fail") Eine Sammlung zusammengehöriger Befehle oder Daten, die auf einem Datenträger gespeichert ist.

Dateiname

Jede Datei erhält zur Kennzeichnung einen Namen, der bis zu 8 Zeichen lang sein darf („Vorname"), danach folgt die Dateiendung („Nachname", auch Dateierweiterung oder Extension genannt, 3 Zeichen lang); beide Teile sind durch einen Punkt voneinander getrennt, z.B. Buch.txt.

Daten

Alle Arten von Informationen, Zeichen, die vom Computer gespeichert, erzeugt, verarbeitet werden können.

Desktop

(englisch, etwa: auf dem Tisch) Bezeichnet einen Rechner, der auf dem Schreibtisch Platz findet. Im Gegensatz dazu Laptop (aus dem Englischen, etwa: auf dem Schoß); damit ist ein sehr handlicher Rechner gemeint, der überallhin mitgenommen werden kann, den man dann quasi auf dem Schoß benutzt.

Diskette

Magnetischer Datenträger, gewöhnlich im Format $5^1/_4$-Zoll oder $3^1/_2$-Zoll.

DOS

(englisch, **D**isk **O**perating **S**ystem) Betriebssystem; eine Sammlung von Programmen, die das Zusammenspiel der einzelnen Komponenten eines Computers und den Betrieb von Anwendungsprogrammen erst möglich macht. Ohne Betriebssystem ist ein Computer bestenfalls als Staubfänger geeignet.

DTP

(Abkürzung für: **D**esktop **P**ublishing, heißt etwa: Veröffentlichung vom Schreibtisch aus) Bezeichnet die Möglichkeit, mit Hilfe eines Computers und eines entsprechenden Programms Texte und Bilder professionell zu einzelnen gestalteten Seiten z.B. einer Zeitschrift oder eines Buches zusammenzustellen und so auszudrucken.

EDV

Abkürzung für **E**lektronische **D**aten-**V**erarbeitung.

Enter-Taste

auch Return-Taste oder Eingabetaste; mit ihr werden DOS-Befehle oder Befehle in Anwendungsprogrammen zur Ausführung gebracht.

Festplatte

Magnetisches Speichermedium (im Englischen Hard Disk genannt) mit sehr hoher Speicherkapazität, das gewöhnlich fest in den Rechner eingebaut oder an ihn angeschlossen ist.

Formatierung

Bevor ein Datenträger zur Speicherung von Daten genutzt werden kann, muß er vom Betriebssystem formatiert sein, also für die Aufnahme von Daten vorbereitet werden. Bei DOS wird der Befehl FORMAT verwendet.

Gerätetreiber

sind Programme, die den Betrieb von Hardware-Komponenten ermöglichen.

Handbuch

Die „Gebrauchsanweisung" für Ihren Computer oder für ein Anwendungsprogramm, die jeweils beim Kauf des Rechners, Druckers oder des Programms mitgeliefert wird; wird bei Anwendungsprogrammen auch häufig Dokumentation genannt.

Hardware

Alle Einzelteile Ihres Computers und alle Geräte, die in der Peripherie (siehe dort) dazugehören; alle Teile, die man anfassen kann.

Joker-Zeichen

Platzhalterzeichen, z.B. * oder ?, die z.B. in Dateinamen eingesetzt werden können.

KByte

Kilobyte, auch KB oder nur K geschrieben. Genaugenommen nicht tausend, sondern 1024 Bytes. 1024 KByte ergeben 1 MByte (Megabyte).

Kommunikationsprogramm

oder Datenübertragungsprogramm. Computer können Daten auch über ihre per Kabel verbundenen seriellen Schnittstellen austauschen. Damit das funktioniert, werden ein Datenübertragungsprogramm und eine besondere Kabelsorte benötigt. (siehe auch Netz)

kompatibel

„Zusammenpassend". Wenn Sie Rechner, Monitor, Drucker und Disketten von verschiedenen Herstellern kaufen, so müssen sie doch zusammen arbeiten können, also kompatibel sein. Dafür existieren wenige verschiedene Standards, nach denen sich die Hersteller richten. Der am weitesten verbreitete ist der IBM-Standard - man spricht dann von IBM-kompatibel.

Laptop

→ Desktop

Laufwerk

eine Vorrichtung, die das Lesen und Schreiben auf einem magnetischen Datenträger (Disketten, Festplatte) gestattet.

Maschinensprache

(englisch: machine language)

→ Binärcode

Maus

Ein kleines rechteckiges Gerät mit einer oder mehreren Tasten, das per Kabel mit Ihrem Rechner verbunden ist. Es wird als Eingabegerät zusätzlich zur Tastatur verwendet.

MByte

(oder Megabyte) Eine Speichereinheit, die 1024 Kilobyte umfaßt. Wird auch als MB geschrieben.

Menü

In Anwendungsprogrammen werden die Listen von Funktionen oder Befehlen, aus denen Sie den momentan benötigten Befehl auswählen können, Menü genannt (wie eine Speisenliste im Restaurant, aus der Sie wählen).

Mikroprozessor

→ Zentraleinheit

Modem

Kunstwort für **Mo**dulator/**Dem**odulator. Ein Gerät für die Datenübertragung über die Telefonleitung.

Monitor

Andere Bezeichnung für Bildschirm.

Motherboard

Anderes Wort für Hauptplatine.

→ Platine

Netz

Ein Zusammenschluß von mehreren Rechnern über Kabel, so daß diese Rechner alle auf die gleichen Daten (z.B. eine Adressenkartei) zugreifen und untereinander kommunizieren (Texte von einem Bildschirm auf den nächsten schicken) können. Außerdem können sie alle die gleichen Geräte, z.B. einen gemeinsamen Drucker, benutzen.

Online

(sprich: „onlain", bedeutet „am Draht" = betriebsbereit) ist ein Computer oder ein Peripheriegerät (z.B. ein Drucker), wenn er eingeschaltet und bereit ist, Informationen zu verarbeiten; Gegenteil: offline.

PC

Abkürzung für Personal Computer, ein unabhängiger Rechner, der alle wichtigen Funktionen eines Computers (Bildschirm, Tastatur, Zentraleinheit, Speicher) besitzt und auf einem Schreibtisch Platz hat.

Peripherie

Begriff für jede Art von Hardware, die an den Computer angeschlossen werden kann: z.B. Bildschirm, Drucker, Maus etc.

Pfad

Eine Art Wegbeschreibung für das Betriebssystem bei der Suche (zum Laden, Löschen etc.) nach Dateien. Es werden hierbei das Programm und die Verzeichnisse und Unterverzeichnisse angegeben, in denen die Datei zu finden ist. Beispiel:

```
c:\word\texte\brief
```

Platine

(englisch: circuit board) Leiterplatte mit gedruckten Schaltungen und elektronischen Bauteilen. Auf der einen Seite der Platine befinden sich die Bauelemente, auf der anderen Seite die Verbindungsdrähte.

Programm

Zusammengehörende Folge von Befehlen und Anweisungen, die in einer Programmiersprache in den Computer eingegeben wurden und eine bestimmte Aufgabe, z.B. die alphabetische Sortierung von Wörtern, erfüllen sollen.

Prompt

quasi die Bereitschaftsmeldung des Betriebssystems, die den Beginn der Kommandozeile markiert, z.B.C:\>

RAM

→ Arbeitsspeicher

Return-Taste

→ Enter-Taste

ROM

(Read-Only Memory = Nur-Lese-Speicher). Ein eingebautes Speichermedium, dessen Inhalt fest einprogrammiert wurde und nicht veränderbar ist.

Schnittstelle

(englisch: interface, sprich „Interfäß") Übergangsstelle („Steckdose") vom Computer zu Peripheriegeräten oder anderen Computern; meist an der Gehäuserückwand über Buchsen oder Stecker.

Die beiden gebräuchlichsten Arten sind die parallele (z.b. für Drucker) und die serielle (z.B. für die Maus) Schnittstelle. Sie unterscheiden sich durch die Art der Datenübertragung: bei der parallelen werden die Bits byteweise (also 8 Bits auf einmal) auf nebeneinander liegenden Datenleitungen weitergegeben, bei der seriellen werden sie bitweise, also Bit für Bit nacheinander (und entsprechend langsam) weitergegeben.

Software

Die Computerprogramme: Betriebssystem, Anwendungsprogramme und vieles mehr. Im Gegensatz zur Hardware (siehe dort) die Teile im Computer, die man nicht anfassen kann.

Textverarbeitung

heißt, daß Texte nicht mehr mit einer gewöhnlichen Schreibmaschine, sondern mit einem Computer geschrieben werden und dadurch schnell und leicht änderbar sind. Dies ermöglicht eine spezielle Software, ein sogenanntes Textverarbeitungsprogramm.

Unterverzeichnis/Verzeichnis

(englisch: subdirectory oder directory) Abteilung auf dem Datenträger, in der zusammengehörende Programme bzw. Dateien abgelegt werden. Sie sorgen auf dem Datenträger für Ordnung und Übersicht. Unterverzeichnisse sind die Verzeichnisse in den Verzeichnissen; die Rangfolge lautet also Hauptverzeichnis - Verzeichnis - Unterverzeichnis.

Utility

(sprich: „Jutility": „Nützliches") Zusatz-Dienstprogramme, z.B. Befehle zum Kopieren, Löschen, Umbenennen von Dateien; **bekannte Produkte sind z.B. PC Tools oder Norton Utilities.**

Virus

Ein kleines Programmstück, das den Rechner „krank" macht. Es nistet sich in andere Programme ein, die dann nicht mehr korrekt arbeiten und im schlimmsten Fall zerstört werden können. Falls Sie das Programm kopieren und auf anderen Rechnern verwenden, wird das Virus auf diese übertragen.

Zentraleinheit

Wichtigster Teil eines Computers, mit dem die Vorgänge in seinem Innern veranlaßt und kontrolliert werden. Die Zentraleinheit ist zu diesem Zweck unterteilt in einen Mikroprozessor, ein Ein-/Ausgabewerk und einen Arbeitsspeicher. Der Mikroprozessor wiederum besteht aus einem Steuer- und einem Rechenwerk. Das Steuerwerk kontrolliert alles, was im Computer passiert; das Rechenwerk „rechnet", zählt also die Nullen und Einsen zusammen (Siehe Binärcode).

ASCII-Tabelle

Dez.	Hex.	Char	Dez.	Hex.	Char	Dez.	Hex.	Char
0	0		27	1B	←	54	36	6
1	1	☺	28	1C	⌐	55	37	7
2	2	☻	29	1D	↔	56	38	8
3	3	♥	30	1E	▲	57	39	9
4	4	♦	31	1F	▼	58	3A	:
5	5	♣	32	20		59	3B	;
6	6	♠	33	21	!	60	3C	<
7	7	•	34	22	"	61	3D	=
8	8	◘	35	23	#	62	3E	>
9	9	○	36	24	$	63	3F	?
10	A	◙	37	25	%	64	40	@
11	B	♂	38	26	&	65	41	A
12	C	♀	39	27	'	66	42	B
13	D	♪	40	28	(	67	43	C
14	E	♫	41	29	)	68	44	D
15	F	¤	42	2A	*	69	45	E
16	10	►	43	2B	+	70	46	F
17	11	◄	44	2C	,	71	47	G
18	12	↕	45	2D	-	72	48	H
19	13	‼	46	2E	.	73	49	I
20	14	¶	47	2F	/	74	4A	J
21	15	§	48	30	0	75	4B	K
22	16	▬	49	31	1	76	4C	L
23	17	↨	50	32	2	77	4D	M
24	18	↑	51	33	3	78	4E	N
25	19	↓	52	34	4	79	4F	O
26	1A	→	53	35	5	80	50	P

Sie erzeugen die folgenden Sonderzeichen, die jeweils in der rechten Spalte abgebildet sind, indem Sie die Alt-Taste gedrückt halten, während Sie auf dem Nummernblock die entsprechende Dezimalzahl (linke Spalte) tippen. Es ist allerdings möglich, daß Ihr Drucker nicht in der Lage ist, **alle** gewünschten Sonderzeichen auszudrucken.

Dez.	Hex.	Char	Dez.	Hex.	Char	Dez.	Hex.	Char
192	C0	└	214	D6	╓	236	EC	∞
193	C1	┴	215	D7	╫	237	ED	∅
194	C2	┬	216	D8	╪	238	EE	∈
195	C3	├	217	D9	┘	239	EF	∩
196	C4	─	218	DA	┌	240	F0	≡
197	C5	┼	219	DB	█	241	F1	±
198	C6	╞	220	DC	▄	242	F2	≥
199	C7	╟	221	DD	▌	243	F3	≤
200	C8	╚	222	DE	▐	244	F4	⌠
201	C9	╔	223	DF	▀	245	F5	⌡
202	CA	╩	224	E0	α	246	F6	÷
203	CB	╦	225	E1	β	247	F7	≈
204	CC	╠	226	E2	Γ	248	F8	°
205	CD	═	227	E3	π	249	F9	•
206	CE	╬	228	E4	Σ	250	FA	·
207	CF	╧	229	E5	σ	251	FB	√
208	D0	╨	230	E6	μ	252	FC	ⁿ
209	D1	╤	231	E7	τ	253	FD	²
210	D2	╥	232	E8	Φ	254	FE	■
211	D3	╙	233	E9	ϑ	255	FF	
212	D4	╘	234	EA	Ω			
213	D5	╒	235	EB	δ			

Dez.	Hex.	Char	Dez.	Hex.	Char	Dez.	Hex.	Char
81	51	Q	118	76	v	155	9B	¢
82	52	R	119	77	w	156	9C	£
83	53	S	120	78	x	157	9D	¥
84	54	T	121	79	y	158	9E	P$_t$
85	55	U	122	7A	z	159	9F	f
86	56	V	123	7B	{	160	A0	á
87	57	W	124	7C	|	161	A1	í
88	58	X	125	7D	}	162	A2	ó
89	59	Y	126	7E	~	163	A3	ú
90	5A	Z	127	7F	∆	164	A4	ñ
91	5B	[	128	80	Ç	165	A5	Ñ
92	5C	\	129	81	ü	166	A6	ª
93	5D	]	130	82	é	167	A7	º
94	5E	^	131	83	â	168	A8	¿
95	5F	_	132	84	ä	169	A9	⌐
96	60	`	133	85	à	170	AA	¬
97	61	a	134	86	å	171	AB	½
98	62	b	135	87	ç	172	AC	¼
99	63	c	136	88	ê	173	AD	¡
100	64	d	137	89	ë	174	AE	«
101	65	e	138	8A	è	175	AF	»
102	66	f	139	8B	ï	176	B0	░
103	67	g	140	8C	î	177	B1	▒
104	68	h	141	8D	ì	178	B2	▓
105	69	i	142	8E	Ä	179	B3	│
106	6A	j	143	8F	Å	180	B4	┤
107	6B	k	144	90	É	181	B5	╡
108	6C	l	145	91	æ	182	B6	╢
109	6D	m	146	92	Æ	183	B7	╖
110	6E	n	147	93	ô	184	B8	╕
111	6F	o	148	94	ö	185	B9	╣
112	70	p	149	95	ò	186	BA	║
113	71	q	150	96	û	187	BB	╗
114	72	r	151	97	ù	188	BC	╝
115	73	s	152	98	ÿ	189	BD	╜
116	74	t	153	99	Ö	190	BE	╛
117	75	u	154	9A	Ü	191	BF	┐

Hotline – der heiße Draht zu den Herstellern

Sollten alle Hilfemaßnahmen und auch eilige Nachfragen bei Freunden keine Lösung Ihres Problems erbracht haben, rufen Sie den Computerhändler oder die Benutzerberatung (die sogenannte Hotline) des Hardware- oder Software-Herstellers an; diese Telefonnummer sollte in dem Handbuch zu finden sein. Eine Liste der wichtigsten Adressen, Telefonnummern und/oder Hotline-Nummern finden Sie hier, ebenso die wichtigsten Distributoren, also Händler für Software und Hardware. Bei allen Adressen ist nur eine kleine – subjektive – Auswahl der angebotenen Produkte angegeben.

Access Computer Vertriebs GmbH
Distributor für Hardware und Software
Martin-Kollar-Str. 12
W-8000 München 82
Tel.: 089-42006112

Aldus Software GmbH
PageMaker u.a.
Hans-Henny-Jahnn-Weg 9
W-2000 Hamburg 76
Tel.: 040-22719270

Autodesk GmbH
AutoSketch, AutoCAD, 3D Studio u.a.
Hansastr. 28
W-8000 München 21
Tel.: 089-54769-0

Borland GmbH
Turbo Pascal, C++, Paradox, dBase, Object Vision u.a.
Gautinger Str. 10
W-8130 Starnberg
Tel.: 08151-263302

BSP Softwaredistribution GmbH
Distributor für Hardware und Software
Postfach 110324
Brunnstraße 25
W-8400 Regensburg 11
Tel.: 0941-9929-0

Canon Deutschland GmbH
Drucker u.a.
Kellersbergstr. 2 - 4
W-4040 Neuss 1
Tel.: 02131-125111

Central Point Software Deutschland GmbH
PC Tools, PC Backup u.a.
Hoferstr. 1/II
W-8000 München 83
Tel.: 089-6700710

Commodore Büromaschinen GmbH
Computer, Drucker u.a.
Lyoner Str. 38
W-6000 Frankfurt 71
Tel.: 069-66380

Compaq Computer GmbH
Computer u.a.
Elektrastr. 6
W-8000 München 81
Tel.: 089-99330

CompuServe GmbH
Online-Informationsdienst für PCs
Jahnstr. 2
W-8025 Unterhaching
Tel.: O130-4643

Computer 2000 AG Deutschland
Distributor für Hardware und Software
Baierbrunner Str. 31
W-8000 München 70
Tel.: 089-78040229

DataEase GmbH
DataEase u.a.
Schatzbogen 56
W-8000 München 82
Tel.: 089-420499-49

Dr. Neuhaus Datensysteme AG
Distributor für Hardware und Software, Modems, BTX-Hardware, Faxgeräte etc.
Flughafenstr. 10
W-6103 Griesheim
Tel.: 06155-60080

DTP-Partner GmbH
u.a. Hardware, Software
Kieler Str. 131
W-2000 Hamburg 50
Tel.: 040-855081

EDTZ Hard-und Software GmbH
u.a. Hardware, Software, bes. für den DTP-Bereich
Friedrich-Ebert-Straße 16-18
W-8012 Ottobrunn
Tel.: 089-60870222

Epson Deutschland GmbH
Drucker u.a.
Zülpicher Str. 6
W-4000 Düsseldorf 11
Tel.: O211-5603442

ESCOM GmbH
Hard- und Software-Händler mit Filialen in ganz Deutschland
Zentrale: Tiergartenstr. 9
W-6148 Heppenheim
Tel.: 06252-7090

Heureka Verlags GmbH
GeoWorks u.a.
Bodenseestr. 19
W-8000 München 60
Tel.: O89-8340255

Hewlett-Packard GmbH
Drucker, PC u.a.
Hewlett-Packard-Straße
W-6380 Bad Homburg
Tel.: 06172-16-0

IBM Deutschland GmbH
alle Arten von Software, u.a. PC-DOS und PC-Text 4, Computer, Drucker u.a.
Pascalstr. 100
W-7000 Stuttgart 80
Tel.: 0711-7850

KHK Software AG
PC Kaufmann, Euro Line u.a.
Berner Str. 23
W-6000 Frankfurt 66
Tel.: O69-500070

Kyocera Electronics Europe GmbH
Drucker u.a.
Mollsfeld 12
W-4005 Meerbusch 2
Tel.: 02159-9180

LOGITECH GmbH
Scanner, Mäuse, Eingabegeräte u.a.
Landsberger Str. 398
W-8000 München 60
Tel.: O89-588071

LOTUS Development GmbH
LOTUS 123, AmiPro u.a.
Bayerbrunner Str. 35
W-8000 München 70
Tel.: O89-785090 od. 783024

Micro Focus GmbH
COBOL u.a.
Am Moosfeld 11
W-8000 München 82
Tel.: 089-42094-0

Micrografx
Designer, Charisma u.a.
Josephspitalstr. 6
W-8000 München 2
Tel.: 089-2603830

Microsoft GmbH
viele Software-Produkte, u.a. Word, MS-DOS, Windows, Works, Foxpro,
auch Mäuse etc.
Edisonstr. 1
W-8044 Unterschleißheim
Tel.: O89-3176-(Durchwahl)
Durchwahlen:
Works   - 1140
Word   - 1130
Windows   -1110
MS-DOS   -1151

Nantucket GmbH/Computer Associates
Clipper u.a.
Mülheimer Str. 79
W-5090 Leverkusen 1
Tel.: 0214-510377

NEC Deutschland GmbH
Drucker, PC, Laufwerke u.a.
Klausenburger Str. 4
W-8000 München 80
Tel.: O89-90500933

North American Software GmbH
askSam, Euroscript
Uhdestr.40
W-8000 München 71
Tel.: 089-790970

Novell Digital Research Systems Group GmbH
DR DOS, Netzwerkbetriebssystem u.a.
Engelschalkinger Str. 14
W-8000 München 81
Tel.: O89-92799440

Olivetti Systems & Networks GmbH
Drucker, PC u.a.
Lyonner Str. 34
W-6000 Frankfurt 71
Tel.: 069-6692-1

REIN Elektronik GmbH
Distributor für Hardware und Software
Lötscher Weg 66
W-4054 Nettetal 1
Tel.: 02153-733215

SPC - Software Publishing GmbH Deutschland
Harvard Graphics, SuperBase u.a.
Oskar-Messter-Str. 24
8045 Ismaning
Tel.: 089-9965500

SPI - Deutschland - GmbH
Software Products International
Open Access, WindowBase u.a.
Stefan-George-Ring 22 + 24
W-8000 München 81
Tel.: 089-9935110

Star Division - Softwareentwicklung und -vertriebs-GmbH
Starwriter, Startext u.a.
Sachsenfeld 4
W-2000 Hamburg 1
Tel.: 040-23646500

Symantec Deutschland GmbH
F & A, Time Line, Norton-Software, Zortech C++ u.a.
Grafenberger Allee 56
W-4000 Düsseldorf 1
Tel.: 0211-9917110

Traveling Software Ltd.
Laplink u.a.
Lords Court, Windsor
GB-Berkshire SL43DB
Tel.: 0044-753-818282

Unicon Vertriebs GmbH
Ragtime u.a.
Bruno-Bürgel-Weg 19-35
0-1190 Berlin
Tel.: 02-6350441

Ventura Software Inc.
Ventura Publisher
An der Gümpgesbrücke 15
W-4044 Kaarst 2
Tel.: 02131-960930

VOBIS Microcomputer AG
Hardware aller Art, Highscreen-Produkte
Postfach 17 78
5100 Aachen
techn. Service: Tel.: O2405-809344
kaufmänn. Service: Tel.: O2405-809293 od. 809283

WordPerfect Software GmbH
WordPerfect u.a.
Frankfurter Str. 21 - 25
W-6236 Eschborn
Tel.: 06196 - 904460 DOS
           904461 Windows

Wordstar International GmbH
Wordstar u.a.
Meglinger Str. 20
W-8000 München 71
Tel.: 089-785800-0

Xerox Imaging Systems/Xerox Engineering Systems GmbH Versatec
Ventura Publisher
Werftstraße 37
W-4000 Düsseldorf 11
Tel.: 0211-501383

Software-Produkte – Ein kleiner Überblick zum Kennenlernen

Hier finden Sie eine kleine Auswahl von Software-Produkten, um die am weitesten verbreiteten Anwendungsarten und Marken kommerzieller Standardsoftware für IBM-Kompatible kennenzulernen (in Klammern die Hersteller; Herstelleradressen siehe im Kapitel Hotline):

Betriebssysteme (Programme, die Organisations- und Vermittlungsaufgaben in Ihrem Computer und zwischen der Hardware und der Software ausführen)

DR DOS (Digital Research)

MS-DOS (Microsoft)

PC DOS (IBM)

und als sogenannte Benutzeroberfläche, eine Art grafische Betriebssystemerweiterung:

Windows (Microsoft)

CAD – Computer Aided Design (Programme zur computerunterstützten Konstruktion)

AutoCAD (Autodesk)

AutoSketch (Autodesk)

DTP – Desktop publishing (Programme zur professionellen Gestaltung von Schriftstücken, Büchern, Zeitschriften)

PageMaker (Aldus)

QuarkXpress (Quark)

Ventura Publisher (Ventura, Xerox)

Datenbanken (Programme zur Erfassung und Verwaltung von Daten)

Access (Microsoft)

askSam (North American Software)

Clipper (Nantucket, CA)

DataEase (DataEase)

dBase (Borland)

F & A (Symantec)

Foxpro (Microsoft)

Paradox (Borland)

SuperBase (SPC)

Grafikprogramme (Programme, mit denen Bilder, grafische Übersichten etc. erstellt werden können; siehe auch CAD)

Charisma (Micrografx)

Corel Draw (Corel Systems)

Designer (Micrografx)

Harvard Graphics (SPC)

Illustrator (Adobe)

Integrierte Software (sogenanntes Programmpaket, das mehrere Programme wie Textverarbeitung, Datenbank, Grafikprogramm etc. in sich vereinigt)

Framework (Borland)

Lotus Works (Lotus Development)

Open Access (SPI)

Ragtime (Unicon)

Works/Works für Windows (Microsoft)

Kommunikationsprogramme (Programme zur Datenübertragung zwischen zwei Rechnern über Kabel oder Modem, also Telefonleitungen)

Laplink (Traveling Software)

PC Tools (Central Point Software)

Programmiersprachen („Sprache", d.h. eigener Befehlsvorrat und eine Schreibweise sowie eine Art Übersetzer – Compiler – in die Maschinensprache, um Programme selbst zu erstellen; diese Compiler werden von verschiedenen Firmen angeboten)

Basic (Microsoft)

C (Borland, Microsoft etc.)

C++ (Borland, Microsoft, Zortech etc.)

COBOL (Microsoft, Micro Focus, Acu Cobol etc.)

Turbo Pascal (Borland)

sowie sogenannte Programmiertools:

Objectvision (Borland)

Visual Basic (Microsoft)

Tabellenkalkulation (Programme zur Ausführung umfangreicher Berechnungen)

Excel (Microsoft)

Lotus 123 (Lotus Development)

Multiplan (Microsoft)

Quattro Pro (Borland)

Textverarbeitung (Programme zum Eingeben, Speichern, Bearbeiten und Drucken von Texten)

AmiPro (Lotus Development)

Euroscript (Novell Digital Research Group)

PC-Text 4 (IBM)

Starwriter (Star Division)

Word; Word für Windows (Microsoft)

WordPerfect; WordPerfect für Windows (WordPerfect)

WordStar (WordStar)

Utilities (Programme mit ansprechender, leicht bedienbarer Bildschirmgestaltung zur Ausführung von vielerlei Hilfsaufgaben, z.B. Festplattenverwaltung, Betriebssystemaufgaben etc.)

Norton Utilities (Symantec)

PC Tools (Central Point Software)

Sonstiges:

MS-Project (Micorsoft)

Timeline (Symantec)

Schulung und Weiterbildung im EDV-Bereich

Wenn Sie nicht nur aufgrund von Büchern die Arbeit am Computer erlernen wollen oder wenn Sie einfach mehr wissen möchten, gibt es jede Menge Schulungsunternehmen, die sich auf Computerkurse spezialisiert haben. Das Angebot beginnt bei der Vermittlung der Grundlagen oder der Beherrschung von jeglicher Art von Anwendungsprogrammen, führt weiter über die Erlernung einer Programmiersprache und kann bis zu komplexen Spezialkursen zur Berufsweiterbildung gehen. Bis auf Ausnahmen handelt es sich immer um Gruppenunterricht.

Niveau, Dauer, Inhalte und auch Preise sind ausgesprochen unterschiedlich. Es lohnt sich, genauere Vergleiche anzustellen. Natürlich ist es auch ganz wichtig, vorab möglichst präzise zu klären, was Sie von einem Kursus erwarten, was Sie nach Beendigung wissen und beherrschen wollen, wieviel Zeit und Geld Sie ausgeben wollen oder können und welche sonstigen Anforderungen Sie darüber hinaus an die Art der Schulung stellen.

Speziell für Frauen werden mittlerweile in jeder größeren Stadt Computerkurse angeboten, fast immer auch mit weiblichen Dozenten. In so einer Umgebung fühlen sich vor allem Anfängerinnen am wohlsten. In diesen Kursen wird auch speziell auf die weibliche Art, mit Technik umzugehen und sie sich zu erschließen, eingegangen. Anbieter dieser Kurse sind vor allem die Volkshochschulen und andere öffentliche Bildungseinrichtungen. Auskunft darüber erhalten Sie oft bei der Volkshochschule, bei der Stadtverwaltung, in der örtlichen Stadt- oder Gemeindebücherei oder beim Arbeitsamt. Diese Kurse sind erschwinglich und finden zu Zeiten statt, die sowohl für Berufstätige als auch für Mütter mit Kindern gut wahrzunehmen sind – häufig wird Kinderbetreuung mit angeboten.

Frauen-Computerschulen haben sich auf diese Art von Kursen („von Frauen für Frauen") spezialisiert. Es sind privat-rechtliche Organisationen. Sie gibt es in großen Städten, bei der momentanen Entwicklung ist allerdings damit zu rechnen, daß sie auch bald in mittelgroßen Städten gegründet werden. Das Lernklima ist entspannt und angenehm, die Vermittlung der Inhalte aber absolut professionell. Oft werden in diesen Kursen auch Randthemen (z.B. Entspannung bei der Computerarbeit) mit besprochen. Die Preise sind ausgesprochen moderat, die Kurszeiten sind ebenfalls sehr gut mit Beruf und Kindern zu vereinbaren. Einige dieser Kurse werden vom Arbeitsamt gefördert. Auskunft erhalten Sie über die örtliche Frauengleichstellungsstelle, das

Frauenreferat der Stadt, Frauenzentren, Frauenbuchhandlungen, das Arbeitsamt und Anzeigen in der Presse.

Darüber hinaus gibt es jede Menge von anderen privat-rechtlichen Instituten. Einige sind spezialisiert auf die Schulung ganz bestimmter komplexer Programme, andere haben ein breites, allgemeines Kursangebot, wieder andere bieten berufsbildende Maßnahmen (Ausbildung zur Datenkauffrau, Softwareentwicklerin etc.) an. Diese Kurse sind häufig Blockseminare, in denen konzentriert über einen bestimmten Zeitraum täglich ganztägiger Unterricht stattfindet. Je nach Kursart zahlt das Arbeitsamt oder der Arbeitgeber u.U. die nicht unerheblichen Gebühren. Auskunft zu solchen Instituten erhalten Sie am besten über das Arbeitsamt. Auch die Computerfachpresse enthält Informationen, meist in Form von Anzeigen, zu den größten Schulungsunternehmen (SPC, CDI).

Viele Schulungsunternehmen, auch die Frauen-Computerschulen, nicht jedoch die Volkshochschule, bieten auch sogenannte Inhouse-Schulungen an. Dabei kommt der Dozent oder die Dozentin zu Ihnen ins Büro und unterrichtet dort eine ganze Abteilung bzw. eine größere Gruppe.

Nachstehend finden Sie eine Auswahl der wichtigsten Informationsstellen für Frauen und jener Schulungsunternehmen, die sich auf Frauenschulung spezialisiert haben oder diese Kurse mit anbieten. Da das Angebot solcher Kurse jedoch ständig wächst, erkundigen Sie sich am besten direkt an Ihrem Wohnort.

Durchblick GmbH
Steinmetzstr. 40
W-1000 Berlin 30
Tel.: 030-2164163

Frauen-Computer-Zentrum Berlin
Cuvrystr. 1
W-1000 Berlin 36
Tel.:030-6184095

KOBRA
Berliner Frauenbund e.V.
Knesebeckstr. 33/34
W-1000 Berlin 12
Tel.: 030-82100323 oder 82204087

Frauentechnikzentrum Wirkstoff e.V.
Rheinsbergerstr. 74 - 77
O-1040 Berlin

Frauentechnikzentrum Hohenschönhaus
Zum Hechtgraben 1
O-1093 Berlin
Tel.:030-9224128

Frauentechnikzentrum Potsdam e.V.
Am Neuen Garten
O-1560 Potsdam

Deutscher Frauenring e.V.
Normannenweg 12
W-2000 Hamburg 26
Tel.: 040-2514399

Frau und Arbeit e.V.
Grindelallee 43
W-2000 Hamburg 13
Tel.: 040-4444960 und 445137

Frauen Technik Zentrum
Weiterbildung für Frauen von Frauen
Deutscher Frauenring e.V.
Landesverband Hamburger Frauenring e.V.
Normannenweg 2
W-2000 Hamburg 26
Tel.: 040-2514399

Technikbildung für Frauen von Frauen
Mozartweg 2
W-2000 Norderstedt

Frauenbildungs-/Beratungszentrum
Brandteichstr. 19
O-2200 Greifswald

Frauen werden mobil
Weiterbildungsberatung von Frauen für Frauen
Berufsfortbildungswerk des DGB
Schleswiger Chaussee 35
W-2250 Husum
Tel.: 04841-7060

Frauenakademie Lübeck e.V.
Brodtener Kirchsteig 7
W-2400 Lübeck-Travemünde

Verein z. Förderung d. Weiterbildung
Am Rostengarten
O-2500 Rostock

Verein zur Förderung der Weiterbildung von Frauen e.V.
Am Moorweg 11
Postfach 41633
O-2551 Groß-Lüsewitz

Alternative Fraueninitiative e.V.
Dorfstr. 4
O-2711 Hundorf

Frauen-Erwerbs- u. Ausbildungsverein
Carl-Ronning-Str. 2
W-2800 Bremen
Tel.: 0421-12261

Zurück in den Beruf
Kontakt- und Beratungsstelle für Frauen
Arbeitsförderungszentrum GmbH
Am Wall 165 - 167
W-2800 Bremen 1
Tel.: 0421-321910

Institut Frau und Gesellschaft GmbH
Goethestr. 29
W-3000 Hannover 1
Tel.: 0511-326911

Weiterbildungsberatung für Frauen
Volkshochschule Braunschweig e.V.
Leopoldstr. 6
W-3300 Braunschweig
Tel.: 0531-40688

Frauenbildungsstätte Edertal Auraff e.V.
Königsbergerstr. 6
W-3593 Edertal
Tel.: 05621-3218

Verein Frau und Bildung e.V.
Kochstr. 19
O-3700 Wernigerode

Frauenbildungs-und Ferienhaus Osteresch
Zum Osteresch 1
W-4447 Hopsten
Tel.: 05457-1513

Verein zur Weiterbildung von Frauen e.V.
Venloer Str. 405-407
W-5000 Köln 30
Tel.: 0221-737000

Frauentechnikzentrum Erfurt e.V.
Magdeburger Allee 131
O-5066 Erfurt
Tel.: 0361-6433326

Neue Wege-Neue Pläne
Beratung und Information zum beruflichen Wiedereinstieg
Verein zur beruflichen Förderung von Frauen e.V.
Varrentrappstr. 90
W-6000 Frankfurt/ Main
Tel.: 069-7602099 oder 706285

Softwarehaus von Frauen für Frauen und Mädchen e.V.
Hohenstaufenstr. 8
W-6000 Frankfurt 1
Tel.: 069-7411401

Verein zur berufl. Förderung von Frauen
Varrentrappstr. 47
W-6000 Frankfurt 90
Tel.: 069-706285

Zentrum für Weiterbildung
Untelindau 18
W-6000 Frankfurt/M.
Tel.:069-721157

Frauen-Computer-Schule Offenbach
Senefelder Str. 180
W-6050 Offenbach
Tel.: 069-844430

Zentrum für Weiterbildung e.V.
Schleiermacher Str. 8
W-6100 Darmstadt
Tel.: 06151-21618

Beratungsstelle für Berufsrückkehrerinnen
Landesarbeitsgemeinschaft Soziale Brennpunkte e.V.
Mainzer Str. 131
W-6600 Saarbrücken
Tel.: 0681-66374

Technologie -Beratungsstelle
Kaiserstr. 8
W-6600 Saarbrücken
Tel.: 0681-936330

Frauenberatungsstelle „ Zurück in den Beruf"
Friedrich-Ebert-Str. 16
W-6740 Landau
Tel.: 06341-4051

Mikro-Partner
Rotebühlstr. 169/1
W-7000 Stuttgart 1
Tel.: 0711-655343

Weiterbildungsberatungsstelle für Frauen
Berufliche Förderung von Frauen e.V.
Schlosserstr.28
W-7000 Stuttgart 1
Tel.: 0711-6403903

Frauentechnikzentrum Leipzig e.V.
Torgauer Str. 114
O- 7024 Leipzig
Tel.: 0341-2374229

Technikbildung für Frauen von Frauen
Metzgerstr. 15
W-7410 Reutlingen
Tel.: 07071-38491

Frauenförderverein f. Weiterbildung
Bahnhofstr. 18
O-7551 Straupitz

Frau und Technik - DFR e.V.
Friedrichring 33
W-7800 Freiburg i.B.
Tel.: 0761-288592

Institut für Informatik und Gesellschaft (IIG)
Friedrichstr. 50
W-7800 Freiburg i.Br.
Tel.: 0761-2034941

FemComp
Ohlstadter Str. 49
W-8000 München 70
Tel.: 089-7694713

Frauen-Computer-Schule
Volkhartstr. 23
W-8000 München 19
Tel.: 089-1675589

SUPER NOFA
Schwanthalerstr. 10
W-8000 München 2
Tel.: 089-554254

Informatik für Frauen von Frauen e.V.
Bodenbacher Str. 81
O-8021 Dresden

Informatik für Frauen von Frauen e. V.
Dipl.-Ing. E.Eiselt
Jüngststr.22
O-8053 Dresden
Tel.: 35104

Cursus - Computer v. Frauen f. Frauen
Schießstattweg 60
W-8390 Passau
Tel.: 0851-55548

Beratungsstelle für Berufsrückkehrerinnen
Stadt Regensburg
Haidplatz 8
W-8400 Regensburg
Tel.: 0941-507-3432

Beratungsstelle für Frauen – Zurück in den Beruf
Industrie- und Handelskammer Würzburg/ Schweinfurt
Mainaustaße 35
W-8700 Würzburg
Tel.: 0931-4194-262/263

Berufsschule für Weiterbildung
Kantonsschulstr. 3
CH-8025 Zürich
Tel.: 0041-1-2614166

Außerdem bieten wie erwähnt fast alle Volkshochschulen derartige Kurse an.

Nachfolgend noch die Adressen einiger bundesweit Schulungen anbietenden Unternehmen:

CDI - Control Data Institut
Schulungsunternehmen mit Filialen in allen großen Städten
Zentrale: Frankfurt
Gutleutstr. 42 - 44
6000 Frankfurt 1
Tel.: 069 - 25606-0

SPC - Computer Training
Schulungsunternehmen mit Filialen in allen großen Städten
Zentrale zur Auskunft:
Frankfurter Str. 21 - 25
6236 Eschborn/Frankfurt
Tel.: 06196-42953

Literaturempfehlungen

Wenn Sie sich lesenderweise tiefer in den Dschungel der Computerwelt hineinwagen wollen, so gibt es eine schier unüberschaubare Flut von Büchern und Zeitschriften dazu.

In öffentlichen Bibliotheken und Büchereien finden Sie sicherlich eine reichhaltige Auswahl; Bücher zu ganz aktuellen Themen und neuen Programm-Versionen sind dort jedoch häufig erst mit Zeitverzögernug vorrätig.

Möchten Sie Näheres zu der Funktionsweise einzelner Anwendungsprogramme wissen, so kann Ihnen das Handbuch des Programmherstellers, das Sie zusammen mit der Software kaufen, oftmals weiterhelfen.

Computerbücher können Sie in jeder größeren Buchhandlung, einigen Kaufhäusern, wenn diese eine Buchabteilung haben, und in einigen Computerläden kaufen. Die beste Beratung finden Sie sicherlich in einer guten Buchhandlung, denn Computerhändler beraten lieber beim Kauf eines 3000 DM teuren Rechners als bei der Auswahl des passenden, aber vielleicht nur 50 DM teuren Buches.

Viele Verlage bringen Bücher für Anfänger heraus, die eine allgemeine Einführung oder die Erklärung eines Anwendungsprogrammes darstellen. Welches Buch und welche Art der Beschreibung Ihnen am meisten zusagt, sollten Sie beim Stöbern in der Buchhandlung selbst herausfinden.

Für Anfängerinnen empfehlen wir besonders die weiteren Bände in der Reihe:

Das Frauen-Computerbuch, IWT Verlag

Mit dieser Reihe führen die Autorinnen Computer-Anfängerinnen behutsam, verständlich und kompetent in die EDV ein. Mit vielen Beispielen und Abbildungen wird die scheinbar geheimnisvolle Welt der Computer erklärt. Es erscheinen Bücher zu den Grundlagen und zu weit verbreiteten Anwendungsprogrammen aus den Bereichen Textverarbeitung, Betriebssysteme, Datenbank, Tabellenkalkulation. Alle sind mit einem umfassenden, informativen Anhang ausgestattet.

Lediglich ein weiteres, zwar schon älteres, aber empfehlenswertes Buch widmet sich dem Thema „Erklärung von Computern für Frauen":

Deborah L. Brecher: Go - Stop - Run, 1987 Orlanda-Frauenbuchverlag.

Weiterhin sinnvoll ist die Anschaffung eines Computer-Lexikons. Das kann Ihnen oft bei dem Verständnis von Zeitschriftenartikeln oder bei der Lektüre von Handbüchern weiterhelfen. Stellvertretend für die vielen, die angeboten werden, seien hier zwei genannt:

Bernhard Bachmann: Das große Lexikon der Computerfachbegriffe, 2. Auflage 1992, IWT Verlag, DM 78.-

Bernhard Bachmann: Computerwissen von A - Z, 2. Auflage 1992, IWT Verlag, DM 36.-

Eine gute Möglichkeit, sich schnell und umfassend über die aktuellen Entwicklungen auf dem Computermarkt zu informieren und Tips und Empfehlungen zu erhalten, ist die Lektüre von Fachzeitschriften. Diese gibt es in Hülle und Fülle. Um sich dort ein wenig zu orientieren, empfehlen wir hier eine – unvollständige und subjektive – Auswahl, die sich besonders gut für Einsteigerinnen eignet. All diese Zeitschriften erhalten Sie in gut sortierten Kiosken oder direkt im Computerhandel.

- Highscreen Highlights, DMV Verlag, ca. DM 5.-

  Ein wirkliches Einsteigerinnenheft. Produktmeldungen, Soft- und Hardwareberichte, in denen nicht davon ausgegangen wird, daß die Leserin eh schon alles weiß.

- PC Praxis, Data Becker

  Zielgruppe sind ebenfalls Einsteigerinnen

- c't, Heinz Heise Verlag, ca. DM 8.50
- DOS International, DMV Verlag, ca. DM 7.50
- CHIP, Vogel Verlag, ca. DM 7.50

  Dieses Zeitschriften gelten als **die** Fachzeitschriften im PC-Bereich. Geeignet für fortgeschrittene Anwenderinnen.

- PC Professionell, Ziff Verlag, ca. DM 8.50

  Auch eher für Fortgeschrittene, da aber vorwiegend Soft- und Hardwaretests enthalten sind, können die Berichte mit etwas Mühe nachvollzogen werden.

- PC Welt, IDG Verlag, ca. 5 DM

  Softwareberichte, Neuigkeiten, Tips; geeignet für Fortgeschrittene.

- WIN, Vogel Verlag, ca. DM 7.50
- WinDOS, DMV Verlag, ca. DM 7.50

Alles rund um die Benutzeroberfläche Windows.

Anhang

Liebe Leserinnen,

Computerbücher für Frauen – das ist bisher etwas vollkommen Neues. Wir haben uns bemüht, die Bücher genau auf die Bedürfnisse von Frauen abzustimmen, die sich mit einem Computer befassen wollen oder müssen. Ob uns das wirklich gelungen ist, das möchten wir gerne von Ihnen hören. Außerdem interessiert uns, wer Sie sind, was das also für Frauen sind, die unsere Bücher lesen. Dadurch können wir mit den nächsten Frauen-Computerbüchern noch stärker auf Ihre Wünsche eingehen.

Daher möchten wir Sie bitten, unseren Fragebogen zu kopieren, auszufüllen und an uns zurückzuschicken. Als Dankeschön an Sie schicken wir jeder 50. Leserin einen Blumenstrauß. Wenn Sie an der Verlosung teilnehmen möchten, tragen Sie bitte auch Ihren Namen und Ihr Adresse ein.

Herzlichen Dank für Ihre Mithilfe!

Name: ───────────────────────────

Adresse: ─────────────────────────

Telefonnummer: ───────────────────

Alter: ────────────────────────────

Ausbildung: ──────────────────────

momentan ausgeübte Tätigkeit: ─────────────

bisherige Computererfahrung:

───────────────────────────────────

───────────────────────────────────

Ich habe folgendes Frauen-Computerbuch gelesen:

───────────────────────────────────

Ich bin darauf aufmerksam geworden durch
- ○ eine Buchhandlung   ○ eine Freundin
- ○ eine Zeitschrift   ○ Werbung in: ─────────
- ○ eine anderen Hinweis: ─────────────

Ich habe es
- ○ gekauft   ○ geschenkt bekommen
- ○ geliehen   ○ am Arbeitsplatz erhalten

Generell hat es mir

○ sehr gut gefallen   ○ gut gefallen

○ nicht gefallen   ○ überhaupt nicht gefallen

Im einzelnen haben mir gefallen/nicht gefallen

	sehr gut	gut	nicht	gar nicht
Idee eines Computer-buches für Frauen	○	○	○	○
Gestaltung/Titelbild	○	○	○	○
Art, wie speziell auf Frauen eingegangen wird	○	○	○	○
Art der Erklärungen/ Schreibstil	○	○	○	○
Informationsgehalt	○	○	○	○

Folgendes hat mir besonders gut/gar nicht gefallen:

_____

_____

_____

Folgende Fragen habe ich noch an die Autorin bzw. den Verlag:

_____

_____

_____

Folgende Anregungen, auch bezogen auf weitere Themen, möchte ich für die zukünftigen Frauen-Computerbücher geben:

_____

_____

_____

IWT Verlag GmbH, Bahnhofstr. 36, 8011 Vaterstetten

Stichwortverzeichnis

* 90
/ 92
? 79, 90
\ 90, 96

A

Abfrage 137
Abfragesprache 138
Abschirmung 172
Absturz 106
abwärtskompatibel 86
Adresse 28
   Magnetplatte 29
   Speicher 25
   Tabellenkalkulation 139
Adressierung
   direkt 25
   sequentiell 26
Adreßleitungen 27
Akte 58
Alt-Gr-Taste 32
Alt-Taste 32, 70, 107, 126
Anti-Viren-Programm 169
Anwendungsprogramm 49, 51f., 72, 121, 179
AP 49
Arbeitsablauf 15, 25
Arbeitsamt 199
Arbeitsgeräte 173
Arbeitslaufwerk 68
Arbeitsplatz 174
Arbeitsplatz-Computer 15, 41
Arbeitsposition 123
Arbeitsprogramm 11, 24
Arbeitsrhythmus 174
Arbeitsspeicher 25, 27, 179
Arbeitstakt 39
Arbeitsumgebung 67f., 92
Arbeitsvorschrift 16
Archiv 50, 65

Archivattribut 160
Archivbit 160
Archivdatei 161
ASCII 179
ASCII-Code 38
AT 44
Atom 172
ATTRIB 98
Aufgabe 12
aufgabenorientiert 49, 51
Auflösung 46, 144
Ausgabe-Geräte 31
AUTOEXEC.BAT 105

B

Backslash 90
Backspace-Taste 32
BACKUP 161
Backup 179
Balken 69
BASIC 151
Batch 70
Batchdatei 179
Bedienfehler 53, 107
Befehl 72
   Anwendungsprogramm 123
   Betriebssystem 67, 71, 81
   DOS 110
   Interpretation 70
   Maschine 71
Befehlsinterpreter 71
Befehlssprache 70
   DOS 89
Befehlswörter 71
Befehlszeile 89
Befehlszusatz 92
Beleuchtung 174
Benutzungsoberfläche 67
   Anwendungsprogramm 122, 132
   bildschirmorientiert 67f., 73, 123

211

Datenbank 138
DOS 111, 119
  grafisch 114
  tastengesteuert 124
  Textverarbeitung 132
  zeilenorientiert 67
Betriebssystem 49, 51f., 179, 181, 196
Bewegungstasten 33, 130
Bildaufbau 46, 144
Bildlaufleisten 130
Bildlaufpfeile 130
Bildpunkt 36, 46
Bildröhre 32, 172
Bildschirm 31, 174, 179
  Größe 46
  strahlungsarm 173
Bildschirmschoner 149
Bildverarbeitung 122, 144, 148, 155
Bildwiederholfrequenz 46
Bildwiederholung 36
Binärcode 22, 179
BIOS 55, 56
Bit 22, 24, 180
Boards 18
Boot-Diskette 105, 170
Bootblock 55f., 107
Booten 55, 180
Bootstrap-Loader 56
Borard 180
Breite 23
BS 49
Buchführung 149
Bus 27, 29
Byte 23f., 180

C

CAD 146, 196
CD 95
CHDIR 95
Chip 18, 180
CHKDSK 99
Code 22, 165
  ASCII 38
  Binärcode 22
  entschlüsseln 165
  für Dezimalzahlen 22
  normiert 38
Codewort 22
Codierung 134
Compiler 151, 197
Computer Aided Design 196
Computer 12
Computer-Netz 42, 44, 82, 169
Computer-Virus 168
Computerbücher 207
Computerkurse 199
Computerspiel 152
CONFIG.SYS 105
COPY 96, 159
CPU 19, 24, 27, 44, 180
Ctrl-Taste 32
Cursor 93, 123, 180

D

data base 136
Datei 66, 180
  Attribut 78, 98
  aufsammeln 113
  Begriffserklärung 58, 66
  defekt 78, 99
  Erweiterung 90, 93
  Extension 90
  Gruppe 79, 90
  Header 59
  kopieren 77, 96
    Rückfrage 113
    zerstörend 108
  löschen 77, 97
    Rückfrage 113
    versehentlich 79, 158
  Name 59, 89
  restaurieren 99, 113
  retten 112
  schützen 78, 98
  sichern 112f.
  suchen 73, 93, 113
  Überblick 73

umbenennen 78, 99
verlagern 97, 112
Dateiformat 134, 137, 142, 168
Dateiname 180
Dateiverwaltung 133
Daten 15, 37, 180
  Ablage 59
  auslagern 66
  Auswertung 135
  einfügen 133, 146f.
  Erfassung 137
  Export 153
  filtern 136
  Import 153
  kopieren 133, 141, 146f.
  löschen 141, 146f.
  öffnen 125, 133
  personenbezogen 166
  sichern 30, 66, 156
    auf die Platte 156
    auf Diskette 158
  sortieren 135
  speichern 125, 133, 136f.
  strukturierte 136
  suchen 135
  unerlaubter Zugriff 165
  verlagern 133
  Verlust 107, 108
  Verwaltung 50
Datenaustausch 153, 168
Datenbank 135, 139, 155, 196
Datenbankverwaltung 122, 135
Datenkriminalität 165, 171
Datenleitungen 27
Datenmißbrauch 167
Datensatz 135
Datenschutz 164, 171
DD 80
DEL 97
Del-Taste 33
Desktop 181
  PC 44
  Programm 114
Desktop Publishing 181, 196

Dezimalsystem 21
Diagramm 141f.
Dialog 67, 72, 131
Dialog-Betrieb 41
Diebstahl 164, 168
DIR 93
Directory 59
Disk 28
DISKCOPY 163
Diskette 30f., 65, 181
  Größe 30
  Kapazität 100f.
Distributoren 189
Dokument 58
DOS 55, 181
DOSSHELL 111
Double Density 80
DR DOS 87
Dropdown-Menü 127
Druck-Taste 33
Drucken 133
Drucker 33, 46
DTP 147f., 181, 196
Dualsystem 21
Dualzahl 170

E

E/A-Geräte 31, 37
EDV 15, 181
Ein-/Ausgabegeräte 31
eindeutig 23, 59, 64
Einfg-Taste 33
Eingabe-Geräte 31
Eingabetaste 32
Elektronen 172
empfangen 20
End-Taste 33
Ende-Taste 33
Enter-Taste 32, 68, 89, 93, 126, 181
Entf-Taste 33, 107, 133
Entspannung 174
EPROM 40, 55
Ergonomie 173, 175
Esc-Taste 32, 127

213

F

F-Tasten 33
Farbbildschirm 46, 148
Farbbildverarbeitung 148
Fehler 13
   Bedienfehler 53, 81, 107
   Meldung 53, 68, 81, 107, 131
   Programmfehler 85f., 106
Feld
   elektrisch 172
   magnetisch 172
Feldbezeichnung 136
Feldname 136, 143
Fenster 130
   aktives 114
Fenstertechnik 114f.
Festplatte 29, 31, 65, 157, 181
Floppy Disk 30
FORMAT 100
formatieren 28, 31
   Diskette
      DOS-Beispiel 103
   Magnetplatte 79, 100, 108
   Text 133f.
Formatierung 181
Formel 140
Formular 135, 139
Formularabfrage-Sprache 138
Frau 14
Frauen-Computerschulen 199
Funktion 13
funktionale Einheit 19, 35
Funktionstasten 33, 70, 124, 126f.

G

Gedächtnis 25, 27
Gehäuse
   Chip 18
   Desktop 44
   Laptop 44
   PC 17
   Tower 44
Geräte 16

Gerätetreiber 181
Geschwindigkeit 12, 24, 40, 44
gestalten (Text) 133
Gesundheit 171
Grafikprogramme 197
grafische Auswertung 141
grafische Datenverarbeitung 122
Grammatik 89
Groß/Kleinschreibung 91
Großrechner 41, 44, 82

H

Hacker 165
Handbuch 182
Hardware 16, 182
   Koordination 50, 52, 54
Hauptkatalog 62, 90
HD 80
Head crash 157
Hersteller 189
Hertz 39
High Density 80
Hilfe 113
   Befehl 129
   situationsbezogen 113, 127
Hilfsprogramme 108, 112, 149
Hintergrundspeicher 28
Home-Taste 33
Hotline 189
HW 16
Hz 39

I

IBM 43
IBM-kompatibel 43
IBM-PC 43
icons 114
Ikonen 114, 128
Information 20, 135
Ins-Taste 33
Installation 106, 163
Integrierte Software 143, 197
Intel 43

Intelligenz 20
Interface 35
Interpreter 151

J

Joker-Zeichen 182
Joystick 33

K

K 182
Kaltstart 107
Kapazität
  Platte 45
  RAM 45
Kartei 135
Katalog 66
  aktueller 73, 77, 102
  Begriffserklärung 59, 66
  entfernen 76, 96
  erstellen 76, 95
  Hauptkatalog 62
  Hierarchie 62, 96
  Name 90
  Überblick 73, 93
  übergeordneter 63, 75
  umbenennen 113
  Unterkatalog 62, 74
  Vorwahl 74, 95, 112
  Wechsel 74, 95
KB 45, 182
KByte 182
Ketten (Blöcke) 99
Kilobyte 45, 182
Kommunikation 50
Kommunikationsprogramm 182, 197
kompatibel 182
  Hardware 43, 109
  Software 86f.
Kopie
  zerstörend 97
kopieren
  Bilder 146
  Datei 96

Daten 133, 147
Disketten 163
korrigieren 133
Kurzschluß 156

L

laden 56, 73
Laptop 182
Laptop-PC 158
Laserdrucker 46, 147
Lasertechnik 45
Laufwerk 29, 79, 90, 182
  Diskette 30
Layout 133, 147
Leiterbahnen 18
Leitung 18, 23
Lizenz 168
Lochkarten 41
Luftpolster 157

M

Magnetfeld 157
magnetische Schrift 29
Magnetplatte 28, 31, 45
  Blöcke 58
  Laufwerk 29
  Magnetschichtqualität 80
  unbrauchbare Stellen 157
Magnetschicht 28, 79, 100
Magnetspeicherung 28
Markierung 123, 129, 146
Markierungsbalken 126
Maschine 11
Maschinenbefehle 21
Maschinenprogramm 24
Maschinensprache 20, 22, 150, 182, 197
Maschinenwort 20, 23
Maske 135
Matrixdrucker 46
Maus 33, 69, 128f., 132, 141, 146, 183
  Doppelklick 129

Klick 70, 126, 129
Kugel 33
Rollen 129
Schwanz 33
Tasten 33, 129
Zeiger 70
Ziehen 129
MB 45, 183
MByte 183
MD 95
Megabyte 45
Megahertz 39
Meldung 53f., 57, 70f., 81, 108, 132
Meldungsfenster 131
Meldungszeile 131
Menschenschutz 171
Menü 69, 125, 183
    Dropdown 127
    Ikonen 128
    Popup 127
    Pulldown 125
    situationsbezogen 127
    Tasten 125
Menüführung 125
Meta-Dateiformat 153
MHz 39, 44
Microsoft 85
Mikrochip 18
Mikroprozessor 41, 183
MKDIR 95
Modem 183
Monitor 183
Motherboard 27, 183
MS-DOS 85
Mutterplatine 27

N

Netz 42, 183
Notebook-PC 158
Num-Lock-Taste 33

O

Oberfläche 67
    menügesteuert 70

objektorientiert 111
Online 183
Operating System 49
Organisation 49
Originaldisketten 163
Originaltreue 147
OS 49
OS/2 88

P

parallel 23
Parameter 110
Paßwort 113, 166, 169, 171
PC 15, 44, 184
    tragbarer 158
PC-DOS 87
PC-Einsatz 155
Peripherie 37, 184
Peripherie-Geräte 34
Personal Computer 15
Pfad 184
Pfeiltasten 33, 69, 126, 141
Pins 18
Pixel 36, 144
Platine 18, 27, 184
Platte siehe Magnetplatte 28
Popup-Menü 127, 129
Port 36
Portable 158
Pos1-Taste 33
Präsentationsgrafik 141
Programm 12f., 16, 184
    aktives 52
    FiBu 149
    Hilfsprogramm 149
    kaufmännisch 149
    Sicherung 163
    Spiel 152
    Standardprogramm 121
    Übersetzer 151
Programmabsturz 156
Programmaufruf 72, 93
    automatischer 106
Programmdatei 72

Programmfehler 106
Programmierbarkeit 11
Programmieren 150
Programmiersprache 150
Programmiersprachen 197
Programmumschaltung 115
Prompt 92, 117, 165, 184
Prozessor 19
Prüfsummenprogramm 170
puffern 53
Pulldown-Menü 125, 129

Q
Quarz 39

R
RAM 25, 27, 45, 156, 179, 184
Rasterung 36, 145
Raubkopie 167, 171
RD 96
Rechenwerk 24
Rechenzentrum 41
RECOVER 99
Reflexionen 174
Register 24
REN 99
RESTORE 162
Return-Taste 32, 184
RMDIR 96
Roboter 50
Robustheit 86
Rollbalken 130
rollen 70
   Dokument 130
   Maus 129
ROM 40, 184
Rücktaste 32, 133

S
SAA 127, 152
Scannen 144
Scanner 145, 148
Schaltwerk 18

Schaltzentrale 19, 24
Schnittstelle 35, 54, 185
   Bildschirm 36
   parallel 36
   seriell 36
Schrägstrich 92
Schreib/Lesekopf 29, 157
Schreibdichte 45, 80, 100
Schreiblesefenster 30
Schreibmaschinentasten 32
Schreibschutz 30, 78, 108, 164
Schulung 199
Schulungsunternehmen 200
Schutz 155
Sektor 28
senden 20
Serienbrief 143
SETUP 106
Shell 71
Shift-lock-Taste 32
Shift-Taste 32
Sicherheit 166
Sicherungsmethoden 159
Sicherungsprogramme 162
Signal 18, 20
   Maus 38
   Takt 39
   Tastatur 37
Signalleitungen 27
Silizium 18
Single Density 80
smarticons 114
Software 16, 40, 49, 66, 185, 196
Sonderzeichen 32
Spannung 172
Speicher
   Arbeitsspeicher 24
   direkt 28
   Hintergrundspeicher 27
   MO 45
   optisch 45
   Plattenspeicher 27
   sequentiell 28

Speicheradresse 27
Speicherbank 47
Speicherblock 28
speichern 25
Speicherzelle 25
Spielprogramm 152
Sprache
   Befehls- 67
   Maschinen- 44, 150
   Programmier- 150
   Schnittstelle 54
   Übersetzer 151
Spracherkennung 34
Spreadsheet 139
Spur 28
SQL 138
Stammverzeichnis 62
Standardsoftware 121, 196
Starren 174
Start
   Betriebssystem 55
   Programm 72, 93
Steckplatten 18
Steckplatz 35
Stellvertreterzeichen 79, 90
Steuertasten 69, 124, 129
Strahlenbelastung 172
Strahlenwirkung 173
Strahlung 172, 175
Streß 173, 175
Strg-Taste 32, 70, 107
Strom 20, 172
Stromausfall 156, 158
Stromunabhängigkeit 28
Suchen
   Datei 73, 93
   Daten 136
   Text 133
Suchweg 91, 96
SW 16
Synchronisation 39
Systemdiskette 56, 82
Systemplatte 56, 105
Systemverwaltung 71

T

Tabelle
   Kalkulationsprogramm 139
   Betriebssystem 59, 71
   Code 22
   Datenbank 137, 139
   Textverarbeitung 122
Tabellenkalkulation 122, 139, 142, 155, 198
Tabulatortaste 32
Takt 39
Taktfrequenz 39, 44
Taktgeber 39
Tastatur 31, 173
Tastaturschablone 124
Terminal 41
Ternärcode 86
Textverarbeitung 12, 122, 132, 134, 155, 185, 198
Time-Sharing 41
Tintenstrahldrucker 46
Tower 44
Transistoren 18, 23
Treiber 54, 105, 145
Typenbezeichnung 44

U

Übersetzer
   Hardware 35
Umbruch 133
umwandeln 22
UNDELETE 100
UNFORMAT 108
UNIX 88
Unterkatalog 62
Unterverzeichnis 185
Urheberrecht 166
Utilities 112, 149, 162, 198
Utility 185

V

Verarbeitung 23
Verklemmung 106

Stichwortverzeichnis

Verschleiß 157
Versionen 85
Versionsnummer 85
Verwaltung
  RAM 57
Verzeichnis (siehe auch Katalog) 59
VIEWMAX 111
Virenschutzprogramm 169
Virus 114, 168, 170f., 185
Volkshochschulen 199

W

Wählbuchstabe 126
Warmstart 107
Wartezeiten 53
Weiterbildung 199
Werkzeug
  Menü 146
  PC 155
  Programm 114f.
Windows 121
Windows-Anwendungen 153
WINDOWS/NT 88
Workstation 42
Wortlänge 21
WYSIWYG 147f.

X

XCOPY 160
XT 43

Z

Zahl 21
Zahldarstellung 22
Zeigen 69
Zeitscheiben 41
Zelle
  Speicher 25
Tabellenkalkulation 139, 142
Zentrale 27
Zentraleinheit 186
Zentralprozessor 19
Ziffernblock 32f.
Zuordnungstabelle 60
Zwischenräume (im Befehl) 89, 91
zwischenspeichern 53, 57
Zykluszeit 39

219

FRAUEN

COMPUTERBÜCHER

Für viele Frauen bedeutet der Umgang mit einem Computer den ersten Schritt in ein technisches Umfeld, das keine Bezugspunkte zu bereits Vertrautem zu haben scheint. Wie leicht Computer-Grundlagen und die verschiedenen Standard-Softwareprogramme zu verstehen sind, wenn erstmal die "Aura des Geheimnisvollen und Unbekannten" durchbrochen ist, zeigen die Autorinnen dieser Reihe. Sie erklären alles Schritt für Schritt, auf bereits Erlerntem aufbauend, zeigen in vielen Beispielen nichttechnische Parallelen auf und verzichten auf "Computerkauderwelsch". Sie vermitteln ein umfassendes Grundverständnis und darüber hinaus ein neues technisches Selbstvertrauen.

Das Frauen-Computerbuch: Grundlagen

Brigitte Hutt
Der Einstieg in die Welt der Computer schlechthin — leicht verständlich und durch viele Beispiele lebendig. Dieses an sich eher trockene Thema wird hier ausgesprochen interessant. Aus dem Inhalt: Funktionsweise der Computer, die wichtigsten Anwendungsprogramme, Erklärung der Fachbegriffe, Tips und vieles mehr.
1992. 224 Seiten. Geb.
ISBN 3-88322-418-9
DM 32.–

Das Frauen-Computerbuch: Word für Windows

Pia Maslo
Wie erstelle und drucke ich ein Schriftstück mit Word für Windows? Wie gebe ich ihm ein ansprechenderes Aussehen? Wie schicke ich am schnellsten denselben Brieftext an 20 Adressen?
Dieses Buch erklärt's Ihnen — und noch viel mehr — gut nachvollziehbar und ohne Umschweife.
1992. Ca. 220 Seiten. Geb.
ISBN 3-88322-420-0
DM 32.–
Erscheint Nov. 1992

Das Frauen-Computerbuch: MS Windows

Friederike Wandmacher
Mit der Bedienungsoberfläche Windows können Sie die Arbeit mit Ihrem PC einfacher und eleganter gestalten. Wie das funktioniert, wird hier ausführlich erklärt. Auch absolute Anfängerinnen finden sich mit diesem Buch schnell in der Windowswelt zurecht: durch Einführungspassagen zu jedem Themenbereich, viele Beispiele und ein Fachwort-Lexikon.
1992. Ca. 220 Seiten. Geb.
ISBN 3-88322-415-4
DM 32.–

Das Frauen-Computerbuch: MS-DOS

Martina Bühler
Das Betriebssystem MS-DOS verrichtet auf sehr vielen PCs unbemerkt seine Arbeit. Gerade Anfängerinnen machen am liebsten einen Bogen um dieses Thema. Zu Unrecht! Was DOS nämlich in Ihrem Rechner macht, ist nicht nur sehr spannend, sondern vor allem notwendig und nützlich. Einfach und nachvollziehbar erklärt dieses Buch auf sehr humorvolle Weise Ihre Arbeit mit DOS.
1992. Ca. 220 Seiten. Geb.
ISBN 3-88322-416-2
DM 32.–

Das Frauen-Computerbuch: Word 5.0/5.5

Karen Heidl
Ein locker und verständlich geschriebener Einstieg in dieses leistungsfähige Textverarbeitungsprogramm: von den Grundlagen (Text erstellen, speichern, formatieren, drucken etc.) über die Benutzung von Arbeitshilfen, wie z.B. Textbausteinen, bis zur Erstellung von Serienbriefen.
1992. Ca. 220 Seiten. Geb.
ISBN 3-88322-419-7
DM 32.–